現代アメリカの「女性政治家」

藤本 一美
濱賀 祐子 編著

学文社

執 筆 者

濵賀　祐子　明治学院大学法学部・非常勤講師 ……………（第1章）
清水　隆雄　元・国立国会図書館専門調査員 ………………（第2章）
浅野　一弘　札幌大学法学部・教授 ……………………………（第3章）
藤本　一美　専修大学法学部名誉教授 ………………（第4・7章）
新谷　　卓　日本臨床政治研究所・主任研究員 ……………（第5章）
末次　俊之　専修大学法学部・非常勤講師 ………………（第6章）
邊牟木廣海　元・米国インディアナ州政府駐日代表 ………（第8章）

（執筆順）

序　文

　アメリカ合衆国(以下, 米国と略す)において2008年, ヒラリー・R・クリントンが大統領選に立候補, 民主党の指名を得るための予備選挙で, 1,800万以上の票を獲得した。それは, 米国史上でいかなる女性「政治家」にも勝る記録であった。その年にはまた, 元アラスカ州知事のサラ・ペイリンが共和党の候補者名簿に, 二人目の女性副大統領候補として掲載された。さらに, カリフォルニア州選出の民主党下院議員のナンシー・ペロシが前年2007年, 連邦下院の議長に女性として初めて選出され, 下院の少数派院内総務としての地位に復帰する2011年までその職を務めた。翌年, 2012年の選挙では, 連邦議員に史上最も多くの女性たちが立候補・当選して話題を呼んだ。女性「政治家」がこのようにいちじるしく進出したので, 識者は2012年を"第二の女性時代(the second year of the woman)"だ, と呼んだほどである[1]。

　一般に, 米国では, 女性の政治的・社会的地位は高いと言われてきた。しかし実際には, 全くそうではない。驚いたことに, 米国では, 女性の大統領や副大統領はこれまで一人も出現していないし, 米国で初めて女性の連邦議員が誕生したのは, 1917年のことであり, 女性に選挙権が付与される(1920年)3年前のことであった。

　2015年現在, 第108連邦議会に議席を有する535人の議員のうちで, 女性議員は73人(13.6％)を占めているにすぎない。このうち, 上院議員100名中女性は14人(14％), また下院議員435名中59人(13.6％)というように, 女性の連邦議員の割合は極めて少ない。なお, 73人の議員中, 12人がネイティブ系アメリカン, 11人がアフリカ系アメリカン, また7人がラテン系アメリカンであり, 全員が下院議員である。一方, 上院議員にはマイノリティーは一人もいない。

　米国では, これまで29人の女性が閣僚に就任している。最初は, 1933年, フランクリン・D・ルーズベルト政権下で, フランシス・パーキンズが労働長

官に指名された。その後，女性の閣僚は若干増えているとはいっても，男性に比べると総体的に少ないことに変わりない。

それでも連邦レベルでは，まだ女性が公職に就任している割合が高い。これに対して，州以下のレベルでは，さらに低く，女性の州知事や市長も数えるほどしかいない。米国では我々が予想している以上に，女性の「政治家」は少ないのである。その理由は，何であろうか。

米国では，いまだに女性に対する"差別と偏見"が見られる一方で，他方では政治に対する女性サイドの認識の違いもあるにちがいない。また，男性中心の社会制度が女性の政治的進出を妨げているのかも知れない。いずれにせよ，米国では，女性たちが政治の世界に進出するには，多くの"目に見えない壁"が存在している，と言わざるを得ない。

本書の目的は以上の認識を前提にして，現代の米国で活躍している，女性「政治家」たちを取り上げて，女性が政治の世界に進出する際の条件とその課題を提示し，その上で，彼女たちの政治指導の実態を明らかにすることにある。本書の特色は，単に連邦レベルの公職者だけでなくて，州の知事職に就任した女性たちも取り上げたことである。各章で論述の対象としている女性「政治家」たちは，すべて米国の最前線で活動した人たちであって，彼女たちの置かれた社会的状況と活動の一端を知ることで，わが日本の「女性政治家」進出の参考材料になれば幸いである[2]。

一方，日本の場合，2015年現在，女性の国会議員の割合は，衆議院議員が475名中45人(9.5%)，参議院議員が242名中39人(16.1%)で，全国会議員717人の中で総計84人，つまり，女性は11.7%を占めているに過ぎない。県知事を含めた首長や地方議員の数は，さらに少ないのが現状である。実際，これまで，女性の首相は一人も出ていないし，候補者にすら上がったこともない。米国を含めて日本の女性たちの政治の世界へのさらなる進出を希望する所以である。女性の政治社会への進出こそが，男性中心の社会にあって，真の平等な社会を形成するステップとなるものと思われる。

注
1）Sue Tomas and Clyde Wilcox, ed., *Women and Elective Office-Past, Present, and Future*, Third ed., Oxford Univ. Press, 2014, p. 2.
2）詳細は，濱賀祐子編『日本の女性政治家と政治指導』（志學社，2013年）を参照。

　次に，各章の内容を簡単に紹介しておく。
　第1章では，レディ・バード・ジョンソン大統領夫人を取り上げている。バードは単に「ファーストレディ」として夫のジョンソンを側面から助けただけではなく，自身がワシントンD.C.の緑化運動の先陣に立ち，"レディ・バード法"を成立させている。大統領夫人が，自らの力で，政策を提案，それを実践するという「積極型」タイプであった。
　第2章は，連邦下院議長にまで上りつめたナンシー・ペロシの政治活動を検討している。イタリアからの移民を先祖にもつペロシがどのような経歴を経て，連邦下院議員となり，男性中心の政治の世界で，強力なリーダーシップを発揮できたのか。その姿が，巧みに紹介され，民主党のリベラル派のナンシーの政治観も描かれている。
　第3章は，コンドリーザ・ライス国務長官を取り上げている。黒人のライスは大学教授からソ連専門家としてブッシュJr.政権入りし，国家安全保障問題担当の大統領補佐官として仕え，その後，国務長官として米外交を取り仕切った。日本を訪問したライスが，拉致問題に理解を示す一方，米国の外交上の利益を貫徹する姿勢に，プロ政治家の姿が見て取れる。
　第4章は，ヒラリー・R・クリントンを対象としている。夫のビル・クリントンが大統領であった時，ヒラリーは「ファーストレディ」として活動，その後，連邦上院議員を経て，2008年の大統領選予備選挙に出馬したが，バラク・オバマに破れ，国務長官に就任した。現在，2016年大統領選に出馬宣言し，再び米国初の女性大統領の座を目指している。果たして大統領になれるのか。
　第5章は，カーラ・アンダーソン・ヒルズを取り上げている。カーラはフォード政権下で住宅都市開発省長官を，またブッシュJr.政権のもとで米通商代

表部代表を務めた。WTOの設立に尽力したといわれ，カーラの存在は日本でもよく知られており，日米貿易摩擦では，巧みなリーダーシップを行使して米国の立場を貫徹した。

　第6章は，サラ・ペイリンを対象にしている。サラはアラスカ州知事に最年少で当選，その後，2008年の大統領選挙では，共和党の副大統領候補となった。また，ティーパーティー運動の旗頭として，全米を駆け巡って活動，共和党保守派の象徴となった。全米ライフル協会の終身会員でもあり，保守的言動で注目を集めている。

　第7章は，ネブラスカ州知事に女性として初めて就任したケイ・A・オアを取り上げている。オアは共和党の中で活動し，1986年，ネブラスカ州知事選で共和党候補となり，民主党の女性候補者—ヘレン・ボーサリズと戦って勝利を収めた。ボーサリズはリンカーン市長，一方，オアは州の財務長官であった。知事選は，女性同士の戦いとして全国的に注目された。

　第8章は，ミシガン州知事ジェニファー・M・グランホルムの政治行動を検討している。ジェニファーはミシガン州知事を2期も務めて，州経済を再建し，主要な自動車会社の苦境を救った，いわば，現代版"ジャンヌ・ダルク"だといってよい。地方政治の置かれた状況を，ビビッドに紹介している。

　本書のタイトルは，『現代アメリカの女性「政治家」』としている。United State of Americaは，本来"アメリカ合衆国"である。しかし本書では，アメリカまたは米国が混在して使用されている。アメリカであれ，米国であれ，アメリカ合衆国のことを指していることが読者に理解できれば十分であると考え，表記方法は各執筆者に委ねた。日本では一般的に，国や新聞は「米国」を使用している。また，「政治家」とは本来議席を有する人々を指すが，本書では幅を広げて，政治に関与した人々も含めていることをお断りしておきたい。

2016年3月10日

藤本　一美

目　次

序　文　*i*

第1章　レディ・バード・ジョンソン大統領夫人 ……………………… *1*
1. はじめに ……………………………………………………………… *2*
2. レディ・バード・ジョンソンの歩み ……………………………… *3*
   (1) 生い立ち　*3* ／(2) 政治家の妻として　*5*
3. ファーストレディとしての活躍 …………………………………… *7*
   (1) キャンペイナー　*7* ／(2) 首都ワシントンD.C.の美化　*10* ／(3) "レディ・バード法"の成立　*13* ／(4) 教育問題および女性の登用　*17*
4. おわりに ……………………………………………………………… *19*

第2章　ナンシー・ペロシ連邦下院議長 …………………………… *25*
1. はじめに ……………………………………………………………… *26*
2. 生い立ち ……………………………………………………………… *26*
   (1) イタリア系アメリカ人　*26* ／(2) 政治的環境　*28* ／(3) 進学　*30* ／(4) トリニティ・カレッジ　*32* ／(5) 結　婚　*34*
3. 政治活動 ……………………………………………………………… *36*
   (1) 下院議員への立候補　*40* ／(2) 下院議員としての基本的考え　*43*
4. おわりに ……………………………………………………………… *48*

第3章　コンドリーザ・ライス国務長官 …………………………… *51*
1. はじめに ……………………………………………………………… *52*

2. ホワイトハウス入りするまでのライス ･･･ 53

 (1) 生誕から大学卒業まで　*53*／(2) 大学院入学からスタンフォード大学への就職まで　*56*／(3) ジョージ・H・W・ブッシュ政権での経験とスタンフォード大学での活躍　*58*／(4) ライスの私生活と政治信条　*61*

3. ジョージ・W・ブッシュ政権時代のライス ･･･ 64

 (1) 国家安全保障問題担当大統領補佐官　*64*／(2) 国務長官　*69*

4. 結　　び ･･･ 74

第4章　ヒラリー・R・クリントン国務長官 ･･････････････････････････････････ 77

1. はじめに ･･ 78
2. ヒラリー・クリントンの歩み ･･ 81

 (1) 出生と家庭　*81*／(2) メソジスト教徒　*83*／(3) 学生時代　*86*

3. ファーストレディから上院議員へ ･･･ 90

 (1) 州知事の妻　*90*／(2) 大統領の妻　*94*／(3) 上院議員・国務長官　*98*

4. おわりに ･･ 103

第5章　カーラ・アンダーソン・ヒルズ米通商代表部代表 ･･･････････ 107

1. はじめに ･･ 108
2. カーラの経歴 ･･ 108

 (1) 生い立ち　*108*／(2) 学生生活　*109*

3. 西海岸で法律家として活躍 ･･ 110
4. 中央政界へのデビュー ･･ 111

 (1) 西海岸から東海岸へ　*111*／(2) 住宅都市開発省長官　*112*／(3) 民間人として　*113*

       5. 通商代表部代表 114
          (1) ブッシュ政権の通商代表部代表　114／(2)　日本との経済摩擦　116
          (3) スーパー301条　117／(4)　日米構造協議　119
       6. カーラの訪日 119
          (1) 来日前の記者会見　119／(2)　日本の政治家との会談　120／(3)　日
          本記者クラブで　121／(4)　カーラ来日の歴史的意味　122／(5)　冷静だ
          った双方の対応　123／(6)　NAFTA　125
       7. カーラと女性 125
          (1) カーラと家庭　125／(2)　カーラと女性解放運動　126

第6章　サラ・ペイリン　アラスカ州知事 131
       1. はじめに 132
       2. アラスカ州の歴史 134
       3. サラ・ペイリンの経歴 136
       4. 政治家への転身とアラスカ州共和党 138
          (1) ワシラ市長　138／(2)　アラスカ石油ガス保全委員　140／(3)　アラ
          スカ州知事　142
       5. 2008年共和党副大統領候補の指名とティーパーティー運動 146
          (1) 2008年共和党副大統領候補　146／(2)　ペイリンとティーパーティー
          運動　148
       6. おわりに 151

第7章　ケイ・A・オア　ネブラスカ州知事 157
       1. はじめに 158
       2. ネブラスカ州の歴史，政治，司法 160
          (1) 歴　　史　160／(2)　政　　治　162／(3)　司　法　163

3. 1986年のネブラスカ州知事選挙 163

   (1) ヘレン・ボーサリズ　163／(2) ケイ・A・オア　165／(3) 知事選挙運動とその結果　166

4. ケイ・A・オア知事と政治活動 171

   (1) 知事就任　171／(2) 政治的活動　173／(3) 1990年知事選挙　175

5. おわりに 179

第8章　ジェニファー・M・グランホルム　ミシガン州知事 ……… 185

1. はじめに 186

2. 家族関係と家庭環境 189

   (1) 生い立ち　189／(2) 再び学びの場へ　190

3. グランド・ゼロからの出発 191

   (1) 2002年のミシガン州知事選挙へ初出馬　191／(2) 女性初のミシガン州知事誕生　193／(3) ミシガン州知事として始動　193／(4) 緊急事態のオン・パレード　196

4. 州知事2期目も財政赤字との闘い続く 203

   (1) 州財政の赤字削減へ向けて　203／(2) アメリカで成長している場所は何処か　206／(3) 倒産した自動車メーカーの車を買うユーザーはいない　209

5. おわりに 213

あとがき　217
人名索引　220
事項索引　221

第1章
レディ・バード・ジョンソン大統領夫人

(1912年12月22日〜2007年7月11日)
The Library of Congress

1. はじめに

　本章では，米国の第36代大統領リンドン・ベインズ・ジョンソン(Lyndon Baines Johnson)夫人のレディ・バード・ジョンソン(Lady Bird Johnson：以下，レディ・バードと略す)を取り上げる。

　ファーストレディは，憲法上，法律上の規定を持たず，また議員として国民から選出されたわけでもないものの，実際には公務の重責を負う公的な存在で，しかも特別の報酬はない。さらに，近年では，夫人は「ペットプロジェクト」(pet project)と呼ばれる何らかの公益に関するテーマを追求すべきだとされている。これは，第35代大統領夫人のジャクリーヌ・ケネディによるホワイトハウスの改修事業以降，慣例となった(宇佐美，1989, p.279)。ファーストレディたちは通常，テーマを決めると，リーダーシップを発揮して，プロジェクトに関する有識者会議を招集して具体的な施策を決め，マスコミを通じて国民の関心を喚起し，そして事業遂行のための寄付金を集めるなど，積極的に活動する。

　こうした状況の中で，レディ・バードの場合，米国の歴代ファーストレディの中でも，極めて評価の高い夫人である(同上，p.354)。レディ・バードは，心臓発作の病歴がある夫の健康管理を行い，2人の娘の成長を見守るかたわら，「公的ホステス」として多くの議員や諸外国の要人をもてなした。夫の選挙の際には，キャンペイナーの役割も積極的に果たした。そして，彼女の評価を決定的に高めたのは，国土保全や美化などの環境問題への取り組みであった。

　豊かな自然にかねてから強い愛着を持っていたレディ・バードは，ファーストレディとして約5年間の任期中に，ペットプロジェクトとして米国の環境問題を選んだ。彼女は，専門の委員会を設置し，自然の素晴らしさや美しさを後世に残す必要性を広く国民に訴え，寄付を集め，幾つかの事業を実施した。その中で特徴的だったのは，大統領の支持を得た彼女が，自ら連邦議員にロビイング活動を行い，難航していた立法過程に介入したことであろう(Gould, 1988,

p. 136)。

　歴代ファーストレディについての類型化に従えば、レディ・バードは大統領の政務を積極的に助け、さらには独立した政策支持者として、利用しうるコミュニケーション手段をすべて用いて自分の立場やプロジェクトを推進した「積極型」夫人に該当する。この積極型夫人の代表格に挙げられるのは、第32代大統領夫人のエレノア・ルーズベルトである(宇佐美、1994年、pp. 51-57)。ただ、エレノアが、新たな試みを主導する"改革者"であったのに対し、レディ・バードはあくまで夫の政策を"支援する"立場を堅持したというところに、両者の違いがある(Gutin, 1989, p. 123)。

　レディ・バードは、政治家の妻として「夫が1番、娘たちが2番、私は最後」という献身的な姿勢を貫いた(Flynn, 1982, p. 106)。彼女は、下院議員夫人時代にエレノアのファーストレディとしての活躍を目の当たりにして刺激を受け(Gould, *op. cit.*, p. 34)、また夫のジョンソン大統領からは、自分の意見を公表したり夫人として活発に行動するよう言われていた(Gutin, 1989, p. 111)。しかし彼女は、当時の米国において理想とされた女性の生き方から極端にはみ出すことはしなかった。むしろ漸増的に政策を推進していったのであり、そこに彼女のファーストレディらしさが見られるのである。

　以下、本章では、レディ・バードの経歴を踏まえて、ファーストレディとしてどのような役割を果たしたのかを検討し、その上で、ジョンソン政権とファーストレディの関わりについて考察していくことにする。

2. レディ・バード・ジョンソンの歩み

(1) 生い立ち

　レディ・バードは、1912年12月22日に、テキサス州カーナックで生まれた。本名はクラウディア・アルタ・テイラー(Claudia Alta Taylor)である。子守りの黒人女性が「てんとう虫(レディ・バード)のようにかわいい」と言ったこと

から，レディ・バードと呼ばれるようになった。ちなみに，本人はこの通称をあまり気に入っていなかった，という。父親はテキサス州出身で，雑貨店の経営を次第に広げ，エネルギー事業や金融業も手がけた実業家であった。母親はアラバマ州出身で，カーナックにあまり馴染めず，オペラシーズンになるとシカゴに出かけ，体調を崩すと中西部のサナトリウムで静養するという生活を送っていた。母親は，レディ・バードと2人の息子をもうけ，44歳の時に妊娠したものの流産し，それがもとで死亡した。それは，レディ・バード5歳の時であった。その後，兄たちは全寮制の学校に行き，レディ・バードは母方の叔母に育てられた。叔母の兄は独身であり，レディ・バードに財産を相続させるために，彼女が12歳頃には経済や財政の本を読ませ，株式市場の相場を勉強させた。このことは，後に彼女がビジネス界に進出し，事業を営む上で大いに役立った(Flynn, 1982, p. 67)。

　レディ・バードは，高校時代は非常に内気で，地味な服装をしていた。成績は良かったものの，卒業生総代としてスピーチをすることを本気で心配するほど，人前で話すことを苦手としていた。最終的に，彼女は3位の成績で高校を卒業，スピーチをすることを免れた。この頃すでに，レディ・バードは自然に親しむことに喜びを見出しており，一人でボートに乗ったり散策しながら，自然を満喫していた。社交を苦手とする彼女にとって，自然の悠然さは一種の"癒し"でもあった(Ibid., p. 13)。

　レディ・バードは15歳で高校を卒業すると，父と叔母の勧めで，ダラスにあるエピスコパル派の女子学校に入学した。その後，オースティンの自然に魅せられて，テキサス州では伝統があり著名なテキサス大学への進学を決めた。大学では歴史学を専攻し，教師を目指した。大学時代は読書やアウトドアスポーツに熱中，教員免許を取得して優等で卒業した。また，同時期に，エピスコパル派の堅信礼を施された。大学時代に視野を広げたレディ・バードは，カーナックという狭い田舎に戻ることを躊躇してテキサス大学の大学院に戻り，今度はジャーナリズムを専攻した。彼女は内気な性格を克服すべく，『デイリー・

テキサザン』(Dairy Texan)紙のレポーターになったり，大学内の体育会の広報にも携わった。また，ビジネス界に進むことを考えて，速記とタイプを勉強した。そして，1934年6月に，ジャーナリズムの学位を優等で取得して，卒業した。

　レディ・バードの父親は，彼女の卒業祝いに，アメリカ東部の旅行をプレゼントした。その際，彼女の友人が，首都ワシントンD.C.に詳しい友人として，当時連邦下院議員の秘書であった"リンドン・ジョンソン"の名をあげ，彼に会うように勧めた。二人はこの時に会わなかったものの，後に友人を介して知り合い，電撃的に結婚した。ジョンソンが26歳，レディ・バードが21歳の時であった。内気で堅実なレディ・バードとは極めて対照的に，政治家として修行中のジョンソンの方は多弁で押しが強かった。

(2) 政治家の妻として

　夫のジョンソンは，テキサス州のストーンウォールで生まれ，州南部のジョンソン・シティという小さな町で育った。祖父と父は，共にテキサス州議会の下院議員を務めた「政治家一家」であった。父は農場を経営するかたわら，活発に選挙区を回り，有権者の面倒をよくみた。権力者に立ち向かい，貧しい農民らの側に立つ政治姿勢は称賛されたものの，綿花の大暴落で農場を失うなど，家計は苦しかった。ジョンソンは，テキサス州立師範大学卒業後，高校教師を経て，テキサス州選出の連邦下院議員の秘書となった(藤本, 2004, p.46)。

　結婚後，ジョンソン夫妻はワシントンD.C.で生活を始めた。ジョンソンは議員秘書として毎日働きづめだった。そのため，夫と映画や読書を楽しむというレディ・バードの夢は果たされなかった。夫は議員や報道関係者を家に招待することが多く，彼女は急に大勢のお客が来ても対応できるように"ホステス役"にいそしんだ。

　ジョンソンは1935年8月，「全国青年局(NYA)」の管理者の職を得てテキサス州の局長となった。そして，1937年2月に，テキサス州第10区選出のブ

キャナン連邦下院議員が死去すると,ジョンソンは4月の補欠選挙への出馬を決意した。レディ・バードは夫の勝利を確信し,母親の不動産の遺留分1万ドルを父親から工面して夫の選挙資金に充てた。ジョンソンは熱心に選挙戦を展開したが,投票2日前に倒れて入院した。当時,女性が配偶者のために政治キャンペーンを公然と行うことはほとんどみられなかった。しかし,レディ・バードは夫の指示に従って友人や親戚,年長者に投票を働きかけ,選挙運動を行った(*Ibid.*, p.56)。夫は無事に当選を果たし,連邦下院議員となった。こうして,レディ・バードも,政治家ジョンソンの妻として,地元のテキサス州の選挙区からやってくる有権者たちを南部訛りでもてなした。

　ジョンソンは,第二次世界大戦が始まると海軍予備役将校となった。レディ・バードは,夫が赴任先から戻るまでの約半年間,議員事務所を運営,実質的に夫の代理を務めて采配を振るった。政治家の事務所にはさまざまな問題が持ち込まれたが,彼女はこうした刺激的な生活を面白いと感じるようになった。彼女はこの間に,「大学の4年間よりも多くを学んだ」というように,政治家の仕事を習得,自信をつけた。ジョンソンが政治の世界に戻ると,レディ・バードは夫の代理としてだけ生活していくことに,多少疑問を抱くようになった(*Ibid.*, p.66)。生活の中で夫が優先順位の1位であることに変わりはなかったものの,新しい挑戦の目標としてビジネス界に目を向け,自己資金と銀行のローンでテキサス州オースティンのラジオ局を買収した。彼女はジャーナリズムと財務に明るく,買収後にはラジオ局の財務と人事の改革に着手した。彼女は,CBSとのネットワークも実現させ,見事に黒字転換を達成した。彼女は冷徹な経営者というよりは,従業員との交流を楽しみながら事業をこなした(*Ibid.*, pp.66-71)。

　オースティンでの事業を軌道に乗せたレディ・バードは,まもなく2児の母となった。その際,一家全員の名をLBJというイニシアルで統一するべく,長女はリンダ・バード・ジョンソン(Lynda Bird Johnson),二女はルーシー・ベインズ・ジョンソン(Lucy [Luci] Baines Johnson)と名付けられた。

1948年に，ジョンソンは連邦上院議員選挙に勝利して，上院議員に転じた。彼は，1955年に深刻な心臓発作に襲われたものの，妻の懸命な看病の甲斐あって公務に復帰することができ，その後，上院院内総務にまで上りつめた。レディ・バードは，キャンペーンでより重要な役割を果たすためにスピーチのレッスンを受講するようになり，話し方や，自分が第三者からどう見えるのかについて学んだ。ただ夫のジョンソンは妻の外見にうるさく，レディ・バードは夫の好むドレスに合うように減量もしなければならなかった(*Ibid.*, p.51)。

1960年の民主党全国大会において，ジョン・F・ケネディが大統領候補に指名され，ジョンソンは副大統領候補になった。続いて大統領選挙戦に突入すると，レディ・バードは妊娠中のケネディ夫人に代わって民主党のキャンペーンに従事，何と71日間で3万5千マイルに及ぶ行程をこなした。内気だった彼女が大勢の人前に立ったり，記者会見を行うまでになったのは，自分が夫から大いに期待され，何も恐れる必要はないと感じたからだという(*Ibid.*, p.87)。同年秋の大統領選挙では，ケネディが共和党のニクソンに勝利，第35代大統領に就任した。ジョンソンは副大統領の地位に就き，レディ・バードは"セカンドレディ"となった。彼女は，任期中の34カ月間に33カ国を訪問するなど，公務に邁進した。また，ケネディ夫人が公務をキャンセルするとその代理も務めた。レディ・バードは「ワシントンでNo.1のピンチヒッター」と呼ばれ，ホワイトハウススタッフからは絶大な信頼を得た(*Ibid.*, p.94)。周知のように，1963年11月22日，ケネディ大統領が任期を1年残して暗殺され，ジョンソンが大統領に昇格するや，レディ・バードはいきなり舞台の本番を迎えるような状態で，ファーストレディの座に就いた(*Ibid.*, p.103)。

3. ファーストレディとしての活躍

(1) キャンペイナー

大統領暗殺という衝撃的な事件を受けてケネディの後を継いだジョンソンは，

ベトナムへの軍事介入問題に直面し，国内の統合・結束の必要性に迫られていた。ジョンソン政権は，ケネディ政権で達成されなかった減税法や公民権法を成立させ，「貧困との戦い」のための総合的な施策の実現に向けて動き出した。

　一方，レディ・バードの仕事は，大きく分けて三つあった。すなわち，家政の責任者，公的ホステス，およびペットプロジェクトの推進であった。彼女は，夫と19歳の長女，16歳の二女の生活が快適であるよう配慮しながら，さまざまな会合に出席し，公人やその妻をホワイトハウスでもてなした。彼女は，ファーストレディの役割とは「言葉でなく行動から現れなければならない」と考えており，全国各地に視察に行き，スピーチをした(*Ibid.*, p. 107)。

　山積する仕事を効率よく進めていくには，気心の知れた有能な側近の存在が欠かせない。そのため，彼女はまず側近の人事を固めた。彼女は，秘書としてケンタッキー州選出のクレメンツ上院議員の娘であるエリザベス・エーベル(Elizabeth Abell, 以下ベスと略す)を，また特に広報を担当する秘書としてテキサス州出身のジャーナリストでジョンソン大統領とも旧知の仲であったエリザベス・カーペンター(Elizabeth Carpenter, 以下リズと略す)を，それぞれ任命した。ベスとリズはいずれも，夫人が"セカンドレディ"の時からのスタッフであった。レディ・バードは，ジャーナリズムを専攻していたことから，婦人記者に親しみを感じており，彼女たちと良好な関係を築くことがペットプロジェクトなどの成功に繋がると理解していた(Gould, 1988, p. 30)。リズの主な仕事が，夫人のスピーチ原稿の執筆やマスコミとの連絡調整であったのも，マスコミの重要性を認識していたからに他ならない。マスコミに対しては開放的であり，視察旅行のマスコミ同行も多かった。その際，2人の娘はしばしば服装や交際相手などについてマスコミに取り上げられたりしている(Flynn, pp. 111-112)。

　レディ・バードとジョンソンは，頻繁に意見を交換した。夫のジョンソンは，(政治の世界での)複雑で見通しが利かない状況において何が正しいのかを知ることが困難な時に，信頼する妻の意見を求めた(Smith, 1987, p. 141)。レディ・バードは，日々の政治の動向を理解し，夫の豪傑かつ繊細な性格を勘案した上

で意見を述べた。だが，彼女は大統領の妻の領分と政治家の領分についてわきまえており，自らの政治的影響力については否定的であった。しかし，夫であるジョンソンの1964年大統領選出馬決意と，1968年の再出馬断念の2つについては，積極的に助言したことを認めている(*Ibid.*)。

　ジョンソンは，1964年の大統領選挙を控えて，民主党の候補者指名を受諾すべきか逡巡していた。彼は，政治的に決定を迫られている厳しい状況，不利な争点，そしてベトナム戦争の人員配置などの問題点を妻に説明した。妻は，夫の健康状態，仮に大統領職から引退した場合の生活，そして政界や国民に与える影響を考え，出馬が望ましいとの結論に達した。妻は夫に手紙を書き，最後はジョンソン自身の決断であるとしながらも，夫が歴代大統領に引けを取らない勇気ある大統領であると激励した(ジョンソン，1973，p.72)。こうして，ジョンソンは8月の全国党大会で指名を受諾，11月の大統領選挙に向けた選挙戦に入った。

　共和党の大統領候補に指名されたのは，バリー・M・ゴールドウォーター連邦上院議員であった。南部アリゾナ州選出で保守派の重鎮のゴールドウォーターは，連邦政府の権限の大幅縮小と強固な反共路線を掲げ，選挙戦術としては黒人の公民権闘争に対する白人の反発を媒介に，民主党の基盤である南部の票の獲得をもくろんだ(藤本・濱賀，2004，p.117)。

　この選挙戦におけるレディ・バードの活動は，「ホイッスル・ストップ・キャンペーン」(Whistle Stop Campaign)として有名である(Gould, *op. cit.*, pp. 46-49)。ジョンソンは民主党大統領として黒人への人種差別撤廃のための公民権法を成立させたことで，彼を支持していた多くの白人たちの反発を招いていた。そこで，レディ・バードは，「ホイッスル・ストップ・キャンペーン」と銘打った選挙運動の旅を計画した。これは，停車場で列車を一時的に停め，風船を配るなどして人々を集め，そこで演説や握手を行って支持を訴えるというものである。当時は，最寄りの飛行場がどこにあるか分からない人でも列車の停車場の場所は知っていたので，このようなキャンペーンが企画された。彼女と側近は，

企画に賛同した上院議員や知事とその夫人，そして大勢の報道陣を19両編成の「レディ・バード・スペシャル号」に同乗させ，あえて苦戦が予想される南部に向けて10月初旬に出発した。

このキャンペーンは，4日間かけてバージニア州，ノースカロライナ州，サウスカロライナ州，ジョージア州，フロリダ州，アラバマ州，ミシシッピー州およびルイジアナ州を訪ねる，1,700マイルに及ぶものであった。ジョンソンが行動を共にしたのはわずか数都市に過ぎず，レディ・バードは旅程の大半で実質的な采配を振るった。このように，夫と別行動で夫人単独でキャンペーンを行った例は過去にないという(Gutin, 1989, p.111)。彼女は，公民権法が正しいのだと発言することを厭わず，演説では大統領の政策を擁護，民主党の業績についても強調した。場所によっては，「帰れ」と野次られることもあったが，そのような時には演説を中断し，野次った人を見据え，「あなたには自由に考える権利があるけれども，私が話すべきことを話し終わるまで静かにしてもらえませんか」と制して話を続けた。彼女の南部訛りの実直な語り口は多くの人を魅了し，いずれの停車場でもたくさんの人が集まった(*Ibid.*, p.117)。ワシントンD.C.に戻ると，ジョンソンは妻のキャンペイナーぶりを賞賛した(Flynn, p.109)。

11月の大統領選挙では，レディ・バードがキャンペーンを行った州のうち，共和党のゴールドウォーターの強い地盤の4州でジョンソンは敗れた。しかし，一般投票では投票総数の約61％を獲得し，圧勝した。連邦議会選も，民主党が引き続き上下両院の多数を制した。レディ・バードの活動は大成功と評価され，彼女自身も政治生活の中で最も劇的な4日間であった，と後に振り返っている(ジョンソン，1973, p.78)。

(2) 首都ワシントンD.C.の美化

レディ・バードは，ファーストレディとして日々活動する中で，環境問題，教育・貧困問題，そして女性の政府上級職への登用について強い関心を持つよ

うになった。その中で彼女は，環境問題をペットプロジェクトに据えることにした。

　既述の通り，レディ・バードは幼い頃からテキサス州の自然に親しんでいた。ワシントン D.C. に移ってからは，テキサスとの往復の折に風景を楽しむとともに，景観の変化を丹念に記録していた（Flynn, 1982, p. 65）。ファーストレディになってからは，フェンスで囲まれたホワイトハウスから離れて田舎に行くことが，彼女にとって束の間の休息となった（Ibid., p. 122）。彼女は，木々の新芽や咲き誇る野生の花々に目を細めながらも，廃品置場や雑然とした屋外広告に対する開発の影響などにも次第に注意を向けるようになった。そして，商業主義の文明が自然の美しさを破壊していると感じるようになった（Ibid.）。

　もともとレディ・バードは，活発な環境保護主義者だったわけではない。あくまでも自然を楽しむことに主眼があり，後世に残すという価値観は特にもっていなかった（Flynn, 1982, p. 107）。彼女は，必ずしも環境保護や美化に精通していたのではなかったのである。しかし，側近との話し合いから，彼女は首都ワシントンをモデルにして，公園，ショッピングモール，歴史的建造物，公営住宅，高速道路などの美化を全土に広げていこうと考えた（Gould, 1988, p. 53）。

　首都のワシントン D.C. に焦点が当てられたのは，そこが退廃的状況にあり，都市が抱える社会問題で特に注目を集めていたからである。ワシントンにおいて，荒廃した歩道，乱雑な交通標識，古く傷んだベンチ，整然としていない駐車場，さびれて犯罪の温床となっている街中の公園，文化施設の決定的な不足などの改善すべき課題は一目瞭然で，これは住民にも観光客にも不利益なことであった。当時のワシントンは明らかに，記念碑や公共施設に代表される「公的なワシントン」と，スラム街に代表される「その他のワシントン」の特徴を合わせもっていた。1960 年代の米国では，経済的不平等が拡大しており，政治・経済の支配者である白人社会と，差別され貧困状態に陥った黒人社会が混在していた。ワシントンの都市生活を改善し，美化を追求することは，米国社会が抱える問題に直面することを意味した（Ibid.）。これは，ジョンソン政権の

内政の中心的課題であった「偉大な社会」計画と関連する面もあったものの実現は困難であった。レディ・バードは，こうした課題について，公害，精神衛生，犯罪率，公共輸送，貧困との戦いなどの問題が，連邦，州および自治体レベルで複雑に絡み合っていて，まるでもつれた毛糸のようだと述べている(*Ibid.*, p. 55)。しかし彼女は，美化や都市再生が街の調和をもたらす助けとなり，社会の緊張を緩和すると考えていた(*Ibid.*, p. 65)。

　プロジェクト推進のために，側近や官僚，マスコミ関係者など20人で構成する「より美しい首都のための委員会」(First Lady's Committee for a More Beautiful Capital)が組織され，まずワシントンD.C.の交通の要衝に花を植えること，近隣の美化に貢献した人に賞を授与すること，既存の都市再生事業を支援することで合意した。『USニューズ・アンド・ワールドレポート』(*U. S. News and World's Report*)誌には，「アメリカを美化する方法」という，レディ・バードのロングインタビュー記事が掲載され，彼女の計画を知った国民からは熱烈な支持が寄せられた。委員会の，「たくさんの人が通るところにたくさんの花を植えよう」というスローガンのもとで，高速道路の入り口や公園，川沿いの道に種が播かれ，球根が植えられ，植樹が行われた。この結果，翌年から40万以上の球根と植物が街のいたるところで開花した(*Ibid.*, p. 86)。

　その一方で，一部の委員からは，黒人居住区のニーズに着目して美化を促進すべきだとの意見も出された。それは，子ども，青年，成人が地域共同体の自然美を高めるために自ら計画に関わることを目的として，荒廃した地元の学校周辺を整備して植樹を行うというものであった。これには，黒人地域のプロジェクトに資金を投入するよりも，「公的なワシントン」の美化を推進した方が富裕層からの資金を集めやすいとして，異論も出された(*Ibid.*, p. 81)。しかし，レディ・バードは両者の意見に理解を示し，「その他のワシントン」においても美化運動を進めた。実際に彼女は，ゲットーを訪れて花を植えたし，ワシントンD.C.の諸問題に取り組んでいた人々を感激させた。彼女の活動は，ゲットーに美化をもたらし，黒人住民が抱いていた疎外感の問題に取り組んだと評

価された(Ibid., p. 104)。レディ・バードは，人々が自らの庭でこうした取り組みを広げていかない限り，プロジェクトは失敗に終わると考えており，できるだけ多くの住民を美化運動に巻き込むよう努めた(Ibid., p. 107)。

(3) "レディ・バード法"の成立

　米国民は建国以来，開拓を通じて大自然と向き合い，自然の恐ろしさや美しさを経験してきた。その一方で，開発による自然破壊が進み，自然保護を求める声があがるようになった。

　ジョンソン大統領は，1964年9月，自然景観を保護し，後世に残していくことを目的とする「原生自然法(Wilderness Act)」に署名した。立法過程においては，開発か自然保護かをめぐる激しい論争が展開されたものの，さらなる開発には慎重であるべきとの世論が，法案の成立を後押しした。同法の制定により，国有地に「原生自然地域」が新設され，指定地域内での営利事業が制限されることになった(岡島，1990, pp. 134-136)。

　ジョンソンはしばしば，演説や特別教書の中で，環境保全や美化運動について言及しており，「自然は一旦破壊されると回復させるのが難しいので，米国の自然を保護する必要がある」と訴えた。ジョンソン夫妻は，環境保全についての関心を共有しており，都市の美化運動を進めるレディ・バードの取り組みを，ジョンソンは全面的に支援した。大統領の発言が，環境問題を政策課題として提示し，夫人のプロジェクトに対する公的な賛意と後援を表す意味を持ったのは間違いない。

　ところで，レディ・バードは，「美化」(beautification)という語に違和感を持っていた。その理由は，まず彼女自身にとって，美化という語がお役所的で自然の素晴らしさを現すには不適当に思えたことである。また，過去の美化賛同者の大半が女性であったことから，一般に男性が大半を占める都市設計者や建築家の間で，美化がどこか化粧のようなものに思われ，都市の抱える複雑な問題と関連付けて考えられにくかったことがある。レディ・バードは直感的にこ

れに気づき，美化という言葉をなるべく使わないよう側近に指示した(*Ibid.*, p.60)。確かに，美化に代わる適当な言葉は見出せなかったものの，ジョンソン大統領が美化について語ったことで，それが男性的な響きを帯び，政策課題として国民に受け入れられるようになったのも，また事実である(*Ibid.*, p.61)。

ジョンソン大統領は，1965年2月，「自然美の保全と回復に関する特別教書」を議会に送り，関連法の立法化を促した。すなわち，高速道路の美化立法，大気汚染防止立法，その他の環境保護立法およびホワイトハウスにおける自然美についての会議を含む環境保全計画を明らかにしたのである。ホワイトハウスでは有識者による会議が開催され，ビジネス界の美化への取り組みを促進させることなどが提案された。新聞には，米国を美化する方法についてのレディ・バードへのインタビュー記事が掲載され，世論の喚起を促した。

レディ・バードの関心の一つは，乱雑で景観を害している屋外広告や，廃品が積まれた区域への対処方法であった。彼女は夫を通じて所管官庁である商務省の担当部局に対し，屋外広告や高速道路脇の廃品について何度も問い合わせた。調査の結果，廃品置場は全国に1万6千ヵ所以上もあり，そのうちテキサス州には最も多いことが判明した(Flynn, 1982, p.126)。また，屋外広告については，以前から規制すべきとの意見があったものの，広告制作業者や塗装業者に加え，給油所やレストラン，宿泊施設などのさまざまな利害関係者が規制に反対していた。商務省の担当部局は，大統領の意向を受けて，廃品置場の責任者及び広告業界と交渉に入った。

ジョンソン政権の戦略は，広告業界で中枢の位置を占める「全米屋外広告機構」(OAAA)の支援を取り付けることであった。そのため，OAAAに対し，州間道路や連邦の管轄道路沿いの景観を損ねる広告を撤去する代わりに，商業地区においては広告を許可するという妥協案が検討された。ジョンソン政権は同年中の法案成立の方針を明言しており，両者は最終的に妥協案に合意した。そして，1965年5月に，連邦議会に高速道路の美化に関する法案が提出された。これが，一般に"レディ・バード法案(The Highway Beautification Act of 1965)"

と呼ばれるものである(Gould, 1987, p. 153)。

　しかし，こうした動きに対して，政権と業界側の妥協を知らされなかった「規制推進派」は，商業地域における規制を含む法案を目指していたため，その実態を知ると裏切られたと反発し，法案への支持を取り下げた。その結果，法案は草の根の支持を欠いた状態に陥った。

　一方，連邦議会においては，業界と深い関係を持つ議員や，選挙民と業界との関係に敏感な議員から決然たる反対が生じた。特に屋外広告業者は，それが現代の選挙戦で重要性が高いことから，連邦議会に強い影響力を持っていた。地方の業者が議員の再選を危うくする可能性もあった，ともいわれる(Ibid., p. 139)。こうした勢力図もあって，法案成立のためには大統領および民主党の多数派の支持が必要不可欠であった。

　レディ・バードは，上下両院の委員会の審議過程を把握し，立法に関する戦略会議に参加し，広範囲なロビイング活動を行った。ホワイトハウスに議員を招待した際には，大統領側からレディ・バードの秘書に渡された招待者リストに，「この議員はいざという時にはいつも政権を頼る」などと添え書きがなされ，大統領の法案支援の意図がうかがえた(Ibid., p. 153)。

　しかし，レディ・バード法案の立法過程で，両院の委員会は膠着状態に陥った。そこで，彼女と側近は，連邦議員に対して，手紙や電話によるロビイング活動を開始した。夫人側近のロビイングに対し，テキサス州選出の議員は，南部の議員は誰も規制法案に賛成していないが，だからといって夫人に反対することを欲している議員もいないと語った(Ibid., p. 162)。レディ・バードが説得すべき連邦議員は4名であり，そこには法案審議の中枢であった「道路に関する小委員会」で委員長を務める民主党のクルチンスキ下院議員が含まれていた。側近の情報によると，夫人の説得は明らかに効果があり，議員は夫人側の望むあらゆる事項に同意の意向を示した(Ibid., p. 159)。高速道路美化法案は，夫人の熱心なロビイングと民主党の結束，そして大統領の後押しを受けて，1965年10月に大統領の署名を得ることができた。

しかし，夫人の立法過程への関与が少なからず批判を招いたのもまた否めない。テキサス州のある広告業者は，法律は夫人の気まぐれだとする批判意見を大統領に書き送った。モンタナ州では，レディ・バードに対する告発を模索する動きもあった (*Ibid.*, p. 164)。

　その上，法律の執行段階においても，さまざまな立場からの攻防が展開された。広告業界は連邦議員に働きかけて規制基準を緩和させようと目論んだ。連邦議会においては，業界規制のための財源の減額あるいは削除が検討された。レディ・バードと側近は，1965年の間は低姿勢を貫いたものの，しかし法律を骨抜きにするような動きに対しては，ロビイング活動や環境保全に賛意を表す演説によって応戦した。彼女は演説の中で，米国国民として自国の素晴らしい景観や自然を後世に残さねばならないと強調したし，道路は人や物をただ運べばよいのではなくて，景観美に配慮して建設されるべきであって，しかもその計画は国民の要望に反応すべく"民主主義的側面"ももっていると主張した (*Ibid.*, p. 238)。

　最終的に，広告業界規制に対する充当金は大幅に削減された。広告の大きさ，照明，場所についての規制を定める運輸長官の権限も制限された。こうして，ジョンソン政権は法律の執行基準の主要な部分について後退を余儀なくされた。もちろん，規制推進グループは，こうした動きが取り返しのつかない欠点を含んでいると批判した。しかし，レディ・バードは，重要な一歩が記されたとして一定の評価を下した。彼女は，大統領夫人としての立場から立法過程に深く関与し，廃品置場を清掃することや高速道路沿いの景観を維持することについての条項に大きな議論が起きなかったことをむしろ喜んでいた (Gould, 1987, p. 171)。

　ジョンソン政権下ではさらに，美化の記念切手の発行や，レディ・バードにマスコミが同行する美化視察旅行の実施，全国テレビ網での美化キャンペーンに関する特別番組の放映などが相次いで行われた。彼女はまた，トレードマークの緑色の手袋と金色のシャベルを持って，各地にパンジーやアザレア，花水

木などさまざまな花を植えた。この他に，ホワイトハウス内においても，レディ・バードの自然美に対する思い入れが見られた。ファーストファミリーは代々，好みのデザインの陶磁器を作る慣わしがある。レディ・バードは，ホワイトハウスのディナーセットに国内に野生する花をあしらい，デザートセットにはワシントンD.C.の象徴である大輪の赤いバラを選んだのである(戸室，1990，pp. 140-141)。

いわゆるレディ・バード法は，法律制定にあたって一定の限界を示すものであった。しかし，環境に関する彼女の取り組みは，後に，清浄な大気や，自然の景観に配慮した河川に関する法律の制定に繋がった(Gutin, p. 115)。環境問題に対するジョンソン政権およびレディ・バードの貢献は，単に立法活動にとどまらず，環境問題に対する人々の価値観や態度にも影響を与えたところにある，と言えよう(Gould, 1987, p. 233)。

(4) 教育問題および女性の登用

この他に，レディ・バードが関心を示した政策分野として，教育問題と，連邦政府高官人事における女性の登用があった。

まず，教育問題については，ヘッド・スタートと呼ばれたプロジェクトが挙げられる。これは，1965年に開始されたもので，貧困家庭の子どもたちを対象に，学校に就学する準備のためのさまざまな施策を行うものである。ヘッド・スタートの対象となる子どもたちは，「無」の状態におかれており，ある者は「100」の語彙を聞いたことがないために100の語彙すら話せず，ある者は本を見たこともなければ花を抱えたこともない状態であった(Gutin, 1989, pp. 115-116)。レディ・バードは，貧困の連鎖を断ち切るためには適切な教育と健康管理から始めることが大事であると理解し，このプロジェクトの重要性を強く認識していた。彼女は，このプログラムに人々の注目をひきつけることにより，ボランティアの指導者をもっと獲得できると考え，度々メディアに訴えたり，プロジェクトの進行状況視察のために各地を訪れ，このプロジェクトに関して

数十回のスピーチを行った(ジョンソン，1973，p.107)。

次に，女性の登用についてみると，ジョンソン政権下ではかつてないほどに連邦政府の高位の職に女性が進出した。レディ・バードは常々，米国の女性が国家に貢献しているほどには評価されていないことに疑問を持っていた(Flynn, p.107)。また，彼女の広報担当の秘書のリズは，ジャーナリスト時代にプレスクラブが男性クラブと化していたことに不満を募らせていた(Hartmann, 1987, p.54)。彼女たちは，ジョンソンが勤務を終えて帰宅すると，「今日は，女性のためにどんな素晴らしい仕事をしたの？」と尋ねた。ジョンソンは，母親が当時のテキサスでは珍しく大学の学位を持ち，教師やジャーナリストの職に就いていたこともあって，社会における女性の役割に肯定的であった。

ジョンソンは，周囲の女性からの圧力もあり，大統領就任後間もない1964年1月，閣議において次のように発言した。「米国の女性研究から分かったことは，最も高いレベルでの米国人女性の頭脳を用いる必要性である。政府のあらゆる管理者が，まだ活用されていないこの資源に気づくことを希望する。上級の仕事が男性に保持されている時代は終わりであるということを，すべての人が心に留めねばならない」(*Ibid.*, p.127)。その上で，ジョンソンは特別補佐官に命じて，各省の採用経過を報告するよう求めた。大統領の意思を反映して，同年1月から10月までに，68人の女性が新たに重要なポストに任命された。1966年7月までに，この数字は130人にまで増加している(*Ibid.*)。

しかし，この増加傾向は数年で停滞した。その理由の一つとして，女性サイドが登用を拒んだことが挙げられる。ジョンソンの働きかけに対し，多くの女性が，家族への責任もあり，簡単にワシントンD.C.に引っ越すことが不可能である，あるいはフルタイムで働くことができないなどの理由により，登用に応じなかったのだ。これを見たジョンソン大統領は，「適材適所の女性を見つけても断られる」と嘆いた(*Ibid.*, p.128)。ただ，1968年の女性の地位に関する各部局間の報告書によると，ジョンソン大統領のリーダーシップの下で，1963年から68年までの5年間に，米国の女性はこれまでになく多くの機会に恵ま

れた。こうした連邦政府レベルでの努力は、国家の雇用政策の好例とされた。また、公民権法に対するジョンソンの強力な関与が、1964年の公民権法の第7編における雇用の男女差別禁止の法的基盤を与えるのに役立った、とも言われている (Ibid.)。

ただ留意すべきは、ジョンソンには非公式の場でのセクハラまがいの言動が少なからずみられ、必ずしも女性の地位向上を最重要課題だと、みなしていたわけではない (Hartmann, 1987, pp.53-56)。しかし、ジョンソン政権期が米国の女性に関する政策と世論の潮流の過渡期となったことは間違いない。

4. おわりに

これまで見てきたように、レディ・バードは、ジョンソン政権の内政課題の一部に深く関わり、世論を喚起し、政策遂行を支援した。その一方で、ベトナム情勢の方は悪化の一途をたどった。1965年2月に北爆が開始され、その翌月にジョンソンは海兵隊の派遣を決意した。しかし、ジョンソンは次第に戦争をコントロールできなくなった。ホワイトハウスは連日、反戦運動家たちのピケに囲まれ、ファーストファミリーにはそれが日常の風景となった (ジョンソン, 1973, p.129)。ベトナムや中東の情勢が急変すると、昼夜を問わず電話が入り、緊張が走った。このような中で、ジョンソン大統領は不眠状態に陥った。夫人は、夫の人格が蝕まれていくのをただ見守るばかりであった。

レディ・バードも、全国に視察にでかけ大学で講演を行う際に、戦争反対のプラカードを目にする機会が増えた。それまではマスコミを通じてベトナム政策に対する国民の理解を求めていた夫人であったが、デモ隊の抗議を受けるファーストレディの記事や映像は、彼女をデモ隊の餌食にしてしまった (同上, p.197)。各界で活動する女性を集めて夫人が主催する定期的な昼食会においても、ベトナム戦争を批判する意見が頻繁に出るようになった。夫人は、戦争中だからといって、犯罪や教育、健康の問題を捨て置いてよいわけではないと反論し

た。しかし，自分の意見を明言できないことを残念に思うとも話した(同上，p. 218)。

こうした状況の中で，ジョンソン大統領は，1968年3月末に，ベトナム戦争についての演説を行い，その中で同年秋の大統領選挙には立候補しないことを明らかにした。この決断にいたる直前まで，夫婦は立候補すべきかについて繰り返し話し合い，疲れきり，やがてジョンソンは「自分にはこの国をまとめていく力がないと思う」と妻に率直に語った，という(同上, pp. 222-223)。ジョンソンが立候補の断念を決意した後，レディ・バードは心が楽になったと正直に吐露している(同上, p. 226)。その後，黒人指導者マーチン・L・キング牧師と，民主党の大統領候補に名乗りをあげたロバート・F・ケネディ上院議員が相次いで暗殺され，黒人暴動と犯罪が激増するなど，米国社会はますます不穏な空気に覆われた。結局，この年の大統領選挙では，共和党のリチャード・M・ニクソンが接戦を制した。

1969年1月，ジョンソン夫妻は，ニクソン一家にホワイトハウスを明け渡し，故郷テキサスに戻った。レディ・バードは，環境問題への取り組みが評価され，政府の委員会の名誉委員長や審議会委員に任命された。ワシントンD.C.には，彼女の功績を讃えて，レディ・バードの名を冠した公園が造られ，その一角には，自然保護に取り組んだジョンソン大統領の記念林が整備された。彼女は，母校テキサス大学の評議員も引き受けている。1970年には，ファーストレディとしては初めて，自らの生活の歴史的な記録を収めた大統領夫人日記を公刊した。

その後，テキサス大学構内には，ジョンソン大統領図書館・博物館が設立された。しかし，1973年1月，ジョンソンは心臓発作により65歳で死去した。彼の棺は大統領図書館に安置され，家族が弔問者全員と握手を交わした。その中には，当時テキサス大学大学院に在籍し，のちに第43代大統領夫人となるローラ・ブッシュもいた。ローラは，同じテキサス州出身で初のファーストレディとなったレディ・バードに感化されて野生の花や造園に興味を持ち，ファ

ーストレディになってからも故郷で野生の草原の復元に意欲的に取り組んだ。彼女もまた、レディ・バードと同様に、多忙な公務の間に触れるテキサスの自然美に癒されたようである。彼女は、広大な高速道路の両脇に何エーカーも続く波打つ草原や、色とりどりに咲き誇る花々こそ、レディ・バードの遺産であると称賛している (ブッシュ, 2015, pp. 102-103, 392-393)。

なお、ジョンソン大統領図書館では、大統領の資料が先行して展示されたものの、夫人の資料公開が1980年代半ばまでずれ込んだ。それは、ベトナム戦争で評価が失墜した夫の業績を貶めることがないようにと、彼女が配慮したからに他ならない (Gould, 1988, p. 242)。

1982年には、自身の70歳の誕生日の記念に「野生植物研究所」(National Wild Flower Research Center) を設立し、そのために12万5千ドルとオースティンの東部にある60エーカーの土地を寄付した。第一線を引退した後も活躍を続けるレディ・バードは、1977年にフォード大統領から「自由勲章」を、また1988年には「連邦議会名誉黄金勲章」を授与された。彼女は生涯にわたって、大学やメディアなどからも多数の賞を受賞した。

レディ・バードは、1993年以降、脳卒中を発症するようになり、2002年には倒れて病院に運ばれた。命に別状はなかったものの、言語障害が残り、二女のルーシーや孫たちに支えられて余生を過ごした。それでも、ホワイトハウスへの思いは消えることなく、2005年には車いすに乗ってローラ・ブッシュの待つホワイトハウス訪問を果たし、懐かしい日々に思いを馳せた。そして、その2年後、家族や友人に囲まれて94年の生涯を閉じた (ブッシュ, p. 393)。

ジョンソンはかつて、妻を「我が家の頭脳であり富である」と評した。また、妻の献身と忍耐がなければ、自身の出世など想像もできなかっただろうと述べた (Enid Nemy, 2007/07/11)。実際に、レディ・バードは、物心両面で夫のジョンソンを堅実に支えた。その上で、自身のペット・プロジェクトを通じて、米国の自然美の保全と推進に貢献したのである。自然美への取り組みは、あくまでも彼女の興味関心を踏まえたものであった。しかし、それは夫に嫉妬されな

い唯一のテーマであったと揶揄されている(Gould, 1988, p.243)。彼女はそれを認識した上で，夫人としての立場でできる範囲の中で最大限の努力をもって行動した。

　レディ・バードは，困難な時も常に前を向き，まず一歩を踏み出そうとする女性であった。その姿勢は，政治の場面でも発揮された。議会と正面対決することなく，しかし漸増的に主張を実現していったところに，議会の帝王と呼ばれたジョンソンの夫人たる"政治家ぶり"を見出すことができるのではないだろうか。

※本章は，藤本一美編著『ジョンソン大統領とアメリカ政治』(つなん出版，2004年)所収の拙稿「レディ・バード・ジョンソン」に加筆・修正を施したものであることをお断りしておきたい。

引用・参考文献
Jean Flynn, *Lady: The Story of Claudia Alta [Lady Bird] Johnson*, Eakin Press, 1982.
Nancy Kegan Smith, "On Being First Lady: An Interview with Lady Bird Johnson", *Prologue*, Summer 1987.
Susan M. Hartmann, "Women's Issues and the Johnson Administration", in Robert A. Divene ed., *The Johnson Years Vol. 3*, University Press of Kansas, 1987.
Lewis L. Gould, "Lady Bird Johnson and Beautification", in Robert A. Divine ed., *The Johnson Years Vol. 2*, University Press of Kansas, 1987.
Lewis L. Gould, *Lady Bird Johnson and the Environment*, University Press of Kansas, 1988.
Myra G. Gutin, *The President's Partner: The First Lady in the Twentieth Century*, Greenwood Press, 1989.
Enid Nemy, "Lady Bird Johnson, Former First Lady, Dies at 94", July 11, 2007 in *The New York Times*. ⟨http://www.nytimes.com/2007/07/11/washington/12cnd-johnson.html?_r=0⟩
レディ・バード・ジョンソン著，高野フミ・牧田松子訳『大統領夫人日記：ホワイトハウスの5年間』番町書房，1973年。
宇佐美滋『ファースト・レイディーズ：ホワイトハウスを彩った女たちの物語』ネスコ，1989年。
岡島成行『アメリカの環境保護運動』岩波書店，1990年。

戸室和子『ファーストレディとインテリア』平凡社，1990年。
宇佐美滋「ホワイトウォーター疑惑で問われるファーストレディの役割」『世界週報』1994年4月19日号。
藤本一美「若き日のリンドン・B. ジョンソン」藤本一美編著『ジョンソン大統領とアメリカ政治』つなん出版，2004年。
藤本一美・濵賀祐子『米国の大統領と国政選挙』専修大学出版局，2004年。
ローラ・ブッシュ著，村井理子訳『ローラ・ブッシュ自伝』中央公論新社，2015年。

第2章
ナンシー・ペロシ 連邦下院議長

(1940年3月26日〜)
The Library of Congress

1. はじめに

2007年1月4日，第110連邦議会において，ナンシー・ペロシ(Nancy Pelosi)は，米国連邦議会下院の60代目の議長に選任された。女性では初めてであり，ナンシーは民主党に所属している。連邦下院議員は，435人も存在するが，その頂点まで，上りつめたのである。

本章では，ペロシの生い立ちから現在に至るまでの経緯を中心に，彼女を支えてきた政治的信念，政治活動等を織り交ぜながら考察し，今後，米国で女性たちが政治の世界に進出していくには，何が必要なのか，その条件と課題を探ってみたい。

2. 生い立ち

(1) イタリア系アメリカ人

ナンシー・ペロシ(Nancy Pelosi)は，1940年3月26日，メリーランド州ボルチモアのイタリア人街，リトル・イタリー(Little Italy)に生まれた。兄弟姉妹は6名で，女性はナンシーのみ，残りは全員が男である。

父は，1903年生まれのトミー・ダルサンドロ(Tommy D'Alesandro)，母はアヌンシアタ(Annunciata)といい，イタリア系移民の子孫である。

イタリア人(シシリーやアブルジ出身者が多かった)がボルチモアに移住を始めたのは1800年代の半ばからで，港湾近くの造船所で働くためだった。ボルチモアは米国の他の地域よりも暮らしやすかったのだろうか。その後，より良い生活を求めて，米国各地(たとえばニューヨークなど)に移民していたイタリア人たちもボルチモアにやってくるようになった。

ナンシー家の先祖がボルチモアに移民してきたのは，祖父，祖母の時代である。母方の祖父と祖母は，2人とも米国ではなくイタリア生まれである。祖父はローマ近郊の小さな村，祖母はナポリ近郊の町，カンポバッソ(Campobasso)

出身である。

　祖父と祖母は米国にやっては来たものの，最初の数年の間に，イタリアとボルチモアの間を，4度も往復している。そして，ナンシーの母，アヌンシアタはイタリアで生まれている。おそらく，出産その他さまざまな理由があって，慣れ親しんだイタリアに戻ったのであろう。このため，母アヌンシアタは，1歳の時，初めて米国にやってきたのである。

　一方，ナンシーの父もイタリア系移民の子孫で，13人兄弟姉妹の4番目として生まれた。父親に連れられて，ボルチモアのリトル・イタリーにやってくると，最初は，25セントの時給で，石切り場で働いた。その後，さまざまな職業を経験した後，食料品店を開き，マカロニやパスタの販売を行っていた。住居の裏に，パスタ製造工場を持てるまでになっていた (Bzdek, 2008, pp. 13-18)。

　現在，リトル・イタリーと呼ばれる地域は，1800年代にはユダヤ人や黒人も住んでいたが，しかし，1900年までに，ほとんど全ての居住者がイタリア人となった。住民の多くは知り合いであり，団結力が強かった。だが，いずれも貧しく，日々の糧にも事欠く人たちが多かった。1968年，マーチン・ルーサー・キング牧師が殺害され，街に暴動が起きたとき，多くのボルチモア市民が街を離れたものの，リトル・イタリー住民は街を離れず，団結して街を守った (Bzdek, *Ibid.*, p. 17)。

　ナンシーが生まれた1940年代には，家の近所に一族の祖父に祖母，2人の叔母が住んでいた。ナンシー一家は，リトル・イタリーの3階建ての家に住み，日曜日ごとにカトリックの教会に通う信仰の篤い一家だった。家が教会の近くにあったので，ナンシー家の建物は，その教区の集会所のようになっており，ミサの行き帰りに立ち寄る人が多かった。

　ナンシーは，目が大きくて，茶色の髪を「おさげ」に結ったかわいらしい子供だった。ナンシーの兄の記憶によれば，小学校のころのナンシーは，控えめで思いやりがあり，服装をいつもきれいにしていたという。両親にとって，ナンシーは目に入れても痛くない子供だった。その理由は，母親のアヌンシアタ

が，子供が男ばかり5人も生まれ続けたので，6人目は女の子が生まれることを強く願い，熱心に神に祈っていたという事情があったからである。そして，願いがかない，女の子のナンシーが生まれてからは，もともと強かった神への信仰が，さらに強まることとなった。こうして，ナンシーは，とてもかわいがられ，大切に育てられることになった。

　アヌンシアタは，娘のナンシーの将来について，ナンシーが神の申し子とでも考えたのだろうか，あるいは神への感謝を表そうと考えたのだろうか，娘のナンシーを，義務教育を終えた後，修道女にしようと考えていた。

　しかし，ナンシー自身は，人のためになることをしたいとは思っていたが，修道女には絶対になりたくないと思っていた。「大きくなったら司祭になりたいのです」。ナンシーは母に繰り返し訴えていた。幼少時に，「司祭になりたい」という言葉を繰り返し話していたのを近所の人たちも聞いている。

　しかし，ナンシーが9歳か10歳のころ，母親は決心して，娘に次のように告げた。「カトリックの教会では，女の子は司祭になることができないのです」。これに対し，すぐにナンシーは次のように答えた。「それならば，代わりに政治家になりたい」(Bzdek, *Ibid.*, p. 18)。

(2)　政治的環境

　政治家になりたいというような言葉が，すぐに出てくるのには理由がある。ナンシーの家系には，政治家や公務員が多いのである。たとえば，ナンシーが生まれた1940年当時，父親はすでに連邦議会下院議員となっていた。そして，父親が下院議員であった期間に，ナンシーは，母親とともに4度，ワシントンD.C.の議員事務所を訪れている。その後，7歳の誕生日を迎えるころには，父親はボルチモアの市長になり，政治活動を続けていた。さらに，息子(ナンシーの兄)のダルサンドロⅢ世も，ボルチモア市の市議会議員を務めた後，1967年に市長に選ばれている。その他2人の兄ヘクター(Hector)とジョーイ(Joey)は，公務員としてボルチモアの裁判所で働いていた(Bzdek, *Ibid.*, p. 17)。

ナンシーは次のように言う。「両親は，公務は崇高な職業であり，我々は，必要とあれば支援する責務がある。公務とは，天使が行う仕事に近いものだと思う，と述べていた」。このような父親の言葉などの影響から，ナンシーは，政治や公務に対する責務を果たす必要を考え，「政治家になりたい」というような言葉が，すぐに出てきたのではなかろうか。

さらには，リトル・イタリーの街自体の雰囲気も政治への志向を高めた。リトル・イタリーの住民は，ほとんど全員が敬虔なカトリック教徒であり，日曜日ごとのミサには欠かさず出席していた。そして，ミサが始まる前や終わった後には，教区の集会所的な存在であったナンシーの家に集まり，さまざまな会話を楽しんだ。また，貧しい住民のほとんどは「民主党(Democratic Party)」を支持していた。ナンシーの家での会話の多くは，時々，政治の話なのか，宗教の話なのか区別がつかないこともあった。

一方，政治家にとって，教会は多くの人が集まるところなので，自らの政策を訴えるためには格好の場所であった。リトル・イタリーにおいては，多くの人が集まるイベントや集会の目的が，たとえ宗教的な催しであったとしても，その半分は政治的に利用されていた。教区の集会所的な存在であり，多数の人が集まるナンシーの家は，政治家にとって理想的な場所であったといえる。

ナンシーは次のように言う。「私たちの生活のすべてが政治でした。もしも，あなたが私の家に入ったとしたら，そこではいつも候補者の選挙運動が行われており，また，居間に入ったとしたら，そこではいつも選挙区民の集会が行われていると言ってよい」(Bzdek, *Ibid.*, pp. 18-21)。

このように，ナンシーにとって，政治は身近な存在だったのである。政治家になりたいという発言がすぐに出てきても不思議ではない。後年，ナンシーが政治家として大成するための政治的基盤は，上述のように，幼いころの環境で形作られたところが大きいと考えられる。また，彼女の持つ強いリベラリズムは，彼女の父親トミーがリトル・イタリーにおいて22年以上にわたり，地域の政治的指導者であったことにも，おそらく，強い影響を受けているものと考

えられる。

　父親のトミーは，かねがね，子供たちに，次のように語っていた。「仕事を求めている人たち，病気の治療や住むところが必要な人たち，監獄から釈放されることを願っている人たちなど，リトル・イタリーは，そのような人々の人間性がむき出しになっているところだ」。「我が家のドアはいつも開いているので，夜になると，食料を求める人たちが，毎日のように訪ねてくる。我が家には貧しい人たちが座ることができる大きなテーブルがあり，食べ物飲み物もあるからだ。政治とは，人々に日々の糧を与えることである。私はテーブルに座っている人たちがどこの誰とも知らない。けれども，私は，人々がどうしたら幸せになれるか，どうしたら病院で治療を受けることができるか，どうしたら住む場所を探すことができるかを良く知っているので，その方法を話してあげることができる」(Bzdek, Ibid., pp. 19-21)。

　トミーは，貧しい人たちの面倒をよく見ていた。そして，選挙当日になると，車を借りて，これらの人々を投票所に連れて行き，帰りには，貧者への食料品の配給を行う公的な施設において食料や飲み物を与えた。その結果として，トミーは当選した。「それは，一種のギブ・アンド・テイクである。その結果，当選すれば，私は，議会で発言することができる。もし，それをしなかったら，私は，議会で発言する機会も得られないのだ。これは，当時の文化だったのだ」と，トミーは，知人サドラー(Sadler)に述べている。おそらく，当時の政治活動は，そのようなものだったのだろう(Bzdek, Ibid., p. 21)。

(3) 進学

　ナンシーは12歳になると，中等教育の場として，自宅から1マイルほどの距離にある100年以上の伝統を誇るノートルダム校(Institute of Notre Dame)を選んだ。生徒はすべて女性で，6年制のキリスト教系私立校であった。そこは，主として裕福な人たちの子供が通学する学校だった。学生は，貧しい人たちの多いリトル・イタリーの学校と比べると，服装や雰囲気が大いに異なった。

ナンシーの同級生，連邦議会上院議員のバーバラ・ミクルスキー(Barbara Mikulski)によると，ノートルダム校の教育は次のようなものである。「彼女(ナンシー)の成功の原因の一部は，この学校で受けた教育にある」という。何故なら，「この学校は，良い教育与えることだけではなく，女性のリーダーシップや行動することに有用性があることも強調していた」。「我々は修道女から教育を受けた。修道女たちは学位を有していたのである。彼女たちは生徒のお手本だった。修道女たちは，私たち生徒が，賢く，効率的に，そして女性らしく生きることを教えてくれた。また，修道女長のメアリー・フィッツジェラルド(Mary Fitzgerald)も，別の言い方で次のようにいう。"私たちが繰り返し教えたことは，生徒の個人個人は，明らかに，神からの贈り物を授かって生まれてきたことです。私たちは，その贈り物を用いて，世界を良くするために，何らかの方法，何らかの形で奉仕するべきであるということです"」(Bzdek, Ibid., p. 30)。

　ナンシーがこの学校の1年生になったころ，父親は市長であったので，学校まで自動車で通学することができた。しかし，彼女は，いつも学校の手前，1街区の所で下車し，そこからは徒歩で通学するというような，周囲に気配りをした行動をとる学生だった。同級生のシーリー(Seeley)の印象に残っているナンシーは，完璧な存在である。彼女は次のように言う。

　「ナンシーは常に非の打ちどころがなかった。彼女に欠点を見いだせる人はいなかった。彼女いつもバランスが取れた考え方をし，優雅で，周りの人に良い印象を与え，思慮深く，親切で，勉強熱心だった。彼女は，市長の子供であったが，そんなことは少しも感じさせなかった。人を見下すような態度をとることはなかった。けれども，その一方で，彼女は無秩序な政治の世界の話をするのも好きだった」(Bzdek, Ibid., pp. 30-31)。

　ナンシーは学校では，討論チーム(debate team)に所属し，時折，ボルチモア近隣のカトリック系の学校と討論会を行った。討論中，ある論点が彼女の怒りを買うような内容であっても，つねに冷静に対処した。現在のナンシーが，

どのように困難な問題であっても，冷静に対処し，微笑を浮かべ，一般の人たちに対してのスピーチを行うことができる基礎は，この頃作られたものであると思われる(Bzdek, *Ibid.*, pp. 31-32)。

(4) トリニティ・カレッジ

ナンシーはノートルダム校を卒業したあと，どのような進路を選ぶかについて家族は話し合いを行った。1950年代においては，ナンシーのクラスの学生は，ほとんどが州内の看護学校に進学するか，すぐに結婚するか，近くの州立大学に進学するかであって，州外に出る人はごく少なかった。リトル・イタリー出身者も，近くの大学に進学した人たちは，大学卒業後，また，地元に戻ってくるのがほとんどであった。

母親は，ナンシーに「翼」を与えたいと思っていた。母親は，自分が叶えられなかった州外の学校へ留学する機会を，たった一人の娘，ナンシーに叶えてあげたかった。州外の大学に進学することになれば，独立心が生じるであろうし，広い世界を見ることができるからである。

母親の意見が通り，選ばれたのは，35マイル彼方のワシントンD.C.にある小さなカトリック系の女子大学，トリニティ・カレッジ(Trinity College)である。ナンシーが進学した当時，トリニティ・カレッジの学生の大部分は，裕福な政治家の娘であった。ナンシーの母親は，トリニティ・カレッジで，生涯の友と出会うことを願っていたが，ナンシー自身は，リトル・イタリーから離れた遥か彼方の場所まで，自分自身を連れて行ってくれる，良き伴侶に出会うことを夢見ていた(Bzdek, *Ibid.*, pp. 37-39)。

トリニティ・カレッジは，1897年，近隣を見晴かす丘の上に作られた。社会から不利益な扱いを受けている女性の支援をすることが目的であった。また，開校後数十年間に渡る期間は，ジョージタウン大学に進学できなかった女性のための学校でもあった。ジョージタウン大学が女性の入学を認めたのは，1971年からであって，ナンシーが進学した1958年には，まだ女性の入学は許され

ていなかったのである。

　ナンシーが卒業したノートルダム校、そして、その後、入学したトリニティカレッジは、双方ともノートルダム寺院の修道女により設立された学校であり、どちらも教育方針が類似している。すなわち、両校とも、教育だけでなく、行動することを重視していた。さらに、このノートルダム系の学校は、たとえば、貧困が増大している地域だからといって、その地域から離れるというようなことは、頑強に拒否するという面も持っていた。学校自体が、現状のまま維持できなくなるかも知れない時でも、離れるのを拒否している。「あなたの周りを御覧なさい。世界はこれまで以上に私たちを必要としています」。学校側はこう述べている (Bzdek, *Ibid.*, p. 38)。

　トリニティ・カレッジは、ホワイトハウスや連邦議会の近隣に存在していたので、街に出れば、街中の議論やゴシップなどの話題が自然に耳に入り、それを避けようとしても不可能であった。このため、ナンシーが在学当時中、トリニティ・カレッジの学長だったマーガレット・クレイトン (Margaret Clayton) は、トリニティの学生が、当時の大きな社会的運動に参加することを望んでいた。その結果、活動的な学生は、政治学を専攻し、学内の政治関係のクラブに参加したり、後に大統領となるジョン・F・ケネデイの選挙運動の応援に出かけたりしていた。

　ナンシーは、トリニティ・カレッジ時代、「国際関係クラブ (International Relation Club)」や「政治問題クラブ (Political Affairs Club)」に参加して活動した。そこで、ナンシーは、その当時、若い女性がしばしば否定されていたもの、すなわち、女性がリーダーシップをとるということを学び、後年における彼女自身の活躍の基礎を築いた (Bzdek, *Ibid.*, p. 51)。

　しかし、その一方で、政治学を学ぶ女性の数は減少していた。学究の場でも、職業婦人の「大撤退 (Great withdrawal)」が報告されていた。しかし、女性の教育環境を守るためには、政治を学び、現実的なリーダーシップの経験を持つことが必要であった。その後、それらの経験を持つ女性が、モデルとなって活

動し，男女共学の欠点と制限を取り除く方向への道筋をつけることになった (Bzdek, *Ibid.*, p. 49)。

(5) 結　　婚

　先に述べたように，ナンシーが進学した当時，トリニティ・カレッジは女子校であり，ジョージタウン大学は，男子校であった。しかし，この2つの大学は，学校としては分かれていたものの，どちらもカトリック系の学校であり，ワシントンの「ハーバード(Harvard)とラドクリフ(Radcliffe)」と呼ばれていた。ラドクリフとは，かつてハーバード大学が，女性の入学を認めていなかったころに作られた女子大のことである。

　トリニティとジョージタウンは，共にカトリック系であり，両校の間の距離が近かったこともあって，しばしば合同で，舞踏会やさまざまなパーティーを開いていた。ジョージタウンの学生が，トリニティの午後の茶会に招かれることもしばしばあった。しかし，トリニティの修道女は，問題が起きないように，注意深くこれらの催しを監視していた。トリニティを訪問する学生は，学内に入るときと出るときに署名することが求められた。そして，男子学生がトリニティで，夜明かしをすることは認められなかった。校内では，飲酒も禁止であった。ナンシーの学友ジョアン・クラーク(Joan Clarke)は次のように言う。「厳しい環境だった。夜は外出禁止だった。毎晩のように，友人の見送りをした」。

　しかし，だからといって，トリニティの学生が，自分たちを取り巻くこれらの制限規則を破ろうとしなかったわけではない。ささやかな反抗もあったようである。たとえば，学生時代，ナンシーは「グリーン・クラス(Green Class)」という名称のクラブに参加していた。そこでは，年に一度，修道院の裏にあるジョージタウンの街で，グリーン色のビールを飲むことを義務としていた。また，前出のクラークは，ジョージタウンのロースクールの学生が連邦議会図書館で勉強していたので，彼らに会うため連邦議会図書館によく出かけた，また，ジョージタウン大学の中で，男子学生と一緒に，何度もタッチフットボールの

ゲームを行ったと述べている(Bzdek, *Ibid.*, pp. 63-64)。

トリニティ時代のナンシーの印象は、ノートルダム校時代の印象に類似している。友人のクラークによれば、「彼女は、良き聞き手であった。彼女はあらゆることを受け止め、それを我がものとした。このようなことが、後に政治家として大成することになった理由だろう。彼女はとても尊敬されていた。彼女は、いつも明るく幸せそうだった。学校の友人たちは、彼女を評するのに、「快活」「思いやりがある」「親近感がある」という3つの言葉を使うのが常だった」。後年、ナンシー自身も、トリニティ・カレッジについて、「私はトリニティでの生活がこの上なく楽しかった」、と述べている(Bzdek, *Ibid.*, p. 17)。

このような環境の中で、ナンシーは、その当時、ジョージタウン大学の学生だった将来の伴侶と出会っている。1961年の夏、ナンシーは、ジョータウン大学で、サハラ砂漠以南のアフリカ史についての講座を受講していた。そこで、彼女は、西部のサンフランシスコ出身で背の高い、痩身の外交学部の学生、ポール・ペロシ(Paul Pelosi)と出会ったのだ。

ポールの家族には、サンフランシスコ市の民主党で活動している人もおり、ナンシーは親近感を持ったと思われる。ポールの兄、ロン(Ron)は、民主党員であり、長い間、市の監理委員会の委員をしていた。また、ロンは、サンフランシスコの教育テレビKQEDへの番組出演でよく知られている存在でもあった。

ポールは、中等教育は、西部ではなく東部のペンシルバニア州で受けた。そこで成績が良かったので、大学卒業後は、銀行関係の職に就きたいと思っていた。

ナンシーはポールについて次のように評していた。「彼は、穏やかな素晴らしい人です。彼はスポーツマンであり、また、とても協調性がある人です」。

ナンシーの友人、アンナ・エショー(Anna Eshoo)は、2人はまさにお似合いだった、私たちは、皆、ポールがとても素晴らしい人だと感じていた、と述べている。また、別の友人は、ポールがとてもハンサムな容貌をしていた、と述べている(Bzdek, *Ibid.*, pp. 64-66)。

大学卒業1年後の1963年9月7日，2人はボルチモアの教会で結婚式を挙げた。その後，ナンシーは6年間で，5人の子を出産した。4人が女性，男性は一人だけである。これは，ナンシー自身の兄弟姉妹の，ちょうど裏返しである。ナンシーの兄弟は，兄が5人で，女性はナンシー一人だけである。大学卒業後，ポールがニューヨーク市の「ファーストナショナルシティバンク(First National City Bank)」に職を得たため，5人の子供たちのうち4人はニューヨークで生まれることになる。

　ニューヨークで5年間暮らした後，一家はポールの故郷，サンフランシスコに移った。後に，シリコンバレーとしてその名を知られることになる市の南部地域で，ちょうどその頃から人気の出始めていた，コンピューターのリース業を行う会社に，転職するためである。彼は，この会社で，コンピューターに関連する新しい経済の全ての側面を研究した。これが後に，主として投資により，2,500万ドルもの財産を築き上げることにつながったという(Bzdek, *Ibid.*, p.65)。

3. 政治活動

　一般に，政治を志す女性の多くは，20代のころから州議会や市のさまざまな委員会に関わり始めるものである。だが，ナンシーの場合はこれと全く異なるものだった。結婚後，彼女が本格的に自分自身のために政治に関わるようになったのは，一番下の子供アレクサンドラが高校を卒業する頃からであった。それまでは，政治との関わりは，主として民主党員の政治活動の支援であった。

　後年に，ナンシーは次のように述べている。「私は子供たちに鍛えられた。子供たちはそれぞれ個性が異なるので，時間の使い方，それぞれが必要とするものなどを考えておく必要があった。子供を育てるのに，これほどエネルギーが必要とは思わなかった」。「政治以前に家族があるのです。家庭での生活は，一種の政治である。子供たちを分け隔てなく育て上げるのは，政治とよく似ています」。「私の人生において，母親であることほど重要なことはない。議員に

なることでも，議長になることでもない」。「子育ては，時間の無駄だという人もいるが，私はそうは思わない。これほど重要な仕事はないのです」(Ronald M., Peters, Jr. and Cindy Simon Rosenthal, 2010, p. 45)。

　サンフランシスコ市において，彼女が政治とのかかわりを持ち始めたのは，まだ子供3人がおむつをつけている頃だった。ボランティアで，彼女自身の家を，サンフランシスコの民主党のための茶会，党員と民主党立候補者との顔合わせ，資金集めのパーティーなどの集会の場として提供し始めたのである。彼女の生まれ育ったボルチモアの家でも，政治活動が行われていたので，サンフランシスコにおいても，家を政治活動のために提供するということに抵抗は感じなかったのであろう。ナンシーは，こうした集会の場で，地域のことを学んだほか，複雑な政治の場において，どのように「政治的梃子」や「政治的バルブ」を利用したらよいのかということについても学んだ。その結果，サンフランシスコは，ナンシーが生まれ育った，汚れて不潔なボルチモアのリトル・イタリーと，街の雰囲気が大きく異なるのが理解できた。

　しかし，政治的には異なるわけではなかった。どちらの市も，民主党が強いリベラルな雰囲気の港町であり，造船業界には，強力な労働組合があり，その組合が，それぞれの地域の政治的な問題と深く関わりを持っていた。また，どちらの市も，さまざまな国籍の人が入り混じっており，それぞれ政治的に期待するところが異なっていた。ナンシーが幼少のころの1940年代，ボルチモアは，イタリア人，ユダヤ人，アフリカ系アメリカ人，アイルランド人が入り乱れており，しかも，人種差別があった。人々は，これを撤廃し人種の統合を図ろうとして活動している時期だった。一方，1970年代のサンフランシスコは，アジア系アメリカ人，同性愛者，ヒッピー，白人，黒人などが，それぞれ支援を求めて活動しているため，政治的利害がぶつかり合い，政情が不安定であった。この結果，この東西2つの地域からは，活動的な政治家を選出する傾向が強かった。ナンシーの父，ダルサンドロもそのうちの一人であるといえる(M. Bzdek, *Ibid.*, pp. 74-75)。

ナンシーは1976年，夫のポールと共に初めて直接の選挙運動に参加した。1976年の民主党の大統領候補選出選挙にジミー・カーター（Jimmy Carter）候補の対抗馬として，カリフォルニア州知事のジェリー・ブラウン（Jerry Brown）が出馬したので，これを支援してくれるよう，ブラウン自身からポールに要請があったのだ。ポール自身はカーターを支持していたが，ブラウンとは，友人同士であったので，結局，協力することになった。しかし，カーターは，ブラウンが大統領候補に立候補を表明する前に，すでに多くの州で票をまとめ上げていた。それでも，ブラウンは，カリフォルニア州などの大票田で勝利することができれば，カーターの勢いをとめることができる，と考えていた。そして，とりあえず，目標を，1976年5月18日のメリーランド州における選挙での勝利に定めた。ブラウンは，ポールの妻であるナンシーの父が，ボルチモア市において大きな影響力を持っているのを知り，支援してくれるよう，ポールに依頼したのである（Bzdek, *Ibid.*, pp. 73-74）。

　ナンシーは，ブラウンのため，メリーランド州で，父親や州の民主党員と選挙運動を行い，得票率49％を獲得，37％獲得したカーターを破った。しかし，ブラウンは，肝心の地元カリフォルニア州の選挙では，カーターに敗れてしまった。

　この結果，ナンシーとその父親のメリーランド州における政治力が明らかになり，ナンシーは，カリフォルニア州の民主党内において，有力な活動家の一人と目されるようになった。ブラウンは，ナンシーをカリフォルニア州北部地域の民主党議長に任命した。彼女は，1977年から1981年まで，この地位にとどまった。ここで，カリフォルニア州におけるさまざまな選挙運動に関わり，戸別訪問などを行うようになった。このような活動の結果，カリフォルニア北部民主党は組織のネットワークの拡大に成功した。ネットワークの拡大は，資金集めの拡大につながった。この結果，1981年，ナンシーは，カリフォルニア州全体の民主党議長に選出された。任期は2年間である。しかし，この仕事は，片手間でできる仕事ではない。当時，彼女は，10代の子供，5人を抱えて

いた。家庭と党の仕事の両立は，大変困難な作業だった。彼女の友人は，ナンシーが，多忙のため，4時間しか眠れないことが，しばしばあった，と述べている。それでも彼女は，家事の手伝いやベビーシッターの手を借りることはなかった。家事も政治も手助け無しの一人でこなしたのである(Bzdek, Ibid., pp.74-75)。

　ナンシーは1984年，連邦レベルで民主党大統領候補を指名する党大会の共同議長を，地元サンフランシスコ市において務めた。ナンシーの娘のアレクサンドラによれば，党大会開催中，問題が起きて，スケジュール通り進行しなかったことがあった。このとき，彼女が行ったことは，記者たちに，さらに沢山の食べ物とアルコールを提供したことである。その理由は，食べたり飲んだりしている限り，彼らは，民主党の党大会の悪いことを書くことはないからだという。

　大会は成功，その結果，ナンシーは，カリフォルニア州における政治的知名度をさらに大きく高めることになった。というのは，カリフォルニア民主党の実力者レオ・マッカーシー(Leo McCarthy)の知遇を得ることになったからである。マッカーシーは，1977年から1980年まで，カリフォルニア州議会議長を務め，1983年から1995年までカリフォルニア州の副知事を務めた実力者である。ナンシーは，マッカーシーから，政治の手ほどきを受けた。後日，ナンシーは，次のように語っている。「レオの手ほどきがなければ，私は下院議長になれなかったでしょう」(Bzdek, Ibid., p.76)。

　ナンシーは，カリフォルニア州民主党内における地位を，次第に高めていった。彼女は友人のネットワークをさらに広げる作業を継続，単に貧しい人たちや，労働組合に属する人たちだけではなく，富裕な人たちにも交流の輪を広げるようになった。富裕な人たちとの交流は，後年，政治資金の募集を円滑にすることにつながった。また，夫のポールも，投資で得た利益を民主党のパーティーに提供，ナンシーに協力した。ナンシーは，ネットワーク内の友人たちに対しても，面倒見が良かった。そして，ネットワークの中でも，特に親しい友

人2,000人に対して，その子供の誕生日をおぼえていて，お祝いの手紙を送ったり，時には，政治問題への意見を求めたりしていた。

その後ナンシーは，1985年から1986年まで，カリフォルニア州民主党内の上院議員選出キャンペーン委員会・財政部門担当の議長を務めた(Bzdek, *Ibid.*, pp. 71-72)。

(1) 下院議員への立候補

1987年2月1日，サンフランシスコ地域の選挙区選出のサラ・バートン(Sala Burton)が61歳で死亡した。サンフランシスコの選挙区の議席は，サラとサラの夫フィル(Phil)によって30年間に渡り守られてきたものだった。一般に，議員の後継者には，その身内が選ばれることが多い。ワシントンの女性議員の中には，議員であった夫を失った未亡人が多いとの世評もあるくらいである。このため，サラの後任には，義理の兄弟であるジョン・バートンが目されていた。しかし，サラは，同年1月，病院の死の床で，自分の後任として，ナンシーを推薦した。サラ・バートンは，病院に，ナンシーを呼びだし，下院議員の議席を譲る，と述べたのである。しかし，ナンシーは躊躇していたようである。後に，彼女の娘アレクサンドラに向かって，次のように述べている。

「アレクサンドラ，ママは連邦議会議員になるチャンスが出てきたの。でも，まだ，あなたは高校が1年以上残っている。もし，(ママが)議会議員になるのは良くないとあなたが思うなら，私は(選挙に)打って出ることはないから，心配しないで。"ノー"というのは簡単なのよ」。これに対し，娘のアレクサンドラは「お母さん，やってみたら」，と答えた(Bzdek, *Ibid.*, p. 80)。

上の例からもわかるように，ナンシーは連邦議員になりたいと切望していたわけではなかったと思われる。また，年齢の問題もあった。この時，彼女はすでに47歳になっていたのだ。政治家として大成するためには，やや出発が遅いという問題もあった。

このような点を考慮すると，近年の女性政治家のタイプと大きく異なってい

ることがわかる。近年の女性議員は，若年のうちから，ある一定の政治的問題を解決したり，提案したり，その他多くの政治的行動をするため，積極的に議員になろうとしている。近年の，女性政治家なら，すぐにこの話に乗ったであろう。一方，ナンシーは，議員になるということが，どのようなことなのか，幼少時代からの経験でよく知っていた。しかし，娘が，まだ高校生であるし，選挙に出るにしても，まだ後のことだと考えていたのであろう。結局，ナンシーは，サラ・バートンや娘の言葉に後押しされて，選挙戦に乗り出すことになった。おそらく，サラ・バートンが築いた「地盤」と，夫ポールの豊富な「資金」があったからであろう。

1987年4月，サラ・バートンの後任を選出するための選挙が行われた。ナンシーは，他の13人の候補者と共に，選挙戦に突入した。サラの遺言により，サラの義理の兄弟，ジョン・バートンが選挙運動のマネージャーとなり，ナンシーの最も身近な助言者として，選挙運動を取り仕切った。ナンシーは4,000人のボランティアを使用して，さまざまな選挙運動を行った。60日間の選挙運動期間中に，何と100回のパーテイーに出席するような激しい選挙運動だった，という(Bzdek, *Ibid.*, p.80)。

選挙運動には，ボルチモアのナンシーの父も，毎日電話で助言し，支援した。選挙費用は，60日間で100万ドル近くに達した。そのうち，25万ドルは，夫のポールから借用，残りは，彼女の築いた膨大なネットワークからの寄付金等により賄った。ナンシーの兄，ダルサンドロIII世も，最後の1週間，選挙の応援に駆けつけた。選挙は，サラ・バートンの地盤の協力等があったので，当初は優勢だと思われていた。しかし，民主党の票が割れ，労働組合等の支持が得られず苦戦した。それでも，最終的には勝利を手にすることができた。そして，現在に至るまで，ナンシー下院議員は14回連続して当選している。

既述のように，ナンシー自身は，必ずしも議員になることを切望していたわけでなかった。いわば，めぐりあわせで議員となってしまったのだ。ところが，下院議員なってからの活動には顕著のものがあり，女性初の下院議長にまで上

り詰めている。それでは，一般の女性議員たちとどこが違っていたのか。その理由を，ある学者は，次の4つにまとめている(Ronald M. Peters Jr. and Rosenthal, *Ibid.*, p. 206)。

　ナンシーは，女性の力強いモデルになっている。彼女の確信を支えてくれる教育上の経験を持っている。そのような精神は，ボルチモアの母親から授かったものである。彼女は，ナンシーが，ボルチモアのリトル・イタリーから離れることができるよう配慮してくれた。サラ・バートンは，もう一人のすばらしいモデルである。彼女の承認があったからこそ，ナンシーを連邦議会に送ることができたのである。

　だから，ナンシーは，明らかに，普通の女性なら手に入れることが不可能な支援を得て，議席確保のために「補充」された人である。サラ・バートンの死の床における天の恵は，ナンシーに疑問の余地のない"信頼性と正当性"とを与えたのである。これを確実にするため，レオ・マッカーシーやジェリー・ブラウン(Jerry Brown)のような，力強く，有能な男性たちが選挙運動のサポーターとして活躍した。さらに，ナンシーの母親や，サラ・バートンの支援に助けられた。

　ナンシーは，伝統的な女性の役割，家族の役割を上手にこなし，底辺から出発したというよりも，巧みにはしごを利用して飛躍した，といえる。彼女のパーティーでの仕事，そして家族との生活は，深くまじりあっている。要するに，彼女の政治資金と家族との結びつきによって，政治的リーダーとの未曾有のネットワークを作り出し，一方，資金提供者たちは，彼女を議員に選出させることで，政治的な利益を受けたのである。

　ナンシーは，男女差別がなく，女性が公的に目立つ事務所に勤務していることに慣れている，カリフォルニアやサンフランシスコで活動できたという利点を有している。サラ・バートンなどの先駆者は，ナンシーが行動できるような道を作ってくれていたし，また，保守的な地域において，女性が闘わなければならないような，男性社会中心の政治的環境は，サンフランシスコ市には存在

しなかった。このような、さまざまな要因が、ナンシーを、連邦下院議員の地位にまで押し上げた、と思われる。

(2) **下院議員としての基本的考え**

　ナンシーは、連邦下院議員として初めてワシントンD.C.にやってきた。だが、ただの1年生議員に過ぎず、政治的影響力は全くなかった。このため、ナンシーは、主として地元サンフランシスコ市におけるネットワークの強化や党務への協力、他の下院議員との交流などを行っていた。彼女の立法活動のやり方は、「厳しい」、「激しい」、「企業家的」、「実用的」、および「連合的」という形容詞で捉えられるという。また、この当時、ナンシーは、その政敵からは、よく"パーティーに出席している女性(party girl)"、"頭がからっぽ(airhead)"だと評されていたようである。その理由は、ナンシーが家事や子育てに明け暮れて、女性の人権拡張運動等の運動の経験がなく、あくまでも、頭が空っぽで、経験不足の「主婦」が、たまさか議員に当選、パーティー出席に明け暮れているというものである。そして、このような背景を持つナンシーは、軽量級の人間で、将来重要な行動を起こすような政治家になるとはとても思えないと、評されていたのだ(Bzdek, *Ibid*., p.17)。

　ナンシーの、1年生議員当初から変わらぬ政治姿勢は、人権を重要視、戦争、無制限の自由貿易、妊娠中絶合法化に反対であって、自分自身は環境保護主義者としての考えを持っていたことであった。そこで以下では、ナンシーの基本的考え方のうち、紙幅の関係から、その中心を占める、人権擁護、戦争反対についてのみを述べることにする。

〈人権擁護〉

　ナンシーが、初めて連邦議会で発言した中味は、人権擁護に関するものだった。その内容は、彼女の選挙区であるサンフランシスコ市に多かったAIDS患者に対し、平等な取り扱いを求めるものだった。地元の支持を得て、大々的に運動を展開した。そして、この運動は、マスコミによって大きく報じられた。

しかし，このような活動も，1989年6月に中国で天安門事件が起きると，ナンシーの関心は中国に移った。天安門事件に関し，ブッシュ大統領(父)が，対中静観という方針を打ち出したからである。中国に対し，米国は最恵国待遇をとっており，1年ごとに更新していた。1990年5月24日，ブッシュ大統領は，中国を通じて潤っている香港を見捨てないために，最恵国待遇を延長すると発表した。ナンシーは，これに大きく反発，最恵国待遇の維持を取り消す法案を提出した。当該法案は，下院では圧倒的多数，上院では僅差により可決された。だが，ブッシュ大統領は拒否権を行使，法案は成立に至らなかった。翌1991年6月，ナンシーは，天安門事件から2周年の日に，中国大使館前で抗議行動を起こしている。この抗議運動は，マスコミに大きく報道された。その後，再び，最恵国待遇取り消しの法案を提出したものの，またもやブッシュ大統領に拒否権を行使されてしまった。

それでは何故，ナンシー下院議員は執拗に，中国における人権侵害にこだわったのだろうか。それは，彼女の選挙区には，中国系アメリカ人が多く（選挙区内にチャイナタウンが存在），また，この選挙区はリベラルな気風が強いため，この問題を追及すれば追及するほど支持が上がると考えたからではないか，と受け止められている。

その後，もし，中国との最恵国待遇を止めれば，年々増大している中国との貿易に支障が生じるため，打ち切りは年を追うごとに困難な状況になっていった。つまり，雇用に影響するというのである。これに対して，ナンシー議員は，中国への最恵国待遇は，「価値か，雇用か(values v. jobs)」ではなく「理想か，取引か(ideals v. deals)」の選択である，と述べている。取引(貿易)よりも，理念を追い求めるべきだ，との意見である。

さらに，最恵国待遇取り消しに失敗した後においてもナンシー議員は監獄で製造された中国製のおもちゃの販売を取りやめるように運動したほか，2000年と2008年のオリンピック開催に，北京が立候補した時に，中国開催に強く反対する声明を発表，中国への攻撃を続けている。これらは，いずれもマスコ

ミに大きく報じられたのは，いうまでもない。

　なお，中国の最恵国待遇については，ブッシュ大統領の後任者，クリントン大統領の民主党政権時代に，若干変化している。クリントンは，行政命令により，中国との最恵国待遇を更新する場合には，政治犯の釈放などを求めた。これに対し，中国は，これを十分に履行する気配がなかった。そのため，産業界からの突き上げにより，クリントン政権は，中国との経済交流には，政治を持ち込まないという，政経分離政策を取らざるを得なかった。これにより，中国の最恵国待遇問題は，政治問題化されなくなった。しかし，ナンシー議員は，中国への最恵国待遇の取り消しを求めて，10年以上も執拗に非難声明を出し続けた（増田周治「ナンシー・ペロシ下院議長の政治的資源」http://www.kubo.j.u-tokyo.ac.jp/seminarpaper/2007/paper/Masuda.pdf）。

〈イラク戦争への反対〉

　ナンシー議員は，下院情報委員会(Intelligence Committee)委員長当時の2002年，イラク戦争に強く反対している。彼女の反対理由の一部は，リスクを冒す価値があるほど強い根拠に基づいて，イラク戦争は，始められたのかどうか，情報を正しいものと受け取り，十分に検討していないのではないかという考えに，基づいている。

　もう一つの反対理由として挙げられるのは，宗教である。当時は，宗教的な価値が現在よりも重要視されていた。カトリック信者は，戦争反対に積極的である傾向が強かった。カトリック教会は，「正戦(just war)」を求めており，教会のメンバーであるナンシーは最初から戦争に反対であった，と思われる。彼女は，基本的な正当な理由が存在しない戦争は，明確に悪であり，不道徳でさえある，という信念を持っていた。つまり，教会からの強い反対があったということである。さらに，それだけではなかった。サンフランシスコ市における彼女の選挙地盤からも，戦争反対の声が上がった。戦争反対決議の投票が行われる3週間前までに，彼女の事務所に，1,200件以上の電話があった。だが，戦争賛成の電話は，わずか20件に過ぎなかったという。

しかし、共和党が多数を占める連邦議会では、結局、戦争反対決議案は成立しなかった。2002年10月11日、下院では296対133で、戦争反対決議は否決され、また同様に、上院でも、77対23で否決された。しかし、ナンシー議員はその後も、粘り強く戦争反対を続け、2005年11月には、イラクから米軍を16万人撤退させるべきだとの意見を表明している。こうして、米軍撤退問題は、ブッシュ大統領が、その任期を終了するまで、継続して議論された。ブッシュの後任者であるオバマ大統領は、米軍をイラクから段階的に撤退させることを発表した(増田、2007年)。

〈政治資金〉

ナンシー議員は、集金力に秀でていることで有名である。彼女の政治資金集めは、1987年の、最初の選挙の時から始まり、前述のように、100万ドルの選挙費用のうち、25万ドルを、夫のポールからの借り入れ、残りを一般からの寄付等により賄ったといわれている。その後の選挙資金のやり繰りについても、第一の貢献者は、夫のポールである。ポールは、敏腕な投資家で、豊富な資金を有しているほか、その仕事柄保有しているコネクションを利用して、政治資金を集めで、妻のナンシーに貢献している。

ナンシーの1900年代における政治資金は、その3割が、政治資金団体からのものである。この政治資金団体のうち、金融業が作る政治団体からの寄付が最も多い。おそらく、夫ポールの尽力があったのだろう。残りの7割は、企業や個人からの献金である。この献金のうち、その9割は、地元カリフォルニア州からの献金に他ならない。

2001年以降は、政治資金の構成が大きく異なってきた。カリフォルニア州以外の州からの資金も増大したのである。州外の主要な献金元は、ナンシーの故郷、ボルチモアからのものや、ワシントンD.C.からのものである。カリフォルニア州外からの政治資金は増大を続け、現在では、州外からのもののほうが多くなっている。

その要因は、おそらく、2001年に、ナンシーが民主党の副院内総務に就任

したことと無関係でない。事実，ナンシー議員が副院内総務に就任したということは，単にカリフォルニア州一地方区の議員から，全国的な知名度を得る議員になったからである。また，夫ポールが関係する，金融業からの政治資金の提供の割合が，以前に比べて減少している。夫頼みという初期の状況から，完全に脱皮したのである。

　2001年に，ナンシーは民主党の副院内総務に立候補した。副院内総務の中心的仕事は，院内における集票工作，票の取りまとめである。ナンシーは，この選挙において，対抗候補のホイヤー議員を破り，副院内総務に就任した。選挙の対象者たちは，前年2000年の選挙で当選してきた議員たちである。ナンシーは，2000年の選挙において，自分自身がリーダーシップをとって「PAC（政治行動委員会）」から，候補者への援助を行っている。その資金は，接戦の議員には多く，当選が有力と考えられる候補者については，比較的少ない額が提供された。一方，ホイヤー議員のPACは，1万ドル以上の献金をしても負け越したり，接戦選挙区に多くの資金を提供できなかったりして，無駄が多かった。こうした結果が，副院内総務の選挙に影響したのであろう（増田，2007年）。

　この時期，ナンシーのPACの理事を務めていたのは，前出の，カリフォルニア州において，ナンシーの擁護者レオ・マッカーシーであった。彼のような有能な理事が存在していたからこそ，PACの資金配分が効果的に配分されたものと，思われる。

　ナンシーは，第107連邦議会において，副院内総務を1期2年（2001～2003年）務めた後，第108連邦議会（2003～2005年）において，リチャード・ゲッパート（Richad Gephart）議員の引退に伴う投票において，民主党の院内総務に就任している。さらに第109連邦議会においても院内総務に選ばれている。そして，2006年に実施された中間選挙に大勝した。民主党を多数派に導いたペロシは，第110連邦議会において，2007年1月4日，60代目の下院議長に選出された。さらに，第111連邦議会（2009～2011年）においても，2009年1月6日，下院議長に選ばれている。第112連邦議会以降は，2010年の中間選挙において雇用

問題を軽視したとして大敗し，民主党が少数派に転じたため，再び，院内総務の仕事に戻り，政治活動を続けている。

　ナンシーは，我が国とも関係が深い。2008年9月，広島市で開催されたG8下院議長会議のため来日し，他の下院議員と共に，平和記念公園の原爆死没者慰霊碑に献花を行った。慰霊碑に献花を行った米国要人としては最高クラスである。献花のあと，平和記念資料館を訪れ，被爆者の体験談も聞いている。

　2015年には，春の叙勲において，旭日大綬章を受章した。同年9月，米国の日本大使公邸で行われた受章記念の式典において，自身の広島訪問について触れ「私がこれまで広島を訪れた米国人の最高位だが，それが長く続かないことを願う。戦争の結果を見るために誰もが訪問するべきだ」と述べた。

4．おわりに

　カリフォルニア州民主党の活動に熱心だったナンシーが，僥倖により連邦下院議員の地位を得た。そして，下院議員になってからのペロシは，民主党内でのネットワーク，地元選挙民のネットワークの拡大を行い，ワシントンD.C.では，中国の最恵国問題，イラク戦争反対運動で活躍，また，政治活動に豊富な政治資金を駆使して，次第に力を蓄えて行き，2001年には民主党の副院内総務，2003年には院内総務，そして，2007年には下院議長にまで上り詰めている。連邦下院議員になる前のナンシーと，議員になってからのナンシーとは，どこかが変わったのだろうか。

　一般の人たちの意識の中では，2つの相異なるナンシー像が存在する。一つは，政治家として，目前に見ることができる現実のナンシーと，もう一つは，メディアのフィルターを通じて得られた，ナンシーの2つの像である。

　このうち，大部分の米国人は，議員になった最初の年に，政敵の共和党により作られたもので，ナンシーは，サンフランシスコ市在住の，愚かな左翼出身のウルトラ左翼であるというイメージを持たれていた。しかし，ここまで，高

い地位まで上り詰めたが嘲笑と軽蔑の笑いの対象だったこれまでの政治家と異なり，議会改革に熱心に取り組んでいる政治家，というイメージも合わせ持っている。

　もう一つのナンシー像は，実はナンシー自身にから生じたものである。米国人女性は，ナンシーについてボルチモア市出身で，この国をきれいにするためにやってきた「スーパーマザー」だというイメージを抱いている。このナンシー像は，人々の話の良き聞き役であり，また，弱者の介護者でもある。ここでのナンシーは，ワシントンに教養と行儀作法を持ち込むために，民主党を導いている人であるという，イメージを持たれている (Bzdek, *Ibid.*, p.51)。

　以上見てきたように，有権者がナンシーに対して抱いているのは，多くにおいて多面的である。彼女の気持ちは，外側はサンフランシスコ市にあり，内側はボルチモア市にある。政治的にはリベラルであり，一方，宗教的には保守である。ボルチモア市のブルーカラーをルーツに持つ洗練されたサンフランシスコ人である。その上，政治的裏取引もできる優雅な夫人である。東部人でもあり，西部人でもある。政治からの金銭の排除という過激な改革の擁護者であるものの，歴史上，最高の資金調達者のうちの一人として数えられている。その意味で，彼女を理解するのは複雑で，多面的なアプローチが必要である (Bzdek, *Ibid.*, p.52)。

　一般に，政治家にとって，有権者の意見をよく聞き，それを理解するということは重要な仕事である。ナンシーは，複雑で多面的な要素を持っているということから，複雑多岐にわたる有権者の意見を聞き，理解できる能力を有しているということになる。これは，政治家として理想的と言えるのではなかろうか。

　ただ気がかりなのは，ナンシーの年齢である。2016年3月には，満76歳となる。近い将来，ナンシーの引退という話が出てくるかもしれない。迫りくる引退をどのように考えているのだろうか。ナンシーは，次の選挙に出馬する予定の，民主党の候補者選定に，熱心に取り組んでいるという。民主党の将来は，

候補者の質にかかっているからであろう。

　以上，連邦下院議長ナンシーの，政治家までの道のりと議員生活の一部を紹介した。女性が政治の世界で活動していくには，多くの障害を乗り越える必要がある。だが，ナンシーの場合，その多くをクリアーして，現在の地位にまで登りつめたことが理解できる。

参考文献
Vincent Bzdek, *Woman of the House,* Macmillan Palgrave, 2008.
Ronald M. Peters, Jr. and Cindy Simon Rosenthal, *Speaker Nancy Pelosi,* Oxford University Press, 2010.
増田周治「ナンシー・ペロシ下院議長の政治的資源」〈http://www.kubo.j.u-tokyo.ac.jp/seminarpaper/2007/paper/Masuda.pdf〉。

第3章
コンドリーザ・ライス 国務長官

(1954 年 11 月 14 日〜)
The Library of Congress

1. はじめに

　読売新聞社・論説委員の内田明憲は,「米国の書店で驚かされるのは, 広々とした『伝記』のコーナーがあることだ」としたうえで,「政治分野では, 大統領ら政府高官や国会議員がよく回顧録を書く。ジャーナリストは政界の舞台裏を克明に報じる。関係者も積極的に取材に協力するうえ, 読者も強い関心を示す」と述べている。そして同時に,「重要な政策決定の経過を記録して, 広く国民に知らせ, 後世の評価・検証を仰ぐ。そうした情報公開を重んじる伝統と価値観が社会全体に定着しているのだろう」とも語っている(『読売新聞』2013年11月30日〔夕〕, 3面)。このように, 米国において, 政策決定過程にかかわった人物が, 回顧録をあらわすのは一般的なことで, その著作も, 大きな意味をもつといってよい。

　また, ノンフィクション作家の保阪正康は,『政治家と回想録―読み直し語りつぐ戦後史―』のなかで,「政治家は, 総じて自らを語ることに積極的である。同時にそこには虚偽や誇大なエピソードがしばしばまぎれこんでいるし, ときには責任のがれの言とて少なくない。あるいはその政治家がもっとも語らなければならない部分が, 意図的に割愛されていることさえ珍しくない」と記している(保阪, 2002, p. i)。そのため, 政治家のあらわした回想録をもちいて, その人物を語るという手法には問題がないわけではない。しかしながら, 政治家のあらわした著作をとおして, 政治家が, 重大なトピックに直面した折に, どのように判断し, どのような行動をしたのかの一端をうかがい知れるはずだ。

　そこで, 本章においては, コンドリーザ・ライス(Condoleezza Rice)の著書『コンドリーザ・ライス自伝―素晴らしいありふれた家族の物語―』(コンドリーザ・ライス, 2012)と『ライス回顧録―ホワイトハウス　激動の2920日―』(コンドリーザ・ライス, 2013)の2冊をもとに, ライスの人物像を描きだそうと考えている。

　論述の順序としては, はじめに, ライスの誕生からジョージ・W・ブッシュ

政権時に，ホワイトハウス入りするまでの経歴について紹介したい。つぎに，同政権下で，国家安全保障問題担当大統領補佐官と国務長官をつとめた時期の思考に関して，検証する。また，ライスが日本をどのようにとらえていたのかについても，考察する予定である。そして最後に，ライスの将来をめぐって，簡単な私見を述べてみたい。

2. ホワイトハウス入りするまでのライス

(1) 生誕から大学卒業まで

　ライスは1954年11月14日，アラバマ州バーミングハムの地で，誕生した。出産後すぐに，「ユニークで耳に心地よい名前にしたい」との思いをもって，「母は娘の名前について検討を始めた」という。母・アンジェリーナは，「イタリア語の音楽用語を参考にして最初はアンダンティーノに決めた」ようだ。だが，「それが"ゆっくり動く"という意味だと気づき，名前にはふさわしくないと考えなおした。アレグロは"速く"という意味なのでもっとふさわしくなかった」。そして，結局，ライスの「母は"甘美に"を意味するコン・ドルチェとコン・ドルチェッツアという音楽用語を見つけた。ただ，英語圏では"ドルチェ"ではなく"ドルシ"と発音されるだろう」との懸念から，若干，ことばを変え，娘をコンドリーザと命名した，のである(ライス，2012，p.24，pp.44-45)。

　ところで，父・ジョンは，「男児の誕生に備えていた」ようで，アメリカン・フットボールを愛するあまり，息子が「全米代表のランニングバックか，ひょっとしたら，ラインバッカーになるかもしれないと思いつつ」，「フットボールのボールやほかのスポーツ用具を買いこんだ」とのことである(同上，p.45)。とはいえ，この父も，「娘を『我がリトル・スター』と呼び，生涯そう呼び続けた」そうだ(アントニア・フェリックス，2007，p.48)。

　愛娘に対して，ライスの「父ジョンと母アンジェリーナは，教育の機会と呼べるものならほとんどなんでも試してみようと心に決めていた」という。それ

は，「教育こそ何ものにも負けない一種の鎧だとふたりは確信していた」からであり，「バーミングハムや全米にはびこる深刻な人種差別からさえも身を守れる」のが，教育であると考えていたからだ（ライス，2012, p.13）。

　この当時の黒人は，ライスの生まれた「アラバマ州で白人と対立すればどんな状況であれ負けるしかなかった」が，ライスの両親は，「教育と勤勉と，完璧に話す英語と，そして，"彼ら"の文化にある"美点"を認識することで，それを変えることができると信じていた。"彼ら"の2倍有能であれば，好かれはしないにしても，敬意は持たれるにちがいない」との思いを抱いていたというのだ。「充実した豊かな生活を求めるだけの余地はあるはずだ。無力な境遇の犠牲者に甘んじるのは最低である」との考えをもつ，ライスの「両親はそのような立場には陥るまいと断固として決意した」。もちろん，娘には「そういう将来を与えないという決意はなおいっそう強かった」のだ（同上，14頁）。

　そうした中で，つぎのような逸話がのこっている。10歳の折，ライスが「『教育伝道師』と表現したほど教育熱心な両親」とともに，首都ワシントンD.C.を訪れた際，「ペンシルヴァニア通りを歩いたライス親子は，ホワイトハウスの前で立ち止まって門越しに中を覗いた。コンドリーザは支柱が聳える正面玄関を静かに見つめていた。3人は黙って立っていたが，やがて少女は父親に向かってこう言ったのだった。『パパ，今は肌の色のせいで門の中へ入れないけれど，いつかここに住むわ！』」（フェリックス，2007, p.8）。のちに，このライスの発言が現実のものとなると，だれが想像したであろうか。だが，ライスは，このときのことばを実現させたのであった。そこには，「黒人隔離のジム・クロウ法に支配されたバーミングハムで一人娘を育てた」両親が，「たとえ〈ウールワース〉の軽食堂でハンバーガーを食べることはできなくても，アメリカ合衆国大統領にはなれるかもしれないと，娘であるわたしに信じさせてくれた」ことが大きい（ライス，2012, pp.4-5）。こうした両親の思いとともに，成功の裏には，ライス自身の努力の積みかさねもあった，ことはいうまでもない。

　さて，自伝のなかに，音楽教師でもあった「母はわたしを音楽家に育てあげ

ると決意していた」との記述があるように，ライスは幼少期から，ピアノに打ちこんでいた。そのこともあって，「国家安全保障問題担当大統領補佐官としてチェロ奏者ヨーヨー・マと共演し，国務長官としてイギリス女王の前で演奏する機会」も持っているほどだ（同上，49 頁および 202 頁）。だが，ライスは，ピアニストへの道をえらばなかった。この選択をおこなった背景には，あるできごとが関係している。大学 2 年から 3 年になる夏，「コンディは有名なアスペン音楽祭に参加し，これまでになく厳しいコンクールに出場した」。そのとき，「私だったら丸 1 年かかるような曲を，初見で演奏できる 11 歳の子に出会ったのです。私はバーやノードストロム・デパートで弾くようにはなれても，カーネギー・ホールで演奏するようなピアニストにはなれないと思いました」と，ライスは心情を吐露している（フェリックス，2007，p.85）。こうして，「この夏でわたしはピアニストとして格段に上達したと自覚した」ライスは，「同時に，どこまで上達しようと，どれほどがんばろうと，わたしが充分にうまくならないこともわかった」。そして，「自信喪失の危機を経験してアスペンを去り，デンヴァーに帰って新たな道を探すことにした」のであった（ライス，2012，p.200）。

　ピアニストの道を断念したライスは，「英文学と，州政府と地方自治体に的を絞った政治学の両方でつまずいたあと，3 年生の春にはかなり焦っていた」。ちょうど，「そのとき，ジョゼフ・コルベルという教授が教える国際政治入門講座をたまたま受講した」のであった。ライスによれば，「彼はまったく新しい世界をわたしに開いてくれた」とのことだ。ライスは，「外交官の仕事について語る教授の話が大好きだった。コルベルはソビエト連邦の専門家で，ヨシフ・スターリンの権謀術数や陰謀の話にたちまち魅了された。学期の終わりにわたしは教授に面会を求め，ソ連の専門家になって国際政治の勉強がしたいと申しでた」のである。このコルベルとの出会いが，のちの政治家・ライスを生みだす契機となった。ちなみに，コルベルは，「第 2 次大戦中にチェコスロバキアの外交官を務め，1948 年のカシミール紛争を国連のために調停し，その後，

デンヴァーに身を落ち着けてデンヴァー大学国際学大学院を創設した」人物であった。このコルベルの娘が，ビル・クリントン政権下で国務長官に就任する，マデレン・オルブライト（ジョージタウン大学教授）である（同上，pp. 202-203）。

(2) 大学院入学からスタンフォード大学への就職まで

ライス自身が語っているように，「政治学を始めたのがとても遅かったので，ソ連への関心を追求するにはもう1年，大学で勉強する必要があった」ようだ。そこで，ライスは，「政治学と経済学の研究のためにいくつかの大学院に願書を出し，ペンシルヴェニア州立大学を除くすべての大学から入学を認められた」。そして，結局，「ソ連の研究では非常に優れたプログラムがあり，経済学の重点的研究も奨励していた」ノートルダム大学の大学院に入学することをきめた（同上，205-206頁）。

「ノートルダムで過ごしていた頃，修士号取得後は法学院へ進学しようと真剣に考えていた」ライスは，デンバー大学の恩師であったコルベルに相談をもちかけた（フェリックス，2007, p. 112）。「ソ連の専門家になりたいが，博士号は取りたくない。たぶん，ロースクールに行くだろうが，でも，弁護士にはなりたくない。『実際，自分が何をしたいのかわからないんです』とわたしは正直に言った」と，ライスが述懐しているように，みずからの進路についてかなり悩んでいたようだ（ライス，2012, p. 220）。だが，コルベル教授から，「君は非常に優秀だから，教授になるべきだ」といわれたライスは，デンバー大学国際問題研究大学院に入学を果たしたのだ（フェリックス，2007, p. 112）。

ライスによれば，「全体的に見てデンヴァー大学は最高だった」ようで，「博士号資格認定試験の準備を始め，論文の長さに匹敵する研究報告書の要件を満たすために，ソビエト連邦における政治と音楽をテーマにして，ヨシフ・スターリンの全体主義政治がプロコフィエフやショスタコーヴィチといった作曲家におよぼした影響を研究」することにしたという。ライス自身，「ようやくわたしは音楽と政治というふたつの関心を結びつけることができた」と語ってい

第3章　コンドリーザ・ライス国務長官　57

る。その後、「論文のほうもついに前進し、東ヨーロッパにおける民事と軍事の民軍関係を研究テーマ」とするまでにいたった(ライス，2012，p.224, 231)。なお、ライスの「研究の集大成は、『The Politics of Client Command: The Case of Czechoslovakia 1948-1975(従属国支配の政治──チェコスロヴァキアの場合, 1948-1975年)』という題の論文」となり、これが、「1984年にプリンストン大学出版会から発行された初めての著書、『Uncertain Alliance: The Soviet Union and the Czechoslovak Army, 1948-1963 (不確実な同盟──ソヴィエト研究とチェコスロヴァキア軍, 1948-1963年)』の土台となった」ことを付言しておく(フェリックス，2007，p.126)。

　ちょうど、このころ、ライスははじめてソ連を訪れ、「ソビエト連邦の研究を選んだのは正しい決断だったと実感した」り、国務省の実務研修に応募し、「国際関係がらみで初めて給料がもらえる仕事をすることになった」り、「ソビエト連邦を盟主とする東ヨーロッパ諸国の軍事同盟、ワルシャワ条約機構に関するプロジェクト」にとりくむため、ランド研究所の実務研修を受けたり、フォード財団の実施する「ソビエト研究および国際安全保障に関する二元的専門知識特別研究員」制度に応募し、スタンフォード大学で博士研究員として活躍するなど、"臨床政治学"的な経験も数多く積んでいった(ライス，2012，p.223, p.230, pp.232-233)。

　ライスの臨床政治学的なアプローチは衰えることを知らず、1986年の夏には、「大学の若手教員や中堅の専門職が特別研究員の地位を与えられ、連邦政府で働く1年間の契約を結ぶ」、「外交問題評議会の国際問題特別研究員」の資格を得て、統合参謀本部での実務経験を積むこととなった。ライス自身、「結果的に統合参謀本部での1年は人生でも最高の日々だった」と述べているように、ライスは、「ソビエト専門家として、誰もが思いつかないような戦争形態について助言する手伝いをした」。なかでも、「大きな仕事のひとつは、通称"タンク"と呼ばれる会議室で、統合参謀本部議長やその他の面々を前に、弾道ミサイルのない世界というレーガン大統領の構想を評価判断するプレゼンテーションを

行なったこと」であったという。なお，この期間に，のちのジョージ・W・ブッシュ政権でともにはたらく，コリン・パウエル（のちの国務長官）やマイケル・ヘイデン（のちのCIA〔中央情報局〕長官）らと知りあっている（同上, pp. 287-288, p. 290, 295）。

　スタンフォード大学に博士研究員として在籍した縁もあって，ライスは，同大学で，教員としての道を歩んでいくことになる。スタンフォード大学では，「助教授時代から，現在見られる多くの才能をすでに発揮していた」ライスをめぐっては，「とても有能なリーダーで，決断力があり，頭脳明晰だった。賛成できない事柄についても，もっともな理由を挙げた。人と意見が異なる時には特に冴え，たいていの場合，相手を打ち負かしていた」との証言もあるほど，早くから，有能ぶりを発揮していたようだ。そのため，ライスは，「1987年に准教授に昇格し，93年には38歳で正教授となった」逸材である。また，正教授に昇進した同じ年，「優れた教師に贈られる文理学部長賞を受賞したのである」。こうした「スタンフォード大学での昇進ぶり」をみても，「有能な教授になるであろうコンディの資質を見抜いたジョセフ・コーベル」の目に，狂いはなかったといえる（フェリックス, 2007, p. 134, 139）。

(3) ジョージ・H・W・ブッシュ政権での経験とスタンフォード大学での活躍

　ライスが自伝のなかで，「ジョージ・H・W・ブッシュが大統領選に勝利すると，ブレントから電話があり，国家安全保障会議で彼の仕事に加わってほしいと要請を受けた。国務省のジム・ベイカーからも，政策立案次長として国務省内の外交問題戦略に関するシンクタンクの監督を補佐してほしいと誘われた。さらに，統合参謀本部にいた時期に知り合ったビル・コーエン上院議員からも，なんとスーパーボウルのさなかに電話があり，国防長官に指名されたジョン・タワーがペンタゴンの仕事にわたしを誘いたがっていると伝えてきた」と記しているように，1992年の大統領選挙で，ジョージ・H・W・ブッシュが当選を

果たしたころには，ライスの能力は自他ともに認めるところとなっていたようだ（ライス，2012, p. 301）。しかも，ライス自身，「学者として紛争の解決や軍事戦略の研究に打ち込んで来ていたため，いつの日かそうした専門知識をワシントンで活かしたいと希望していた」のだった（フェリックス，2007, p. 147）。結局，ライスは，ブッシュ政権の国家安全保障問題担当大統領補佐官に就任する，ブレント・スコウクロフトから依頼のあった，「国家安全保障会議でソビエトおよび東ヨーロッパを研究する責任者の仕事を引き受けることにした」ようだ。ライスによると，「ほかの仕事にも興味はあったが，ホワイトハウスで働く一員になれるのは最高だと判断した」からだ（ライス，2012, p. 301）。

　国家安全保障会議のメンバーとなったライスのおもな任務は，①「次官補及び次官レベルの人物から情報を集め，政策立案過程をまとめる」ことをサポートすること，②「スコウクロフトの助手として，彼が海外のどの高官と会談すべきかを決めるのを手伝い，外遊の準備」をすること，③「大統領の『私設外交政策スタッフ』として，他国の首脳との対外政策会談で話し合うべき問題を簡潔にまとめた」文書を作成することの3点であった（フェリックス，2007, pp. 156-157, p. 171）。ライスによれば，職員数40名の「国家安全保障会議（NSC）での仕事は厳しく，あまり華やかなものでない」ようであった。ライスは，「毎朝6時半にホワイトハウスに着き，夜は9時前にオフィスを出ることはめったになかった」という。だが，ここでの厳しい勤務をへて，ライスは，国家安全保障会議のスタッフが，「大統領のために働く職員であって，国務省や国防省の副長官たちと競い合ってはいけない」という考えや「業績は大統領のもの，失敗はNSC職員のもの」という"処世術"を学ぶことになったのだ（ライス，2012, pp. 303-305, p. 312）。

　ここでのライスの仕事の評価は高く，スコウクロフトは，「コンディのメモは，米ソ関係に対する戦略全般の発展を導く基調を作った」と語っているほどだ（フェリックス，2007, p. 158）。そのためであろうか，冷戦終結を高らかにうたいあげた，1989年12月の米ソ首脳会談の折，同席したライスに対して，「『ぜひ

たくさんのことを知っていてもらいたいですな』とゴルバチョフは皮肉っぽい冗談を返した」ものの，ブッシュ大統領は，「ソビエト連邦について知っておくべきことはなんでも彼女が教えてくれるんですよ」と，もちあげたのである（ライス，2012, p. 325）。

このように，国家安全保障会議のスタッフとして，米ソ冷戦終結へとむかう一連の歴史的な場面に遭遇したライスは，みずからの勤務をふり返り，「あれはエキサイティングな日々でした。一晩眠って目が覚めたら，一国の社会システムが一変しており，新しく民主主義を掲げていたりしたのです」と述べている。このライスの言葉からもわかるように，「ブッシュ（父）政権で過ごした2年間は，2度と体験できないような素晴らしいものだった」のだ（フェリックス，2007, p. 166）。

ここで，ライスのブッシュ大統領に対する評価を紹介しておこう。ライスは，自伝のなかで，「ジョージ・H・W・ブッシュはわたしが今まで出会ったなかでも最も感じがよく謙虚な人物のひとりだ。人びとを導くとはどういうことか，彼から実に多くのことを学んだ」とし，「仕事がうまくいくと大統領から感謝の手紙をたびたび受け取った。こうした思いやりと礼儀正しさを表わす性癖のおかげで，彼に協力するのが喜びとなった。さらに重要なのは，世界政治の急激な変革期に直面したとき，この天性の温和さがアメリカ外交に役立った」，と述懐している（ライス，2012, pp. 308-309）。

ワシントンでの仕事に区切りをつけ，スタンフォード大学での学究にもどったライスは，ホワイトハウスで「新たに経験して来たこと，特にたくさん得て来た世界の出来事の『裏話』」などの「体験談を学生に伝えた」。国家安全保障会議での体験が，学生を「教えるうえで財産となった」のだ。授業以外の場でも，ライスは，大学内で名をとどろかせた。それは，38歳の折，スタンフォード大学学長のゲルハルト・カスパーから，「黒人初，女性初で，しかも最年少の副学長」就任を依頼されたことによってである。しかも，ライスは，正教授となって1カ月あまりしかたっておらず，学科長や学部長も経験していなか

ったのだ。だが，副学長としてのライスは，大学の「経費削減の成功とスタンフォード基金の価値の大幅上昇と記録破りの資金集めの成功」によって，「高く評価された」。そして，「副学長になって1年が過ぎた頃に，『タイム』誌の『注目される50人の若手リーダー』に選ばれた」（フェリックス，2007，p. 171, pp. 188-189, p. 196, 208）。ライス自身も，副学長というポストが，「基本的には"大学内"にいる存在で，大学の日常業務に注意を払う職務」であり，「ありがたいことに，出張も少なかった」として，その間の「歳月を大いに楽しんだ」と述懐している。ただ，副学長職の「辞任の発表の際に大学運営に関わるわたしの仕事は完了したと言明したとき，安堵した教職員は多かったにちがいない」というライスのことばからは，赤字削減のための人員削減など，大学再建のため，容赦のない運営をおこなってきた事実がうかがい知れる（ライス，2012, p. 381, 385）。

　ライスはまた，「ホワイトハウス勤務と共和党との新たなつながりから，いくつかの企業の理事」や役員（石油会社のシェヴロン，保険会社のトランスアメリカ，投資銀行のJ・P・モルガン，シリコンバレーのヒューレット＝パッカード・コーポレーションなど）にも就任した（フェリックス，2007，p. 179, 181, pp. 184-185）。

(4) ライスの私生活と政治信条

　ライスは，自分のことを「父は父でスポーツファンに育てるつもりだった」と語っている（ライス，2012，p. 49）。そのため，「4歳の頃から，日曜の午後，父親に寄り添ってテレビでフットボールを観戦し，その間，父はルールやプレイ，戦略，競技連盟について詳しく解説した」という。そのかいがあってか，ライスは，「『大きくなったら，プロのフットボール選手と結婚するわ！』と，小学校の友人の母親に話していた」ようだ。このことばを実現するかのように，修士課程を終え，デンバーへともどったライスは，「デンバー・ブロンコス〔プロフットボール・チーム〕のメンバーの一人と付き合っており，このロマンスは非常に真剣な交際へと発展していた」。この「コンディのボーイフレンドは『一

流選手』で、2人は婚約」までいっていたようだ(フェリックス、2007, p.60, 126)。そのため、ライスは、「フットボール"ワイフ"の暮らしを始めていた」。具体的には、「ブロンコズの試合がアウェーのときには、ほかの"ワイフ"たちと集まってテレビで試合を観戦」し、「ホームゲームのときには両親にスタジアムまで送ってもらう。ゆくゆく妻になるか、すでに妻になっている女性たちと一緒に夫人観覧席にすわる」という生活だ(ライス、2012, p.218)。

だが、永遠の愛かと思われた2人の関係は、破局をむかえることとなる。この「ミネソタ大学から4巡めのドラフトで選抜されたリック・アップチャーチという男性」について、ライスは、「リックは好青年で、初めて結婚したい男を見つけたと思った。とても波長が合ったし、彼はわたしの両親のこともとても気に入ってくれた」と語っている。だが、「リックは複雑な事情をかかえていた。彼自身で背負わねばならない責務があったのだ」という。そのため、リックはライスの「知っているなかでも最高の人間のひとりだったし、今でもその事実に変わりはないが、共通の友人が言うとおり、彼は『あまりにも多くのことに手を出しすぎて』いた」ようで、ライスとの「関係は静かに終わりを告げ、友人として残った」だけとなって終わった(同上、217-218頁および222頁)。

なお、スタンフォード大学で教鞭をとるようになってからも、「相変わらず彼女の恋愛においてはフットボールが中心」で、サンフランシスコ・フォーティーナイナーズの選手であった、ジーン・ワシントンと交際をしたりしている。このような異性関係からもわかるように、筋金入りのアメリカン・フットボールのファンであるライスは、「軍事をテーマとするクラスの最初の講義を、よくフットボールの分析から始めた」とされ、「コンディを知る人なら誰でも、大好きなトピックの一つがフットボールと戦争の比較であることを知っている」、といわれるほどだ(フェリックス、2007, p.136, 142)。ちなみに、ライスは、自伝のなかで、「わたしは昔から同じ人種同士の結婚を望んでいた」と語っていることを付言しておきたい(ライス、2012, p.291)。

最後に、ライスの政治的スタンスについて、言及する。ライスによると、「わ

第3章　コンドリーザ・ライス国務長官

たしは民主党員として登録し，1976年，わたしにとって初めての大統領選ではジミー・カーターに投票した。これはわたしの頭のなかではいわば北部と南部の和解の物語だった。彼は初の南部出身大統領になるのだから。しかし，このアフガニスタン侵攻を契機に，ソ連について今まで知らなかった多くのことを学んだ，とカーター大統領が語るのを見た。『あなた，誰を相手にしているつもりだったの？』とわたしはテレビに向かって問いかけた。ソ連の軍事介入に対する最良の対応策としてカーターがモスクワオリンピックのボイコットを決めたとき，わたしは彼を見限った。1980年にはロナルド・レーガンに投票し，それから数年後，共和党に参加した」，とのことだ（同上，233頁）。

だが，ライスは，おなじ自伝のなかで，「後年，わたしが共和党員になった決断について質問されたとき，ジミー・カーターの外交政策に嫌気が差し，ロナルド・レーガンの世界観に魅力を覚えたことが，この選択に反映されている，と最初は率直に説明した。しかし，両党の国内政策についてさらに踏みこまれると，さまざまな形の人種差別主義と遭遇した個人的経験による答えを返した。『恩着せがましく保護されるくらいなら無視された方がいいんです』と私は言い，"女性，マイノリティ，貧困者"について語る民主党の傾向を指摘した。私はアイデンティティ政治（性差，人種など特定のアイデンティティ集団の利益のための政治活動）が嫌いだし，偏見とは無縁だと言いつつ，その実は肌の色を超えて個人そのものを見ることのできないひとりよがりな人間も大嫌いだった」とも記している（同上，196頁）。

とはいえ，「1980年初期に，民主党上院議員のゲリー・ハートの側近を務めた」コイト・ブラッカーと親しくなったライスは，その縁から，「外交政策アドバイザーとして，選挙運動中，一時的にハートを支援した」こともあったようだ。ただ，「1988年に民主党のマイケル・デュカキスの大統領選を手伝ってほしい」と，恩師であるコルベルの娘・オルブライトから連絡を受けたライスは，「マデレーン，申し上げにくいのですが，私は共和党を支持しているのです」と，その依頼を断っている。また，ライスは，「人工妊娠中絶に賛成の立場を

取っている点など，穏健派の社会観を持っている」ため，「全般的には共和党員で，外交問題については『とても保守的』で，他の問題については『超保守的』だが，いくつかの問題については『衝撃的なほどリベラル』で，問題によっては『中道』，そしてほとんどの問題に関しては『リベラル』ではない」との自己評価を下している(フェリックス，2007, p. 120, 139, 220)。

3. ジョージ・W・ブッシュ政権時代のライス

(1) 国家安全保障問題担当大統領補佐官

　ライスを世界的に有名にすることとなるのは，ジョージ・W・ブッシュ政権入りしたことによってである。はじめに，ライスとブッシュ Jr. との出会いについてふれておこう。ライスは，自伝のなかで，テキサス州の「ブッシュ知事との関わりは1998年の8月に本格的になった。ジョージ・H・W・ブッシュ元大統領から電話があり，メイン州でブッシュ夫妻と少し時間を過ごさないかと誘われた。それまでにも何度か，ケネバンクポートにある夫妻の瀟洒な邸宅に招かれたことがあった」とし，「だが，今回はいつもの訪問とは異なる。父ブッシュは息子ジョージに引き合わせたいという希望を隠さなかった。わたしとジョージが互いをよく知り合い，外交政策について話し合う機会を作りたかったようだ」，と回想している(ライス, 2012, p. 387)。「コンディと息子に対するブッシュ(父)の勘は，大当たりだった。非常に相性のよい2人の間に，友情と忠誠心，互いへの尊敬が生まれた。そして，コンディはブッシュの政治的キャリアの次なるステップにおいて大きな役割を果たすようになる」のだ(フェリックス, 2007, 18頁)。

　ちなみに，第43代米国大統領となるブッシュは，ライスにどのような印象をもっていたのであろうか。ブッシュは，回顧録のなかで，「頭脳明晰で思慮深く，エネルギッシュな女性だとすぐにわかった」とし，もし，自分が「オーバル・オフィスに収まることができたら，コンディ・ライスをそばに置きたい

と，私は心に決めていた」と記している。というのは，国家安全保障問題担当大統領補佐官のポストについては，「父とブレント・スコウクロフトの緊密な関係を見ているので，きわめて有能で，なおかつ全幅の信頼が置ける人物でなければならない」と考えていたからだ（ジョージ・W・ブッシュ，2011，pp. 132-133）。このように，「国家安全保障問題担当大統領補佐官と大統領が協議する重要な問題は，2人が互いに心から信頼し合っていないと解決できない」。そのため，「ブッシュはコンディを『親友』と呼び，世界情勢について教えを請い，コンディが集めた多様な見解に加えて彼女自身の意見を絶えず求め，重要な職務を任せている」のであった（フェリックス，2007，p. 30）。

　大統領職をねらうブッシュと会ったライスは，「わたしは礼儀を重んじてこういった発言は控えた」が，「知事はまだ真価が不透明で，副大統領アル・ゴアという本物のプロに対抗できそうにはなかった」と，「実際にはそう考えていた」とし，「ブッシュがホワイトハウスを目指して大統領選に出馬するだろうと言ったとき，勝てる見込みはないとわたしは思った」と，自伝で明言している（ライス，2012，pp. 387-388）。なお，この点については，回顧録のなかでもふれられており，ライスは，「このテキサス州知事が大統領選に立候補しても，勝ち目があるとは思えなかった」と断じているのは興味深い（ライス，2013，p. 16）。とはいうものの，大統領選挙での勝利をめざす「ブッシュの外交政策顧問チームの代表として，コンディは伝統的に男性に占められていたリード役を担った」のだ。そして，「ブッシュに何時間もかけて一つずつ解説した」が，「ブッシュは政策や国家安全保障について，用意されたマニュアルを読むのは好まなかったため，個人授業にはもっと双方向的なアプローチを工夫しなければならなかった」。具体的には，「ブッシュは孤独な作業や一人きりでの思索を好まなかったため，口頭で質問に答える形式の勉強会を企画する」などのアイデアをこらした（フェリックス，2007，p. 21, pp. 23-24）。

　かくして，ブッシュは，2000年の大統領選挙で，ゴアを破り，勝利した。「選挙の翌朝，ブッシュ知事が電話をかけてきて，わたしを国家安全保障担当補佐

官に任命したいと言った」とのライスの発言からもわかるように，ブッシュは，終始，ライスの存在を頼りにしていた（ライス，2012，p. 397）。このブッシュの要請を受け，ライスは，国家安全保障問題担当大統領補佐官として，ホワイトハウスに再びもどることとなった。ライスによると，大統領就任式の日以来，「私の『日常業務』は，実のところ，まったく日常的なものではないことを思い知らされた。毎朝，警備員の立つ門を入り，直立する海兵隊員の横を通り抜け，リンカーンやルーズベルト，トルーマン，ケネディ，レーガンが闊歩した廊下を歩くと，小さくはあるが，歴史に残るその場所がもつ特別な感覚を強く感じた。だが，その雰囲気に気を取られすぎる者は長続きしなかった。非常に大きなプレッシャーのなかでこなさなければならない仕事があり，失敗は重大な結果を招きかねなかった。ホワイトハウスはぬくぬくとした環境ではあるが，誰もが望むその仕事に就く者はみなそのリスクをも自覚していた」，との思いをもったようだ（ライス，2013，p. 26）。

　ライスは，回顧録のなかで，「国家安全保障担当大統領補佐官は1スタッフだ。ハイレベルのスタッフであることは確かだが，そうは言っても，1スタッフにすぎない。オーバル・オフィスから目と鼻の先にオフィスを構え，影響力があることは間違いないが，大統領の影響力を反映しているにすぎず，力を行使する場合は慎重にならざるをえない。国家安全保障担当大統領補佐官は，大統領が望むように閣僚たちを動かす策を見つけなければならない」としたうえで，「補佐官は軍隊を従えてはいない。外交官も，予算さえも，得ていない。あるのは大統領との関係だけだ。私は自分と大統領との関係性を確信していたし，私が動かすNSCがどのようなものか，わかっているという自信もあった」と記している（同上，p. 28）。

　さらに，補佐官の職務を遂行するにあたって，「通常は少ないスタッフで，各省庁がこなせない仕事を担っていたが，その一方でNSCスタッフの業務が各省庁の業務と重複することのないように心がけた。また，NSCはオペレーションには関わらないようにした。政策の実施は，上院によって権限が付与さ

れている閣僚たちに委ねたのである。NSC スタッフは大統領の個人的なスタッフでしかなく，議会によって責任を問われることはない。アメリカを代表して実際に何かをなすには，NSC はあまりに少人数で大統領に近すぎる存在だった」と語っていることからも，ライスは，NSC のもつ限界とその業務の重大性を十分認識していたといえる。だからこそ，ライスは，「NSC スタッフは限定的であっても実効的な役割を担い，大統領によって任命された閣僚たちを迂回するのではなく経由して，大統領の公約を実行することを誓った。特に，私自身の役割に関しては，あまり目立つことのないように心がけた」という（同上，28頁）。しかし，皮肉にも，ライスは，「特に9・11以降，テロリズム関連の戦いについて記者会見を開くようになると，一躍メディアのスターとなった」（フェリックス，2007，p.213）。ライス自身，「9・11後は，大統領の信頼できる代弁者となりうる私が，より大きな役割を果たさざるをえなくなった。その役割は，イラク戦争の機運が高まるにつれて，ますます大きくなった。9月から3月にかけて，私は日曜の報道番組に12回出演した」，と語っている（ライス，2013，p.183）。

ライスの補佐官時代に生じたもっとも大きな出来事が，同時多発テロ事件であることはいうまでもない。ライスは，回顧録のなかで，「9・11を防ぐ魔法は存在していなかった」と語っているが，同時多発テロ事件発生の可能性を事前にライスは知っていたという事実が問題視されたのは，周知のとおりである。ライスによると，「9・11の前までは，国内においては，いずれかの警戒網にひっかかるほど本土に対する脅威は大きくはなかった。報告されていた警戒事項は，海外におけるアメリカの関連施設に対する攻撃」であったようだ。こうした状況把握がなされた背景には，「200年近くも本土が攻撃されていないという認識」があった。そのため，「国家安全が，対外安全保障を意味するようになっていたのである」。「アメリカの軍事機構は世界各地の安全に責任を負っていた」にもかかわらず，「アメリカにおける安全には責任を負っていなかった」という，「最も深刻な組織上の欠陥」が生じていたのだ（同上，p.14, 75, 111）。

そのためであろうか，2004年4月8日，同時多発テロ事件を検証する，「米国へのテロ攻撃に関する国家委員会」(9・11委員会)の場において，証言したライスは，「テロを防げなかったのはある一つの組織のミスではなく，構造的な問題」とし，なかでも，「最大の問題は，政府の各情報機関から政権上層部に不確かな生の機密情報が直接上がってしまうこと。また，外国と国内で把握した危険情報に食い違いがあることだった」と述べた。とはいえ，ライスが触れているように，「アルカイダについて言及したメールやメモや電話は，たとえそのことにほんのわずかしか触れていなくても，すべて私たちの職務怠慢の証拠となった」のだ(同上，p. 241, 243)。とりわけ，「この証言のハイライトは，2001年8月6日に大統領に渡された情報メモの中身だった。それには，オサマ・ビンラディンのアメリカ本土を攻撃する計画に関する情報が含まれていた。コンディは，このメモには切迫する攻撃に対する新たな警告は含まれておらず，『昔の報告に基づく情報』だったと強調」したのであった。ただ，このときのやりとりで，ライスは，そのときのメモの「タイトルは『ビンラディン，アメリカ国内攻撃を決意』だった」と認めたことは，注目に値する(フェリックス，2007, pp. 247-248)。もちろん，「私たちは9月10日にいくつかの点をつなぎ合わせることができず，民間航空機が世界貿易センターとペンタゴンを攻撃するミサイルとして使われるなど想像することもできなかった」とライスは語っているが，"いくつかの点"については，報告がなされていたのだ(ライス，2013, p. 160)。

いうまでもなく，2001年9月11日に発生した同時多発テロ事件を防げなかった背景には，さまざまな要因が関係している。ライスも認めているように，そうした好例は，「制度的な問題」であった。その「根本原因の一つは，『国内』と『海外』の諜報活動が分断されていたこと」であり，「たとえば，電子監視は，国外のテロリストの情報通信を監視する国家安全保障局と，国内のテロ容疑者を監視することになっているFBIとの間で作為的に振り分けられていた」という。そして，「このような縦割りの結果，アメリカを拠点に活動す

る工作員と海外のテロリスト下部組織とでやりとりされる情報を収集する責任部門が欠落することになった」ようだ（同上，75頁）。

いずれにせよ，「軍事的にも，経済的にも世界最強の国だった」米国が，「1最貧国の領土内から指示されて動く，国家をもたない過激派ネットワークの破壊的な攻撃を避けることができなかった」ことだけは，事実である（同上，p.85）。

(2) 国務長官

先述したように，ライスは，同時多発テロ事件以降，ひんぱんに記者会見をひらいたり，多くのテレビ出演をこなしたりした。その意味では，国家安全保障問題担当大統領補佐官の資質として求められる，①「政治以外の面で大統領の親友であること」，②「客観的で，自分の見方よりも担当高官全員の見方の調整を優先できること」，③「表舞台に立つことや自己の誇張を差し控えられること」の3条件のうち，ライスは，3つめの条件を大きく逸脱していたといえる。本来，「ホワイトハウス外では目立たない姿勢を保つ内部マネージャーである」という役割とは異なる働きをライスはしていたのだ（フェリックス，2007, p.213, 217）。

しかも，こうした動きは，ブッシュの再選をめざした2004年大統領選挙戦の折にもみられた。ライス自身，「国の安全保障は，大統領選の論戦の核となる問題であったため，私は全米各地で演説し，今，政府が何をしているかを説明することにした。そうした行動は"選挙運動"とみなされ，国家安全保障問題担当大統領補佐官のチームが権力争いから距離をおくことで長い間守ってきた伝統と矛盾するものであることはわかっていた」と述べている。にもかかわらず，ブッシュ再選のために尽力したのは，ライス自身，「私がワシントンの外で現政権の政策を説明することは，大統領の再選という目的を果たすうえで有利に働くだろうと思っていた」からだ（ライス，2013, p.263）。

そのかいもあってか，ブッシュは見事，再選をはたした。ブッシュによると，

「2004年の選挙直後にコンディの国務長官指名を発表する準備を進めた」とのことだ。そこには、「取り扱いが難しい国家安全保障問題について、議員やマスコミに説明するのを、私はずっと見てきた」というブッシュが、「コンディの才能の広さには、感心するばかりだ」といっているように、ライスの能力を認めていた点にくわえ、「ホワイトハウスと選挙運動の6年間をいっしょにやってきて、コンディ・ライスとは密接な関係を築いていた」点が大きかった。そのため、「コンディは私の考えと気分を読むことができる」とまで、ブッシュは語り、「世界の未来像もおなじだし、反対意見があるときには、コンディは遠慮なく私にいうはずだった」との信頼関係を構築していたのだ。だからこそ、「大統領と国務長官のあいだに、あからさまな溝のないことが私には重要だった」というブッシュにとって、ライス以外の選択肢は、なかったのである（ブッシュ、2011, pp.144-145）。

だが、ライスの思いは若干ちがったようだ。ライスは、「もちろん、大統領が私を外交のトップに据えようとしてくれたのは光栄だった。トマス・ジェファーソンの65人目の後継者となる歴史的な重みも理解していた」とはしつつも、「正直に言うと、国務長官になるかもしれないという事実には、複雑な思いを抱いていた」という（ライス、2013, p.267）。

「国家安全保障担当大統領補佐官として4年間働き、特別な権限をもつ閣僚になる心構えもできていた」ライスが、どうして、「複雑な思いを抱いていた」のであろうか。ライスによれば、「私が最も心配していたのは、国務省に移ることで大統領との関係がどう変わるかということだった」。ライス自身、ブッシュと「強い絆で結ばれている私なら、フォギー・ボトムとホワイトハウスの間に横たわる溝を埋められると思っていた」と語ってはいるものの、「国家安全保障担当大統領補佐官のときは毎日彼と顔を合わせており、1日に5, 6回は会っていた。大統領執務室とのつながりを保つことが大事であるとわかっていても、国務長官になると、いくら努力してもそうしたつながりを保てなくなるのではないかと心配だった」のだ（同上、pp.267-268）。「ブッシュのアドバイ

ザーの中でもっとも頻繁にキャンプ・デーヴィッドで週末を過ごしており，クローフォードにあるブッシュの牧場『西部のホワイトハウス』へも，社交や公的な仕事のために頻繁に訪れている」にもかかわらず（フェリックス，2007，p.230），ライスが，こうした懸念をいだいたのは，どうしてであろう。おそらく，「コリンのことは崇敬しているが，彼の率いる国務省が私の方針や政策と全面的に一致していないと思えることがままあった」という，パウエル国務長官に対するブッシュの評価が，少なからず，影響をおよぼしていたのかもしれない（ブッシュ，2011，p.144）。いずれにせよ，ライスは，「2人が4年以上やってきたことを─2人の間に距離をつくらず，海外や国内の第三者に付け入る隙を与えないことを─今後もやっていく必要があることを確認しあった」上で，国務長官職を受諾した（ライス，2013，p.269）。

　国務長官となったライスは，国務省を「よりフラットな組織にする必要があった。2度にわたりNSCで働いたときから，国務省のいかにも官僚的なピラミッド型組織には驚嘆していた」からだ。具体的に，「たった1枚の政策文書を作るだけでも，何人もの人々や，いくつもの部署の承認を得なければならなかったため，長い時間がかかった」経験をしていた。さらに，ライスは，国務次官の人事を考えるにあたって，「主体的に問題に対処して決定を下せる人材を集めた優秀なチームが完成し，あらゆる問題がトップの私の決断を求めて上がってくることのないようにした」という（同上，p.284, 290）。ここでも，スタンフォード大学副学長としての経歴やワシントンでの勤務経験が役だったことはいうまでもない。

　国務長官時代を回顧して，ライスは，「偉大な啓蒙主義をはじめ，社会の基盤となるさまざまな欧州由来の理念は，今もアメリカのなかに息づいており，それゆえ，アメリカはほかのどの地域よりも欧州と深く結びついている」と語っているように，外交の責任者として，欧州との関係を重視したことは明らかである。その証左に，ライスは，就任後はじめての外遊先として，イギリスを選んだ。これは，ライスのスタッフが，「外遊の最初の訪問国が"最も親しい

友人"のイギリスになるように慎重に日程を組んでいた」からだ。また，中東地域については，「どこかで——特に中東で——何かが勃発すると，アメリカの国務長官がそこに出向いて解決することを人は期待する」とし，「中東情勢はあまりにも変化が激しく，あまりにも懸案事項が多くて，そちらにばかり気をとられてしまうのもやむをえないように思われた」ものの，「昔からアメリカの国務長官は，まるで火に飛び込んでいく蛾のようにイスラエル・パレスチナ問題に引き寄せられていく，と言われていた。この一触即発の問題に近づきすぎると，大やけどを負うことになりかねないというわけだ」と，ライスは語っている（同上，p. 294, pp. 305-306, p. 309, 351, 438）。

　それでは，日本の位置する東アジア地域については，どのような印象をもっていたのであろうか。ライスによると，「東アジアは，ペンタゴンの独断的な側面が最も如実に表れている地域でもあった」という。「太平洋軍司令官は昔から植民地総督のような存在で，ハワイの軍司令部を拠点とする4つ星の将軍が発する命令は，最もましなときでも外交政策と軍事政策の境界線を曖昧にしてしまい，最悪の場合は両方の政策をぶち壊しにしてしまう傾向があった」との認識を披露している。そこで，ライスは，地域別国務次官補の候補として，「東アジアについて従来とは異なる見方をする人を求めていた」のだ。そこで，白羽の矢をたてられたのが，「独創的な思考の持ち主で，意志が強く粘り強い外交官」のクリストファー・ヒルであった（同上，p. 287）。

　東アジア地域に対して，上記のような認識をいだいていたライスは，「ヨーロッパ訪問を"最も親しい友人の一人"を訪れることでスタートしたのと同様」に，「まず日本に降り立つことで，北東アジアで最も長く続く同盟関係の重要性を強調した」のであった。2005年3月のライスの「日本訪問の目的は，アメリカと日本の関係を確認するとともに，その関係をアジア戦略のなかに位置づけることでもあった」。ライスが，回顧録で記しているように，「日本のおもな関心事は，1970～80年代に起きた拉致事件の解決だった。日本では，北朝鮮に対して好意的に動くことが，この人道的な悲劇への関心が不十分な証拠

みなされることもある。韓国は北朝鮮の核開発計画の中止を望んでいるものの，対決を辞さない姿勢をとれば，朝鮮半島の緊張が高まるのではないかと恐れていた。中国は，北朝鮮が核を持つことで，日本が——あるいは韓国が——核武装化することを心配していたが，それ以上に，北朝鮮の政治体制を安定させることのほうに関心があった。北朝鮮の政治体制が崩壊して，中国に多くの難民が流れ込んでくるのを恐れてのことだ。言い換えれば，どの国も北朝鮮の非核化を望んでいたが，ほかに優先事項があるために，この目標の達成に向けて関係国が一致団結することができていなかった」のだ。そのため，「対北朝鮮戦略を有利に運ぶ」ためにも，ライスは，6カ国協議のメンバーである「中国，韓国，日本，ロシアがそれぞれ好き勝手に動かないようにする必要があった」（同上，pp. 319-320）。

　拉致問題と日本との関連について，ライスは，「私は日本人に，北朝鮮の核問題の解決にばかり熱心で，拉致問題については積極的でない，と思われていた」と述懐している。そして，「拉致問題が悲劇であることは言うまでもない。だが，もしかして日本は，拉致問題についてアメリカの援助が得られなくなると困るというだけの理由で，6カ国協議の失敗を望んでいるのではないか，そんな風に感じることが多くなっていた」との懸念も示している。そのため，ライスは，「この2つの問題を連動させないように努力した。拉致問題を解決に導くよう，北朝鮮に圧力をかけはするが，しかし平壌の核開発を制限——あるいは停止——することができるのであれば，アメリカはそうする必要がある，そのように言うほかはなかったのだ」とまで語っている。このような状況からか，回顧録のなかで，ライスは，「私自身，日本を訪問するのがどんどん憂鬱になってきた」とも断じている（同上，pp. 584-585）。

　その上，「日本は近隣地域において，中国からだけでなく，私たちの同盟国韓国からも信頼されていない」という現実があった。関係国の足なみがそろっていないこともあって，ライスのいう，「私たちは6カ国協議が最終的には，朝鮮戦争の究極の解決，あわよくば和平条約にさえなるのではないかと期待し

ているのだ。現状からすれば飛躍しすぎるかもしれないが，一考の価値はある。核兵器を放棄する――もちろんその証拠をきちんと提示する必要がある――代わりに，朝鮮戦争の終結を正式に認める」との考えを実現することは，不可能に近いような状況であった。それほどまでに，「日本側に北朝鮮の核開発計画を食い止めたいという気持ちはあったが，拉致問題が解決する前に私たちが平壌と合意を交わしてしまうことを不安視していた」のだ（同上，475頁および479頁）。

ただ，こうした中で，ライスの小泉純一郎首相に対する評価は高く，小泉は，「ほかの国の首脳たちがそうであるように，威勢がよく，オープンで，言いたいことを言う。彼と初めて会ったのは，大統領の最初の任期に彼がキャンプ・デービッドを訪れたときだ。彼はそこで日本の景気低迷に関して，経済と社会を改革するためにしたいと思っていることを率直に語った。そしておおむねそれを実現した。彼はまたエルビス・プレスリーを歌ってみせ，お気に入りの映画『真昼の決闘』のせりふをそらんじ，報道陣がずらり並ぶ前で大統領とキャッチボールをした。日米同盟の熱心な擁護者で，フリーダム・アジェンダにも理解を示し，アフガニスタンとイラクに後方支援部隊として自衛隊を派遣すると約束した」「小泉の退任後，日本は再び合意政治に逆戻りした。とても国を前進させることができるとは思えないような，誰とでも取り替え可能な首相が何人も続いた」と，回顧録のなかで記していることを付言しておきたい（同上，p. 478, 584）。

4. 結 び

政治コンサルタントとして，ビル・クリントンの大統領選挙当選に大きく貢献したディック・モリスは，共著書のなかで，「コンディに対するブッシュの投資――第1次政権では国家安全保障担当大統領補佐官，第2次政権では国務長官に指名した――には，雇用という以上の意味がある。華やかな国際政治の大舞台にコンディを上がらせたことだ。そして，大統領当選からの5年間で，

コンディの手腕は尋常ならぬ注目を集めた。考えようによっては，国民の面前で大統領のオーディションを受け，今までと変わらぬ気品，スキル，成果を示したと言えるかもしれない。アメリカ全土が見守るなか，薄氷を踏むような外交の舵を取り，テロとの戦いに決然と取り組み，国内外で民主主義を促進するコンディの姿は，指導者の素質をあらわにしていた。アメリカ国民がコンディにすがりついて，大統領選に出てほしいと頼んだところで，何の不思議もない。もし現実になれば，この傑出した女性に付き従う人々が長い行列を作ることだろう」と，ライスの能力を高く評価している（ディック・モリス＝アイリーン・マクガン，2007，p.93）。

このように，政治家・ライスの手腕に期待する声は多く聞かれる。ただ，2016年の大統領選挙戦をみても，ライスは，その決断をしなかったようだ。とはいえ，今後も，共和党では，大統領選挙をめぐるライスの動向に注目があつまることはいうまでもない。それほどまでに，ライスの政治家としての能力は高い評価を得ているということだ。

参考文献
保阪正康『政治家と回想録——読み直し語りつぐ戦後史』原書房，2002年。
アントニア・フェリックス著，渡邊玲子訳『プライドと情熱——ライス国務長官物語』角川学芸出版，2007年。
ディック・モリス＝アイリーン・マクガン著，大須賀典子訳『ヒラリー vs. ライス——次期アメリカ合衆国大統領をめぐる闘い』アスペクト，2007年。
ジョージ・W・ブッシュ著，伏見威蕃訳『決断のとき』〔上〕日本経済新聞出版社，2011年。
コンドリーザ・ライス著，中井京子訳『コンドリーザ・ライス自伝——素晴らしいありふれた家族の物語』扶桑社，2012年。
コンドリーザ・ライス著，福井昌子・波多野理彩子・宮崎真紀・三谷武司訳『ライス回顧録——ホワイトハウス　激動の2920日』集英社，2013年。

第4章
ヒラリー・R・クリントン国務長官

(1947年10月26日～)
Hillary R. Clinton, *Hard choices*, Simon & Schuster, 2014, p.96.

1. はじめに

　ヒラリー・R・クリントン(Hillary R. Clinton)は2015年4月12日，2016年11月の米国大統領選挙への出馬を宣言した。周知のように，ヒラリーの大統領選挙への出馬はこれが最初でない。今からおよそ8年前の2007年1月20日，ニューヨーク州選出の民主党・連邦上院議員であったヒラリーは，大統領選挙への出馬を正式に宣言している。当時，ヒラリーは元ファーストレディとして抜群の知名度を誇り，また，ニューヨーク州選出の連邦上院議員として知られ，人気や政治資金の集金力でも他の候補を圧倒していた。実際，『CNNテレビ』が実施した世論調査では，民主党の大統領候補にヒラリーがふさわしいという声が40％にも達し，バラク・オバマ連邦上院議員の21％，およびジョン・エドワーズ元連邦上院議員の11％を大きく引き離していた。しかし，ヒラリーの勢いは大統領予備選挙を前に衰え，2008年1月3日に行われたオハイオ州の予備選挙では，オバマとエドワーズに敗れて3番手に終わった。その後大きな州で盛り返したものの，結局，オバマの勢いに押されて劣勢となり，ヒラリーは8月の民主党の全国党大会で正式に撤退を宣言，オバマ支持を表明した。

　11月の大統領選挙では，民主党のオバマが共和党のジョン・マケインを破って大統領に当選した。勝利したオバマはヒラリーを国務長官に指名，ヒラリーはその指名を受け入れた。ヒラリーは連邦上院議員時代を含めて，特に外交政策に精通していたとは言い難かった。オバマがヒラリーを国務長官に指名した背景には，圧倒的な彼女の政治的経験を生かし，実務的な政権であることを誇示する一方，大統領予備選挙で党内に生じた亀裂を修復し，超党派性を訴えたかったという事情が大きかった。その後，2011年3月18日，ヒラリーは国務長官の職を一期限りで引退する旨を明らかにし，次期大統領選挙への出場も否定したが撤回した。現在，2016年の大統領選挙の当選をめざして，全米でキャンペーンを展開している。

　ヒラリーが「政治家」へと転出したのは，2000年11月のことである。夫の

第4章 ヒラリー・R・クリントン国務長官

ビル・クリントン大統領の後釜を決める2000年11月7日の大統領選挙は，近年まれに見る接戦で，フロリダ州の大統領選挙人票をめぐって大混乱となった。12月13日に至り，ようやく共和党のジョージ・ブッシュ Jr. テキサス州知事が民主党のアルバート・ゴア副大統領を破って当選が確定した。一方，ニューヨーク州選出の連邦上院議員選挙では，民主党のヒラリー候補が共和党のリック・ラズィオ候補を大差で破って，早々と当選を決めた。ヒラリーは，クリントン大統領の「ファーストレディ」の座から，連邦上院議員の一員として「政治家」へ華々しく転身をとげた，のである。

ヒラリーは，当選した時の記者会見の席において，「これから6年間，ニューヨーク州選出の議員として全力をつくして仕事をする。ホワイトハウスは狙わない」と述べて，上院議員の任期を全うする決意を表明した。しかし，11月7日に実施された『ABCテレビ』の調査によれば，ニューヨーク州の有権者の実に84％が，ヒラリーはいずれ大統領選挙に出馬するとみており，連邦上院議員を足がかりに政治家として実績を積み，米国史上初の女性大統領の座をめざすもの，と思われた（『日本経済新聞』，2000年11月9日，5面）。

ヒラリーは上院議員選挙戦の間，「不倫を重ねたクリントン大統領と何故離婚しなかったのか」との質問に対し，「宗教的な信念と家族の価値観から」と答えた。今日では，夫婦の半数が離婚する米国社会において，この問題が選挙戦中の大きな争点の一つとなった。モニカ・ルインスキーとクリントン大統領との不倫が全米中にさらされ，それにもかかわらず，ヒラリーが離婚を決意するまでに至らなかったのは，結局自分のキャリアを築く上で，離婚は不利になると判断したから，にちがいない。

これまで，ヒラリーがいわば女性の立場から物事を考え，それが夫であるクリントン大統領の政策立案過程で大きな助けとなったことは，間違いない。米国の連邦上院は，「オールドボーイズ・クラブ」という異名をもつ男性優位社会で，年功序列にうるさいところである。そのためヒラリーは，新人議員として格下の扱いをされるのは間違いなく，それをどのように克服するかは，彼女

自身のもつマイナス面と併せて興味深い点であった(名越, 2001, 9頁)。ヒラリーは, ファーストレディ時代に左翼色が強く, 夫のセックス・スキャンダルについても「右派の陰謀」であると言い切った。だが, 上院議員になると世論にも同調した柔軟性も見せるようになり, 一皮剥けた政治家として大きく成長, 2006年の上院選挙戦で共和党候補に圧倒的得票率で再選を果たした。

　ヒラリーの人気の高さは, 『ギャラップ世論調査』などでも実証済みであって, 米国人が最も尊敬する女性に8年連続して選ばれており, 2位のサッチャー元英国首相らの4％を大きく引き離して19％の支持を得ていた(「新世紀を担う女性たち」『東京新聞』2000年1月7日, 5面)。今日では, 有能なキャリア・ウーマンとして活動, 対等な立場で夫婦関係を築いた女性として, ヒラリーは, 全米の働く女性, また, 女性の社会的進出のシンボルとなった観がある。その意味で, もしヒラリーが米国の大統領に当選することになれば, 女性のキャリア向上という面で女性たちに大きな夢と希望を与えることになるであろう。20世紀が男性中心の価値観が支配的であったとするならば, 次の21世紀は女性の価値観がキーワードとなる可能性が大である。ヒラリーは, 持ち前の能力とバイタリティ, そしてカリスマ性を行使して, 米国史上初めての女性大統領に当選する可能性は十分にある。その意味で, ヒラリーの言動は, 単に米国だけでなく, 日本を含めた世界各国の女性たちに, 生きる上で大きな勇気と夢を与えることは間違いない(辻, 2001, p.34)。

　これまでのヒラリーの人生に一貫して見られたのは, 権力への強い渇望である。だが, ヒラリーについては, これまで必ずしも彼女自身の抱く価値観ないし人生の目標が十分に理解されてきたとはいえない。そこで本章では, 以上で述べた問題意識に基づき, ヒラリーの歩んできた道をたどり, 併せてファースト・レディから政治家へと転身した彼女の言動を検討することで, 現代の米国における新しい「女性像」を考える際の参考材料としたい(櫻井, 2000, p.177)。

2. ヒラリー・クリントンの歩み

(1) 出生と家庭

　ヒラリーは1947年10月26日，シカゴにおいて父親ヒュー・ロダムと母親ドロシー・ロダムの3人の子供の長女として誕生した。ヒラリーが生まれた時代は，ちょうど第二次世界大戦後のいわゆる「第一次ベビーブーム」の時代であった。

　父親のヒューは，北東部のペンシルベニア州のスクラントンの炭鉱町において労働者階級の子として生まれ，プロテスタントの最大宗派の一つであるメソジスト教徒であった両親により，厳しくかつ厳格に育てられた。ヒューは，大変な努力をして高校のフットボールの花形選手となり，高校卒業後はペンシルベニア大学に進学し奨学金を得た。大学では体育学を専攻，卒業後スクラントンに戻り父親が勤めていたレースの布地会社である，スクラントン・レース・カンパニーに就職した。

　その後ヒューは，シカゴに移り，コロンビア・レース・カンパニーに雇われ，カーテン地のセールスマンとなった。そこで秘書をしていたドロシー夫人と出会い，5年間の交際を経て1942年に結婚した。第二次世界大戦が始まるやヒューは，海軍に協力，シカゴ北部のグレイト・レイク海軍基地で新兵たちに大学で学んだ護身術を教えた。ヒュー教官は，高校を出たばかりの若者を訓練して，前線で戦えるタフな兵士に育てあげることを任務としていた。そのこともあって，ヒューは，娘のヒラリーを含めて自分の子供たちを，軟弱な新兵を訓練するように厳しくしつけて育てた。

　子供たちが成長するや，ヒューは独立してカーテン地の会社を始めた。その事業は成功，ロダム家はシカゴ郊外のパークリッジに一軒の家を購入した。それは，ヒラリーがちょうど3歳となった1950年の時である。ロダム家は，シカゴの小さなアパートを出て，芝生や垣根を短く刈り込んだ庭のある郊外の住宅街に移る金銭的余裕ができたのである。

米国では戦後の数年間, 大都市の郊外に家を建てることが, 一種のブームになっていた。パークリッジは1950年代までに, 道路に街路樹がびっしり立ち並ぶ街となり, そこに住む住民のほとんどが「中流上層階級(アッパーミドル・クラス)」であった。彼らは裕福なことで知られ, 大きな政府に不信感を抱き, 共和党支持者であった。彼らはまた, 教育を重視し, 子供たちにはさらに成功をさせたいと願い, 学歴をつけるためであれば, 金銭的負担も厭わなかった。企業人で仕事中心の父親であったヒューにとって, 金儲けは真剣なことであり, 娘のヒラリーに子供の時から投機ゲームをさせていたほどで, 毎日相場が変動する株式市場についても教えていた。そして, ヒューは, 常に達成のハードルを子供たちが到達しうる高さより, さらに高い所に置いた。それがヒューの教育方針でもあった(コーザ, 1999, pp. 13-25)。

ヒラリーの母親ドロシーは, 娘のヒラリーと2人の息子を大事に育てた専業主婦であった。ドロシーの両親は, シカゴ南部の肉体労働者で, 母親は読み書きがほとんどできなかった。彼女は, 父親の両親が住んでいたロサンゼルス市で少女時代を過ごし, 高校時代は勉強や運動の面で他の生徒に優り, 高校卒業後シカゴ市に戻った。そして, そこでカーテン布地を売っていた, セールスマンのヒューと出会ったのである。

ドロシーは, 1950年代の母親の「ステレオタイプ」そのものであった。例えば, 日曜学校で教えたり, あらゆる学校行事に出席, 子供たちを目的地まで車で送り届け, 家を守り, そして家事と子育てに専念した。ドロシーは, 同世代のほとんどの女性が手にできなかった機会を娘に与えたいと願い, 自分は大学にいけなかったので, 子供たちには十分な教育を受けさせたい, と考えていた。

ドロシーは, 自分の能力を十分に発揮して独立し, キャリア・ウーマンになりたいと願っていた, といわれる。それでは, 彼女は母親としてどのように娘を育てたいと考えていたのであろうか。ドロシーはヒラリーに対して次のようなアドヴァイスを与えている。「貴方は自分の人生の主役になりたいの?それ

とも他人に命じられたり，期待に反応するだけの脇役になりたいの？」と尋ね，娘に「心に思っていることを口に出していうことを恐れる必要はない。女の子であることで何かを制限されなければならないということはない」と，諭したのだ。

ドロシーは，夫のヒューが子供たちをほめたり手をぬかなかったのは，絶対に甘やかさないためだったと，語っている。少女時代のヒラリーは，とても大人びていて，おちついた娘であった。ロダム家の一番年長であった彼女は，両親から頼りにされ，2人の弟たちの面倒をまかされた。ヒラリーは，13歳の夏に近くの公園で弟たちの子守りをしてお金を稼ぎ，すでに幼い時から「こづかい」は自分で稼ぐものだと教えられた。母親としてドロシーは，怠惰な生活を嫌い，娘には大きな期待をかけて責任感を植えつけた。そのため，ヒラリーは，子供の時からまじめな性格の娘として育ち，思考は分析的・論理的で，勉強が大好きで成績もよかった。そして，常に強い義務感を抱いていた（ウァーナー，1993, p.25）。

(2) メソジスト教徒

今日，多くの国民がヒラリーに対して抱いているイメージは，有能でかつ自立した働く女性であり，夫のクリントンが最も信頼する相談相手である。だが，彼女はクリントンと結婚する以前から，あるいは弁護士となり，民主党支持者になるずっと以前より，メソジスト派のクリスチャンであった。それはまた，彼女を理解する上で一つのポイントである。

そもそも，メソジスト派は，プロテスタントの他の宗派以上に社会改革を重視，地上に神の国を建設するのがキリスト教徒の務めであるという考え方が強い。夫のクリントンの方はカーター元大統領と同じく，南部バプテスト派である。また，娘のチェルシーはメソジスト教徒として育てられ，こと信仰面に関する限りヒラリーがリードした形となっている（メソジスト派の創設者は，英国人のジョン・ウェリーで，聖書に示された方法［Method］に従って生きることを目

的とした宗教クラブに属していたことから,このように命名された(『アメリカを知る事典』平凡社,1986年,p.509)。

ヒラリーにとって,所属するメソジスト教会は,信仰で結ばれた大家族のようなものであって,後述するように,彼女はそこを土台にして自分の思想を形成していった。ヒラリーの母親であるドロシーは,日曜学校で教えていたし,父親のヒューは教会にあまりいかなかったものの,毎晩ベットのそばにひざまずき,お祈りをしていた(ウッドワード,1994,p.56)。

1960年,ヒラリーが13歳になった時,彼女はメソジスト教会の青少年グループに入った。そこにおいて,彼女はパークリッジの閉ざされた世界では決して目にすることができない社会の現実にふれることになる。

ロダム家が所属していたファースト・メソジスト教会に,新しく若い牧師が配属された。26歳になったばかりのドナルド・ジョーンズである。彼は大学の神学部を卒業して,教会の青少年担当の牧師に就任したばかりであった。このジョーンズ牧師との出会いが,その後のヒラリーの人格形成に大きな影響を及ぼした,といわれる(ウァーナー,1993年,p.26)。ジョーンズ牧師は,感じやすい青少年たちにパークリッジの外の世界を見せたのだ。彼は,スラムとなりゲットー化している人口の密集地であるシカゴ市の最悪の中心地(インナーシティ)に教会の青少年たちを見学につれていった。そこで,ヒラリーと彼女の仲間たちは,無感動な宿無し子供(ストリート・チルドレン)たちにとって,一体人生とはどのようなものかを学んだのだ。また,この時にはじめてヒラリーは,人生の幸運に恵まれなかった人々が置かれているまったく他の世界を垣間見ること,ができたのである。そして,この時の訪問を契機に,彼女は自分のこれまでの境遇に深く感謝した。

ジョーンズ牧師は,この当時の模様を次のように語っている。「パークリッジでは教会に行くことは,たいていの人々にとって伝統的で保守的な価値観の強化となりがちであった。私が赴任して,白人中産階級の子供たちをシカゴのスラム街に連れて行ったことは大変過激なことだった。子供たちはそれまで貧

困を見たことがなかったし，自分たちと違う子供たちと接触したことがなかったのです」(同上，pp.30-32)。

　この試みについて，ジョーンズ牧師は教会の年長者たちから批判を受けた。しかし，彼が意図したことについては，誰も文句をいわなかった。こうして，ジョーンズ牧師の率いる青少年グループは，貧しい人々のために食事を配る運動を手伝い，ベビーシッターのグループを組織した。ヒラリーもまた，野営していた移民の季節労働者の子供たちの子守りに励んだのである。

　ジョーンズ牧師は，パークリッジでの4年間にわたる在任中にヒラリーを意欲のある学生であると見て，激動する時代の宗教から人生に至るあらゆることを話し合って，彼女に大きな影響を与えた。ジョーンズ牧師は，「彼女は好奇心旺盛で，人生とはどういうものかを知ろうとし，飽くことがなかった」，と述懐している。なお，ジョーンズ牧師とヒラリーとの密接なきずなは，その後も継続され，大統領夫人になった後も文通が続いている(同上，p.33)。

　ヒラリーは，自分の宗教信条について次のように語っている。「三位一体を信じますか」，「はい」。「イエスの死によって私たちの罪があがなわれることは」「信じます」。「キリストの復活は」「信じます」。そして，「人生の意味や真理を探し求める人が，難しい問題に答えてくれる宗教に近づくのは自然だと思う。私にはその気持ちがよくわかる。私は，キリスト教を救い主として受け入れさえすれば，真のキリスト教徒になれるとは思わない。それが，一部の宗派の考え方と私の宗教観の違いだ。真のキリスト者になるのは，終わりなき戦いみたいなものだ。私は毎日まだ目標に達していないと感じている」，と述べている。後述するように，政治的信念に燃えるヒラリーは，人生の歩みにおいて，宗教的使命感を基盤としていることが理解できる(「祈りの効果を私は信じている——ヒラリー・クリントンの語る宗教的信条」『ニューズ・ウィーク「日本語版」』1994年11月9日号，p.59)。

(3) 学生時代

　ヒラリーはマイン・サウス高校に入学，高校時代は積極的な少女であった。彼女は，勉強がよくできただけでなく，フィールド・ホッケーやバレー・ボールをやり，そしてディベートのチームにも加わった。また，学校劇では，いろんな役をこなし，ショーで苦手な歌も歌った。しかし，ヒラリーはファッションや流行には興味がなく，化粧もまったくしなかった。そして，平凡なヘアー・スタイルをほとんど気にしなかった。

　同級生の話では，ヒラリーは当時，女の子の重大関心時の一つであった男子とのデートにはあまり興味を示さなかったという。だが，そのことは，ヒラリーが優秀な男子生徒との付き合いを求めなかったというわけではなく，実際には彼らに対して，進んで時間を割き，おしゃべりをした。

　ヒラリーが政治的問題に最初に関わったのは，1964年の秋，高校生活の最上級生で17歳の時である。彼女は，超保守派の大統領候補であった共和党のバリー・ゴールドウォーターのため，全国共和党の行事を真似て高校の体育館で党大会を演出したのである。ヒラリーの発案で模疑党大会が行われ，ポスターを作り，幹部会や指名演説も行うという本格的なものであった。

　ヒラリーは1965年，高校を1,000人中15番の成績で卒業，連邦政府の優秀奨学金候補者の最終選考に残り，学業成績や課外活動で優秀な成績をおさめた者を会員とする「オーナー・ソサイエティー」の会員に選ばれた。クラスの女子学生の中で，「最も成功の見込みのある女子学生」の一人に選出された，のである(コーザ，1999, pp. 34-36)。

　父親のヒューがビジネスの世界で成功，ある程度の経済的余裕があったので，ヒラリーが大学に進むことは疑問の余地はなかった。問題は，どの大学に進むかであった。ヒラリーの同級生の多くがイリノイ大学や地元の大学を選んだ。しかし，彼女は東部の名門女子大学であるウェーズリー女子大学に決めた。この女子大は，東海岸のほとんど裕福な家庭の子女が進学することで有名であって，授業料もそれなりに高かった。1965年当時，東部のウェーズリー大学に

入学することは，保守的な中西部の郊外出身の若い女性にとっては，大胆な一歩だった。ウェーズリー女子大について，ヒラリーは「もう本当に金持ちで，贅沢で，私の価値観を根底からゆるがせるようなところだった」と，語っている（シーヒ，2000, p. 52）。

ヒラリーは大学に入学するや，直ちにその生活に順応して大学の青年共和党に加入，後にその委員長に就任した。また，学生議会にも入り，大学の改善のため大学当局に圧力をかけることも学んだ。ヒラリーの大学での専攻は，政治学であった。彼女はまた，キャンパス内での争い事を仲介することで評判で，それは，後に弁護士としての職業上大いに役立つ能力であった。

大学に入ってからヒラリーの関心は，1960年代後半の米国社会の変動を反映して，保守的な共和党員の家庭で厳しくしつけられた子供時代の狭い世界から，しだいにリベラルで急進的な外の世界へと広がり始めた。政治的には，共和党の超保守的なゴールドウォーターから共和党の穏健派のネルソン・ロックフェラーを経由して次第に左に寄り，1968年には，民主党の左派ユージーン・マッカーシー上院議員の選挙運動を手伝うまでになった（ウァーナー，1993, p. 38）。

またこの時期にヒラリーは，ボストンの最も貧困な地域に住むアフリカ系アメリカンの幼い子供たちに，読み書きをボランティアで教えて，持てる者と持たざる者との格差がいかに大きいかを改めて学んだ。子供たちの問題に対するヒラリーの関心は終始一貫しており，大学では児童心理学をとり，優秀な成績をおさめている。子供たちの問題に関心を持ち続けたことは，やがて後のヒラリーの業績に結びつくことになる。

1969年，ヒラリーはウェーズリー大学を卒業する。この年の卒業式は，それまでの慣例を破って学生たちの要求をのみ，来賓だけでなく卒業生の代表にもはじめて話をさせることになった。学生たちは，学生自治会長で成績も優秀で，人望のあったヒラリーを卒業生の代表に選び，大学側もこの決定に賛成した。ただ条件として，話は卒業生の合意を反映する適切なものであり，大学を

辱めるような内容は慎むことであった。

　その年の来賓は，マサチューセッツ州選出の共和党上院議員で，黒人のリベラル派のエドワード・ブルックリンであった。ブルックリンの演説は，つつがなく終わったものの，しかし内容がなかった。続いて演壇に立ったヒラリーは，用意した演説を話す前にアドリブで，ブルックリンの内容に反論を加え，集まった教員，参列者，来賓，および両親たちをあぜんとさせた。ヒラリーが演説した抜粋は，彼女の写真とともに写真誌『ライフ』に掲載された。もっとも，彼女の演説は，米国の他の女子大の卒業生代表の急進的な演説と並んで掲載されると地味な内容であった(コーザ，1999, pp. 46-47)。

　ウェーズリーのような優秀な女性が集まる女子大でも，卒業後は大多数が結婚して子供を産み，専業主婦になるのが普通であった。だが，ヒラリーは，伝統的に男性の職業とされていた法律の分野に進むことを決心，1969年，22歳の時にイェール大学の法律大学院(ロースクール)に入学した。1970年代のイェール大学の法律大学院は，米国の名門法律大学院の中でも，特に公共奉仕を重視するところであった。ヒラリーのクラスの世代は，青少年時代にケネディ大統領の演説を聞いて夢を育て，荒れ狂った60年代後半に青年期に達していた。彼(・彼女)らは，変化を望み，既存の体制下でもその達成は可能であると信じていた。

　イェール大学法律大学院に入ったヒラリーは，児童研究センターで働き，ニューヘブン病院で幼児虐待の事例研究をしていた医者たちとボランティア活動を始めた。彼女は，米国では子供たちに対する法的権利がとくに欠如していると考え，こうした活動に参加したのだ。その後，児童研究センターでは，社会や裁判制度における子供の権利を研究し，3つの論文を書き上げ，それはアカデミックな雑誌に掲載された。ヒラリーは，子供たちの命が危険にさらされない限り，家族の問題に政府が干渉すべきではないと考えていた。子供たちに関する問題は，数多い彼女の仕事のうちでも最も重要なものになった(同上，p. 70, 165)。

第4章 ヒラリー・R・クリントン国務長官

　ヒラリーの人生で最も重要な出来事が生じたのも，イェール大学法律大学院の時代である。23歳となった1970年，将来夫となるビル・クリントンと出会ったのである。法律大学院の3年目の時，ヒラリーとビルはアパートを分けあって一緒に生活し始めた。未婚の男女が一緒に暮らすのは，一世代前には好ましくないと思われていた。しかし，1970年代の初めには，かなり一般的となっており，同棲は若い男女が結婚前にお互いを理解しあうよい機会でもあった。それはまた，1960年代の「ヒッピー文化」のもつ寛容さでもあった（同上，p.69）。

　ヒラリーは，イェール大学法律大学院に1年長く在籍，1973年にビルと一緒に卒業した。ビルは，以前から計画していたように，卒業後すぐに荷物をまとめて故郷のアーカンソー州に帰り，アーカンソー大学法律大学院で教職につき，政治家をめざした。一方，ヒラリーは，マサチューセッツ州のケンブリッジにある「児童防衛基金」で弁護士および理事会のメンバーとして働いた。そこは，子供たちの権利を守り，実態調査や助言をする人種や階級を超えた非営利団体であった。

　1974年1月，ヒラリーは，ニクソン大統領とウォーターゲート事件の関連を調査している「連邦下院司法委員会」の弾劾調査スタッフに加わった。彼女は，ニクソン大統領の行為が弾劾にあたるかどうか，もしそうであるなら，どのようにしてそれを実証するかの調査のため募られた44人の弁護士の一人であった。ヒラリーはこの時，若干27歳で児童防衛基金の弁護士としての経験しかなかった。その肩書きは，法律顧問で等級は一番下であった。彼女に与えられた任務は，調査と弾劾に当たってとるべき法的手続きを確認することであった（ウァーナー，1993，p.85）。

　ヒラリーは，このウォーターゲート事件関係の弁護士チームにおける経験を次のように語っている。「私がこれまで経験した最も大きな個人的，専門的な機会の一つでした。……集まった弁護士は大変な専門家ばかりで，経験もありました。私はまだ法律大学院を出たばかりでした。とても歴史的な経験でした」

(コーザ，1999，pp. 74-75)。

　このようにヒラリーは，単に優秀な学生であったばかりでなく，将来を嘱望された優秀な弁護士であることが証明されたのである。彼女はその後，全米で優秀な100人の弁護士に2回も選ばれている。

　1974年8月，ニクソン大統領の辞任にともない，下院司法委員会の弾劾調査チームも解散された。ヒラリーは，ビルのいるアーカンソー州のフェイエットビルに行くことを決心した。彼女は，9月からビルが教えていたアーカンソー大学の法律大学院で，刑法と刑事訴訟法を担当する助教授として赴任した。ヒラリーはすでに1973年の夏，ビルに会うため初めてアーカンソー州を訪れた時に，用意周到にも，アーカンソー州の司法試験を受けてこれに合格していたのだ(同上，p. 76)。

3. ファーストレディから上院議員へ

(1) 州知事の妻

　夫のビルが1974年8月，政界にデビューした。アーカンソー州第三区選出の連邦下院議員に，民主党から立候補したのである。結果は，現職候補で共和党のジョン・ポール・ハマーショルドの前に敗北を喫した。現職候補が力で優っていたことと，ビルの徴兵記録が問題となった。ただ，敗退したとはいえ，ビルは，この選挙で48.5%の票を獲得した。ヒラリーは選挙運動を進めるに当たって，非公式の総括責任者として活動，手腕を発揮して選挙事務所で采配をふるった。この選挙を通じて彼女は，アーカンソー州を知り，彼女の名前も州内に知れ渡った。この選挙の時には，彼女の両親や弟たちも馳せ参じ，ビルと民主党のために働いた(ウァーナー，1993，pp. 100-101)。

　ビルとヒラリーは1975年10月11日，ようやく結婚した。保守的な南部のアーカンソー州は，同棲に寛大な土地柄ではなく，二人は別々に暮らしていた。ヒラリーはこの地に住むなら，結婚した方がよいと判断した。ビルは29歳，

ヒラリーは27歳になっていた。ヒラリーは，旧姓のロダムで通し，新婚旅行はアカプルコであった。

再びアーカンソー大学院の仕事に戻ったクリントン夫婦は，1976年の大統領選挙において，ジョージア州知事で民主党のジミー・カーター陣営に参加した。ビルは，アーカンソー州で選挙運動を進めた一方，ヒラリーは，隣のインディアナ州でカーター陣営の副参謀となった。大統領に当選したカーターは，ヒラリーの支援に感謝して，ワシントンD.C.に設立された全国の貧困者に法的サービスをする非営利の公的機関，「法律扶助機構」の理事に任命した。

この年，ビルはアーカンソー州の州司法長官に立候補，これに当選する。ビルとヒラリーはともに，アーカンソー大学法律大学院の職を辞し，州都のリトルロックに移ることになった。ヒラリーは，翌年，州で最も有力な法律事務所である，ローズ法律事務所に職を得た。アーカンソーでは「ローズ」といえば，企業権力や富豪と同義語であり，彼女は，同事務所開設以来初めての女性弁護士であった（シーヒ，2000，p.148）。

ビルは1978年，一般投票の60％を得て，民主党の知事候補に指名された。その年の知事選挙では，銃砲規制やマリファナ問題，死刑，女性問題などに関するリベラルな見解が非難されたものの，若いビルには勢いがあった。11月の本選挙では，ビルは63％の高い得票率で共和党のリン・ロウを破ってみごと知事に当選した。ビル32歳，ヒラリー31歳の時である。

ビルは1979年1月10日，ヒラリーをともない聖書を手にして知事の就任式に臨んだ。就任記念の舞踏会は，知事夫妻の因習にとらわれない性格を反映して，新しい時代感覚を演出する祭典となった。それは「ダイヤモンドとジーンズの夕べ」と謳われ，出席者たちは，正装でもジーンズでもよかった。ダイヤモンドは，米国で唯一産出する州民の誇りであった。一方，ジーンズは若さの象徴であった。ヒラリーの首に輝いていた4.2カラットのダイヤモンドは，政治上のチャンスもまた自らの手で掘り出すのだという彼女の意気込みを示していた。ヒラリーは，州知事夫人として旧姓を名のり，自分が仕事をもつことに

について，次のように語った。「州知事の妻という任務は，かかりきりにならねばならない仕事であることが分かりました。でも私は，自らの関心と責任を追及しなければなりません。私も主体性が必要なのです」。「私は，ヒラリー・ロダムの名前で演説をしていました。この名前で法律を教えていました。結婚したのは，27歳の時でした。(その時には)もう地位も確立していましたから」。それにそうした方が，「本当の人間らしく感じられるからだ」(ウァーナー，1993, p. 123)。

こうした姿勢を目にしたアーカンソー州の若い民主党員たちは，クリントン夫妻こそ，南部に新しい理想社会を実現してくれるものと期待した。なお，ビルが州知事の時の1980年2月27日，ヒラリーは，一人娘のチェルシーを出産している。チェルシーという名前は，ビルが英国のオックスフォード大学に留学した時に目にした，チェルシー公園にちなんだものである。ヒラリー自身今度は，母親役と弁護士業の仕事を上手にやりくりし，ローズ法律事務所の役員に就任した。そして，この時ヒラリーは，4カ月の出産休暇をローズ事務所に要求，これを認めさせたのである。

当時，アーカンソー州知事の任期は2年であった。そのため，すぐに知事選挙の準備に入らなくてはいけなかった。しかし，ビル知事は自分が選挙で大勝したのは，この州を根本から変えろという意味だと単純に思いこんでいた。そのため，1980年の知事選挙は，ビル陣営にとって一種の泥沼状態となった。ビル知事は，州内の大企業や公益事業に立ち向かって有力者を怒らせ，敵にまわしてしまったのだ。自動車の登録料を15ドルから30ドルに引き上げたのは，その一例である。また，ビル知事のその神経，厚かましさも問題にされた。実際，ビルの図太さにはかなりの人々がうんざりさせられていた。彼は，若い長髪の顧問団を引き連れてきただけでない。彼らは州の慣習にあれこれと注文をつけた。また，子供が生まれてからも，妻に旧姓を名乗らせていた。このようなビルの振る舞いは，保守的な州民にとって耳障りで，傲慢過ぎた。しかも，世間を知らなさすぎた。最後のとどめは，カーター大統領の下した決定である。

第4章　ヒラリー・R・クリントン国務長官　93

　それは，約1万9千人に上るキューバからの難民を，アーカンソー州北西部の連邦政府が所有するフォート・アーカンソー陸軍基地に移動させるというものであった(同上，p.126)。

　結局，州知事選挙では，ビルは共和党のフランク・ホワイト候補に3万票以上の差をつけられて完敗した。この敗北は，6ヵ月以上にわたってビルを悩まし，若い夫婦は最も苦しい時期に直面した。ビルが浮気をしているという噂が立ちはじめたのも，この頃のことである。順風満帆に歩んできたビルとヒラリーにとって，1980年の知事選挙での敗北は，人生最大の危機であった，といえる。夫婦は，敗北の原因をめぐって激しく口論した。ヒラリーは，ビルの失策を数え上げて罵倒した。まとまりのない計画，増税，カーター大統領の圧力に屈して，大量のキューバ難民を受け入れたこと。敵の打ち出すイメージダウン・キャンペーンに対抗しなかったこと。自分自身の利益にばかり気を取られていたことなどである。

　ヒラリーは，ビルや他人に敗北の責任を押し付けようとした。そして，自分が旧姓を使うのをことさら取り上げて騒いだと，マスコミをも非難した。しかし，ビルに投票しなかった大多数の州民の不満は，実はヒラリーのフェミニスト的姿勢に集中していたのだ。アーカンソー州民の中には，夫の名字を拒否するヤンキー女はまっぴらだ，という気持ちが強くあった(シーヒ，2000，p.148)。

　そこでヒラリーはビルが落選した後，1年間にわたって思案した挙げ句，自分自身を変えることを決心，自己のイメージチェンジをはかった。まず，分厚い眼鏡をコンタクトに替え，見た目には学生の延長的なファッション，活動家然とした雰囲気を一掃した。そのきわめつけは，結婚後も変えなかった姓を"ヒラリー・クリントン"に改めたことである。ヒラリーは否定したものの，改名は大ニュースとなった。『ワシントンポスト』紙は"変化の変化"という見出しで，「ヒラリー・ロダムは選挙に専念するために弁護士としての職業を放棄するばかりか，婚前の姓を使うのもやめ，今後はヒラリー・クリントンと名乗ることになった」，と報じた(ウァーナー，1993，p.139)。

一方，ビルの方もこれまでのイデオロギーや政治姿勢を変えた。まず，イデオロギー的には，リベラルの立場を中道路線にシフト，政治手法としては，直線的なリーダーシップ型から個人的に広く意見を聴取，問題解決の落とし所を慎重に探り出す「調整型」の方向へと姿勢を移したのである。こうして，1982年の知事選挙で返り咲いたビルは，同じく変身した政治的パートナーであるヒラリーと二人三脚で，以後連続四期にわたって知事に当選した(鈴木，1993，p.186)。

その後1986年までに，ヒラリーはアーカンソー州では，最も称賛される女性の一人となり，職業の上でもトップにたった。彼女はローズ法律事務所の役員として，年収が10万ドルであった。これに対し，ビルの方は州知事としての3万5千ドルに過ぎなかった。

(2) **大統領の妻**

ビルは1990年，アーカンソー州知事に四期目も当選した。この間，ビルは1986〜87年に，全米知事協議会議長を務め，進歩的な知事として名をはせた。州知事公邸に住んで10年，ワシントンD.C.のホワイトハウスに次の政治的目標を向けた。実は，ビルは1988年にも大統領選挙に出馬することを検討していた。だが，この時は時期尚早だと考えて見送っている。1992年の大統領選挙では，ニューヨーク州知事のマリオ・クオモの大統領選不出馬宣言に励まされて，1991年10月3日，ビルは正式に立候補を表明したのである。

大統領選挙戦においても，ヒラリーの存在がビル・クリントン陣営にとってきわめて大きかったのは，いうまでもない。彼女は，キャンペーン中の政治的決定に大きな影響力を行使，時には陣営内で最終的な意思決定も下した。たとえば，ブッシュ大統領が「湾岸戦争」の勝利により，異常に高い国民の支持を得ていた1991年の夏，ビルが今回の大統領選挙も見送るべきか，あるいは出馬すべきかについて迷っていた時，その最終決断をしたのは，ヒラリーの一言であった，という(同上，p.184)。

ヒラリーは，その後1992年大統領選のキャンペーン中に，重要な問題について素早く対応，予備選挙で争点となったビルの愛人問題，マディソン・ギャランティ貯蓄貸し付け組合問題，そして徴兵忌避疑惑問題などの処理について，選挙陣営内での決定に大きな影響力を行使した。事実，キャンペーン中には，最重要決定事項について，ヒラリーの了解なしに何事も動かなかった，といわれる。

　ヒラリーの行動は，ビルの支持率上昇の契機となり，1992年7月の民主党大会の場でもいかんなく発揮された。ヒラリーは，ビルを脇に坐らせて，大統領候補者指名の受諾演説に最終的にチェックを入れ，最後の締めくくりの部分を次のように書き直させたのである。「私は，今夜演説を締めくくるに当たって私の出発点に立ち戻りたい──私は今なお，ホープ（希望）と呼ばれる場所があることを知っている」（同上，p.185）。

　大統領選挙のキャンペーン中にはまた，ビルだけでなくヒラリー自身に対しても攻撃と非難の声が浴びせられ，その際，ヒラリーの発言が大きな政治問題となった，ことがある。それは，後に大きな政治スキャンダルとなった「ホワイト・ウォーター疑惑」に関連してである。自らの疑惑を否定したヒラリーは，次のように述べて物議をかもした。「私は家にいてクッキーを焼いたりお茶を出したりすることだってできたと思います。でも私がやろうと決めたことは職業につくことで，それも夫が公人となる前のことです」。この一言は，米国中の主婦を怒らせてしまった。だが，この件でヒラリーは神妙な態度を表明，キャンペーンから一時手を引いた。ただ，数ヵ月後には第一線に戻り，今度は物柔らかな姿を意識し母親としての面を強調して選挙演説に臨んだ（コーザ，1999，p.120, 124）。

　大統領選で勝利したビル・クリントンは，1993年1月，若干46歳の若さで第42代の米国大統領に就任した。近年では，J・F・ケネディに次ぐ若い大統領である。この時ヒラリーは45歳で，今度は「ファーストレディ」として世界中から注目を浴びることになる。ただ，ヒラリーは，それまでのファースト

レディのイメージであった。「内助の功」にいそしむ「政治家の妻」という印象を払拭、新しいファーストレディ像を築き上げた。

クリントン政権発足に際して、ヒラリーは閣僚人事にも積極的に関与、司法、保険・人的サービスおよびエネルギーの3閣僚に女性が起用されたのは、彼女の推薦が大きかったといわれる。また、ヒラリーは、従来のようにホワイトハウスの東館に形式だけの事務所を与えられるのに満足せず、これまでの慣行を破り、政権の中で影響力を反映させるために、西館へと事務所を移した。この移動は、ファーストレディ事務所内での「権力進展」を象徴するものであった (*Watoson*, 2000, 30, p. 108)。

大統領に就任したビル・クリントンは、政権発足と同時に、ヒラリーを大統領の諮問機関である「医療保険改革特別部会」の座長に任命した。ヒラリーは座長に就任するや直ちに、100名を超す部会の専門家を陣頭指揮する一方、カバンを抱えてホワイトハウスを飛び出し、関係機関を精力的に回り、医療保険の改革に全力を尽くした。だが、「国民皆保険」をめざした改革案は、連邦議会で強力な反対に会い、結局失敗に終わった (コーン、1994、pp. 43-47)。

医療保険改革案については、最初から連邦議会の有力者たちと一切妥協しないヒラリーの態度に批判が集中した。結局、全米医師会、大手保険会社、企業など各方面の利害を調整し、連邦議員の過半数の支持を得ることができなかったのだ。ヒラリーのやり方は、ややイデオロギーにとらわれ過ぎて、柔軟性に欠けていた面があった。

このように、"スーパー・ファーストレディ"と称されたヒラリーの船出は、必ずしもすべてが順調だったわけではない。その上、1994年に発覚した2つの事件が、ヒラリーを揺さぶった。一つは、医療保険改革特別部会の座長時代の株式をめぐるインサイダー取引疑惑で、もう一つは、「ホワイト・ウォーター疑惑」である。後者の問題に関連して、1996年1月26日、ヒラリーは米国史上ファーストレディとして初めて、大陪審に出廷して証言させられている。

このようにいわば、四面楚歌の状態の時に、ヒラリーにとって一服の清涼剤

第4章　ヒラリー・R・クリントン国務長官　97

となったのが，グラミー賞の受賞であった。1997年2月26日，米国音楽界最高の賞である第39回グラミー賞の発表の席で，ヒラリーの作品『村中みんなで』が朗読・非音楽アルバム賞を受賞したのである。これは子供の教育をテーマにした自作の録音版で，受賞会場となったニューヨークのマディソン・スクェアー・ガーデンに駆けつけたヒラリーは，「グラミー賞が私のような音痴にもらえるなんて知らなかった」と，喜びを語った(「ファースト・レディにグラミー賞」『毎日新聞』1997年2月27日，12面)。

その後，1996年の大統領選挙を無事乗り切って2期目に入った大統領夫妻にとって，最大のスキャンダルとして政治生命を脅かしたのが，元ホワイトハウスの実習生，モニカ・ルインスキーとビルとの不倫疑惑とそれにともなう弾劾問題に他ならない。

ヒラリーはこれまで，ことある度に浮上してくるビルの不倫問題について，「私は夫を信じています」「私たちの結婚生活に問題がなかったわけではないが，これを尊敬と愛情で乗り越えてきました」と訴え，夫のビルを助けてきた。今回の疑惑発覚後も，それは「右派の政治的陰謀だ」と反論，これを問題とする共和党側を批判し，一貫して夫を支えてきた。

一般的に国民は，強気な女性よりも，心に傷を負った女性を支持する傾向にあるといわれる。ただ，ヒラリーの場合には，不倫問題では同情を受けないという姿勢を示し，少なくとも表面上は，努めて明るく振る舞い，タフで前向きな姿勢を崩さなかった。もちろん，ヒラリーの本心はうかがい知ることはできないものの，このような気丈夫さがビルを弾劾から救った面があったことも否めない。つまり，ヒラリーの妻としての毅然たる態度が，大統領のビルにとって何にまして「内助の功」となったわけだ。

しかし，当初否定していた不倫の事実が明白となり，ポルノ小説まがいの報告書が国民の前に示された時，けなげにも夫をかばい続けるヒラリーは窮地に立たされるものと見られていた。けれども，実際には逆であった。ヒラリーは各種の世論調査において，過去最高の支持率を得たのである。「皮肉にも，ヒ

ラリー人気上昇に一役買ったのが，クリントン大統領のセックス・スキャンダルだった」，といえる（岡田，1999, p.59）。

『ギャラップ』世論調査によれば，この時のクリントン大統領の職務支持率は63％と高かったものの，好感度の方は46％と低かった。それとは対象的に，ヒラリーの好感度は70％を超え，しかも，夫の不倫疑惑に関する対応は67％が「よくやっている」と評価している（「ヒラリー夫人株」『毎日新聞』1999年1月22日[夕]，2面）。

このような状況の下で行われた1998年の中間選挙で目立ったのが，ヒラリーの健闘である。前回，1994年の中間選挙の時は，ビルが大統領として最後の1週間で17ヵ所を遊説してかけめぐった。結果は，民主党の大敗であり，共和党に連邦議会の両院を奪われてしまった。

しかし今回は，大統領の不倫疑惑を嫌った民主党の候補者たちが多く，ビルへの応援演説の要請も少なかった。夫に代わって活躍したのが，ヒラリーであった。彼女は最後の2週間で，民主党の重要な州であった10州と21ヵ所をかけめぐった。ヒラリーの演じた「耐える女性」の姿勢には，共和党支持者さえ好意を寄せた。ヒラリーは，不倫問題に的を絞った共和党に対して，教育，健康保険，環境問題といった身近な「未来志向的」問題の重要性を国民に訴えたのである。中間選挙での"ヒラリー効果"はことのほか大きく，民主党が勝利する土台となった。

(3) 上院議員・国務長官

ヒラリーは1999年11月23日，ニューヨークで開かれた教員組合集会で，2000年のニューヨーク州選出の上院選挙に関する質問に対して，「答えはイエス。選挙にでるつもりである」と答え，連邦上院選挙への出馬を宣言した。ヒラリーはすでに，夏の段階で事実上の選挙運動を始めていた。しかし，立候補表明は慎重に避けていた。出馬宣言は，夫であるビルへの相談もなしに，しかも大統領の訪欧中に行われることになった。

第4章 ヒラリー・R・クリントン国務長官

　ニューヨーク州に住んだ経験のないヒラリーの上院選挙出馬が取り沙汰されたのは，ちょうど1998年の秋，同区選出の民主党現職議員であるダニエル・モイニハンが引退を表明してからだ。当時はまだ，夫のセックス・スキャンダルに決着がつけられていなかったこともあって，ヒラリーはとり合わなかった。しかし，1998年2月12日，連邦上院でビルの弾劾訴追に，無罪表決が下されてから，彼女は上院選挙に出る戦略を検討し始めたのである。つまり，その決断は，大統領である夫のビルが偽証罪と司法妨害について，有罪判決を紙一重で免れた直後のことであった（シーヒ，2000, pp. 419-420）。

　ニューヨーク州の人口は約1,800万人強，カリフォルニア州に次いでおり，ニューヨークはいつの時代でも，米国を代表し，新しい世界を示してきた州である。ヒラリーが「地盤」のない，ニューヨーク州を上院議員立候補の地として選んだのは，何よりも「米国初の女性大統領」をめざす布陣と見られた。実際，ニューヨーク州は，多くの大統領候補を輩出させてきた政治的にきわめて重要な州であった。

　当然のことながら，夫のビルもまた，ヒラリーの上院選挙への出馬には全面的に賛成し，2000年に入って，ヒラリーのため20回以上にわたって選挙資金集めのパーティに協力，500万ドル（約5億5千万円）以上をかき集めた（「野心家ヒラリーの挑戦」『読売新聞』，2000年11月2日，3面）。

　こうした背景もあって，2000年の大統領選挙の年に，ニューヨーク州の上院選挙が，国民の大きな注目を集めた。5月19日，そのニューヨーク州の選挙戦に異変が起きた。それは，同州の共和党大会で正式候補になっていたジュリアーニ・ニューヨーク市長が，前立腺ガンの治療を理由に，上院選挙への出馬断念を発表したからである。

　ジュリアーニ市長は，本格的な政界進出をはかろうとするヒラリーにとって，あなどれない最強のライバルであった。もちろんヒラリーの方も，8年間にわたるファーストレディとして，圧倒的知名度を誇り，しかも広汎な女性の支持を得ていた。1999年にニューヨーク州からの上院議員選出が取り沙汰された

時点での世論調査では，彼女は68％という高い有権者の支持率を獲得していた。しかし，2000年の初頭，ジュリアーニが立候補の意向を明らかにした時点では，ヒラリーの支持率は40％に落ち込み，これに対して，ジュリアーニの方は47％に達し，いとも簡単にヒラリーのそれをぬいた。

　強力なライバルが去った後に，登場したのが連邦下院議員のリック・ラズィオである。彼は，知名度も政治的実績もなく，若くてハンサムで，テレビ映りが良いこと以外に売るものがなかった。共和党陣営も将来のための立候補であるとみなしていたほどである。ニューヨーク州の上院選挙戦が単なる一上院議員の席をめぐる戦いでありながら，同時に，全国規模の民主党対共和党の戦いのいわばシンボルとして位置づけられたのも事実である。共和党本部のテコ入れが功奏し，ヒラリーが一時ラズィオ候補に水をあけられるや，全国民主党は8月に至り，ヒラリーのためにニューヨーク州党委員会に，300万ドル（約3億2千万円）という破格の政治資金の援助を行った。このように，過去に例を見ない多額の資金援助は，8年間ファースト・レディの地位を占め，選挙戦で貢献したヒラリーに対する，民主党が支払う一種の敬意の気持ちでもあった（シーヒ，2000，「訳者あとがき」，pp.139-140）。

　巻き返しをはかったヒラリーは，公教育の充実などを訴えた結果，支持率が上がりはじめた。選挙戦の終盤に入るや，ヒラリーは，ブルックリンやブロンクスなどニューヨーク市を中心とする遊説日程を組み，黒人ばかりの集まる教会を6ヵ所も回り，民主党の本来の地盤固めの方に重点を置いた。ニューヨーク市は元々，民主党の票田であった。共和党の強い「アップ・スティート」と呼ばれる郊外地域にも頻繁に足を運び，州内62の郡を踏破し，よそ者という批判をはねかえした。その結果，州内の事情にも明るくなり，「知名度頼み」とヒラリーを嫌っていたニューヨーク郊外の富裕な白人女性層の間でも支持を集め，ラズィオと互角の戦いを進めた。

　さらにヒラリー陣営では，11月7日の投票日まで2万5千人のボランティアを動員して，700万人の有権者に電話攻勢をかけて投票を呼びかけた。また，

選挙戦の終わりに地元の『ニューヨーク・タイムズ』紙がヒラリーを「将来性のある，たぐいまれなる才人」と絶賛，ヒラリー支持を明確にしたのも大きな効果があった（「ヒラリー夫人，優位をたもつ」『読売新聞』，2000年10月31日，6面）。

11月5日，選挙の直前に実施された『デイリー・ニュース』紙の世論調査では，ヒラリーが47％対ラズィオ40％と7ポイントの差，また『ニューヨーク・ポスト』紙の世論調査では，ヒラリー49.3％対ラズィオ44.9％と4.4ポイントの差であり，それが上院議員選挙の結果に反映，ヒラリーは晴れて連邦上院議員の議席を手に入れたのである。

よそ者の「落下傘候補」といわれたヒラリーは，緒戦では苦戦をしいられたものの，州内をくまなく廻る遊説作戦が効果をあげ，予想以上の支持を得て大勝利をおさめた。時にヒラリー53歳であった。『ニューヨーク・タイムズ』紙は，「ヒラリー夫人がアーカンソー州，ホワイトハウス時代の倫理的な負の遺産を越えて成長できると信じている」，と結んだ（*The New York Times*, Oct. 22, 2000）。

上院議員時代のヒラリーは軍事委員会に所属，当初米国のイラク進攻には賛成したものの，後に，イラク戦争に反対，撤退を求めるなど，一時矛盾した姿勢をとって非難された。その後，ヒラリーは，上院二期目も連続当選，2008年1月，民主党候補の一人として，大統領選挙予備選挙に出馬した。予備選挙では，民主党主流派として期待を集めたが，反主流派のバラク・オバマの前に惜敗した。本番の選挙では，一転してオバマを応援，初の黒人出身大統領の実現に貢献した。オバマ大統領は，予備選でデットヒートを演じながらも，大統領選で協力を惜しまなかったヒラリーを国務長官に任命した。

2009年1月，国務長官に就任したヒラリーは，第一次オバマ政権の外交責任者として，世界中を駆け巡り，米国外交政策の事実上の最高責任者として役割をこなし，世界平和の実現に取り組んだ。特に，国務長官時代のヒラリーは，オバマ大統領指示の下で，「アジア軸足戦略」——リバランス政策を促進，台頭する中国などに強い態度で臨み，米国を「大国」として位置づける政策を展開

した。結局，ヒラリーは4年間にわたり，国務長官として，オバマ大統領に仕えた。そして2013年1月，ヒラリーは国務長官の職を辞した。

国務長官時代のヒラリー外交には，3つの特色がある。一つは「アフガン・パキスタンへの対応」，2つ目は「対アラブの外交」，そして3つ目は「中国への対応」である。

ヒラリーは，大統領夫人の時代から，タリバンの無害化＝承認が可能であるのか，クリントン大統領と検討，最終的に断念した。アフリカでの米大使館連続爆破テロの攻撃を受ける中で，対アルカイダへの空爆を実施，アルカイダの反米運動との戦いを続行した。「9.11」以後は，パキスタンのムシャラフ政権を支え，ブッシュ Jr. 大統領がアフガニスタンでタリバンと戦った時には，上院軍事委員会の一員として戦地を視察，対パキスタン外交を担当した。また国務長官として，2011年のオサマ・ビンラディンの所在把握から殺害までの「オペレーション」の責任の一端も担った（冷泉彰彦，2012, pp. 192-193）。

いわゆる「アラブの春」の行方は不透明で，エジプトやリビアが安定するのは不確定であった。当時，ムバラクやカダフィが親米国寄りだとしても，民衆の支持を失った独裁者を米国がいつまでも支えることは困難であった。オバマ大統領が決断して「アラブの春」を支持，そしてヒラリーは外交工作でその判断を支えた（同上，p. 193）。

オバマ大統領は「米国の軍事的関心はアジア・大平洋にある」と宣言，これをヒラリーが外交面で，パネッタ国防長官が軍事面で堅持した。ヒラリー国務長官は「米国の太平洋世紀」論文（『フォーリンポリシー』2011年11月号）でこれを理論的に補強するなど，アジア・太平洋地域の安全保障に積極的に関与，この地域で台頭する中国へ強い態度で臨んだ。

また，ミャンマーの軍事政権を軟化，アウン・サン・スー・チーの解放と自由な選挙の実施，西側諸国との和解の流れをつくったのもヒラリー外交の一環であった（同上，pp. 193-194）。

ヒラリーは翌2014年，回顧録『困難な選択』（*Hard Choices*）を出版した。内

容は大統領選を睨んだ"イメージ戦略"であり，その中で，オバマ大統領との意見の相違も強調している。現在，ヒラリーは2016年の民主党の有力な大統領候補者として，再び注目を集めている。2015年6月13日，ニューヨーク市での集会において，ヒラリーは，経済・家族・安全保障・政治制度改革を「四つの戦い」と位置づけた構想を提示した（『毎日新聞』2015年6月16日）。現時点（2016年1月10日）で，ヒラリーは民主党内で大統領候補者として先頭を走っており，世論調査でも第1位（53.8％）を堅持している（『読売新聞』2016年1月4日）。

4. おわりに

　政治評論家の櫻井よしこは，ゲイル・シーヒ著『ヒラリーとビルの物語』を翻訳し終えた後，訳者あとがきの中で，次のように同性のヒラリーについて言及している。

「ヒラリーの足跡を辿り，多くの容易でない選択を重ねてきた彼女の心の中を思う時，同じ女性として深い共感と同時に，反発も感じるのだ。夫に裏切られた彼女の心を想像する時，愛を失った痛みと悲しみは，わがことのように哀切に受けとめざるを得ない。しかし，その一つひとつを乗り越え，再びビルとの相互協力関係に戻っていく彼女の，烈しい，第三者や政敵に対する憎悪と，この上なく明晰な頭脳から編み出される悪巧みともいえる周到な戦略戦術を見る時，私の心には疑問が生じる。この計算はいかにして可能なのか，と。彼女は誰かを，本当に愛しているのだろうか，と。彼女の心の中にあるのは，彼女自身の野望だけか，と。

　恐らく，そうではないだろう。熱い思いと愛とともに，彼女の心の中には，常人を凌ぐ社会への関心と使命感があるのだ。自分がこの国の役に立たずにはおかないという自己に課した使命感である。そのためにこそ権力が必要なのだ。権力を手にしてこそ合衆国のために，そして世界のために，何かをやり遂げる

ことができるという考えかたである」(シーヒ, 2000「訳者あとがき」, pp. 442-443)。

　ヒラリーは, これまで常に「使命感」に満ちた人であった。熱狂的な彼女の支持者たちからは「聖女」とあがめられ, 一方, 政敵たちからは「マクベス夫人」とののしられた。一体どちらが, 本当のヒラリーの姿なのであろうか。重要なことは, この2つの資質は, おなじコインの表と裏であるということだ。つまり, ヒラリーは, 正しいと信じたことを断固として進めていく情熱の人であって, 時として他人の思惑などに鈍感になりがちで, ともすればゴリ押し的で強引になる。このような彼女の一見矛盾する性格と行動を理解するキーワードが, あるいは宗教的・道徳的信念に根ざした「使命感」なのかも知れない。

　ヒラリーは政策的には, 正統派リベラルそのものである。しかし, 生活信条はいたって保守的である。セックスは大人になるまで待つべきだと考えているし, 夫婦は子供のために軽々しく離婚すべきでないと思っている。そこには, 彼女の信仰するメソジスト派の信条が根底にあるものと推測される。実際, ヒラリーは, 子供の時から「聖書の言葉を聴くだけでなく, 実行する人であれというメソジスト派の教えを徹底的に叩き込まれた」(「大統領夫人, 闘い続けるヒラリーは使命感の人」『ニューズ・ウィーク日本語版』, 1996年1月24日号, p.46)。

　いずれにせよ, ヒラリーは多くの場面で耐え抜いてきた。しかも, その過程で, 自分自身の不運をなげくよりも, 自分に与えられた恵みを感謝することを学び, 妥協することも学んだのだ。政治は好きになれないが, 国家の大義のためにはやらざるを得ないのだと。実際, ヒラリーは学生時代に,「政治の世界で何かを実現するためには, 勝たねばだめよ」と, 友人に語っている(同上, p.49)。

　ヒラリーがこれから実践しようとしていることは, 長く米国の歴史に残るであろう。何故なら, ヒラリーは, 女性の有する可能性について, これまでの観念を根本的に変えたからだ。つまり, 彼女は強くて自立していて, 言い訳をせず, はっきりと自分を主張する。また, 結婚においても, 個人的にも職業の上

でも、ヒラリーは夫であるビルと対等のパートナーである。彼女は夫と同様の学歴をもち、夫と同様に自立したキャリアをもっている。また、夫の助言者たちと同じく政治的に直接行動を体験して、夫とともにホワイトハウスにまで上りつめ、そして今度は、自らの力で（？）上院議員として政治家の道を歩み、2008年には、大統領の座を狙った。まさにヒラリーの行動は、新しい女性の地位を代表するもので、その意味で彼女の立場は、21世紀の「新しい女性像」を象徴しているといっても、あながち過言でなかろう。

ヒラリーの人物像については、これまでいろいろな意見が寄せられた。例えば、かつて側近の一人であった、政治評論家のディック・モリスは、彼女の欠点について、次のように述べる。「ずけずけ発言する性格、過度の女性の権利の主張、夫に距離をおきながら利用する（便宜的結婚）、過去の疑惑や発言、多くの政敵、政治家としての経験不足、クリントの妻としてのマイナス・イメージ」。しかし一方で、夫のビルの方は「これほどの知性、勇気、思いやり、統率力を持ち合わせた人物を知らない」、と妻のヒラリーを絶賛している（「野心家ヒラリーの挑戦」『読売新聞』、2000年11月2日、3面）。これらの評価は、それぞれ正しいと思う。何故なら、人間は常に2つの側面を持ち合わせているからだ。要は、その人物のどの側面を評価するかであろう。

ヒラリーは、2008年の大統領選挙戦の初期段階では、高い知名度を利用して優位な中で戦いを進めた。だが、民主党の予備選挙が始まるや、有権者の中には政治の表舞台に出ずっぱりの彼女に対して、強い「ヒラリー・アレルギー」が見られ、苦杯を喫した。大統領選挙に出馬したヒラリーに対し有権者たちは、彼女の立場を古い民主党の"エスタブリッシュメント"＝体制派だと決めつけ、新たに「黒人」で変化を唱える草の根の若者代表としてオバマの方を選んだのだ。残念ながら、大統領の地位は逃がしたものの、ヒラリーは、オバマ政権下では、請われて国務長官に就任、世界を駆け巡って米国外交の最前線で活躍した。そして、現在、民主党の大統領候補者として、2016年の大統領当選をめざして活動している。再度大統領に挑戦するヒラリーのスピリッツと行動に世

界中の人々が注目している。

参考文献

ジュデス・ウァーナー著，河合伸訳『ヒラリー・クリントン ― 最強のファースト・レディ』朝日新聞社，1993 年．

鈴木美勝「クリントン大統領とヒラリー補佐官」『文藝春秋』1993 年 1 月号．

ケネス・ウッドワード「信仰 ― ヒラリーの支え」『ニューズ・ウィーク日本版』1994 年 11 月 9 日号．

スティーブン・ウォルドマン，ボブ・コーン「チャンスをつぶした大統領夫妻 ― 医療改革」『ニューズ・ウィーク日本版』1994 年 10 月 5 日号．

リチャード・コーザ著，鳥居千代香訳『ヒラリー・クリントン ― 素顔のファースト・レディ』東洋書林，1999 年．

岡田光世「2000 年に出馬を噂される二女性の前評判」『世界週報』1999 年 3 月 2 日号．

R. P. Watoson, *The Presidents Wives-Reassessing the Office of First Lady*, Lynne Rierner Pub., 2000.

ゲイル・シーヒ著，櫻井よしこ訳『ヒラリーとビルの物語』飛鳥新社，2000 年．

櫻井よしこ「4 年後ヒラリーが大統領に当選する姿が見える」『週刊ダイヤモンド』2000 年 11 月 8 日号．

辻秀夫「変わりつつあるアメリカの女性 ― ヒラリー・クリントンの場合」『よみがえる』2001 年 1 月号．

名越健朗「4 年後をめざすヒラリー ― その成果と野望」『世界週報』2001 年 2 月 6 日号．

冷泉彰彦『チェンジどこへ消えたか』阪急コミニュケーションズ，2012 年．

『毎日新聞』1997 年 2 月 27 日，1999 年 1 月 22 日〔夕〕，2015 年 6 月 16 日．

『読売新聞』2000 年 10 月 31 日，2000 年 11 月 2 日，2016 年 1 月 4 日．

『東京新聞』2000 年 1 月 7 日．

The New York Times, Oct., 22, 2000.

第5章
カーラ・アンダーソン・ヒルズ
米通商代表部代表

(1934年1月3日〜)
The Library of Congress

1. はじめに

　カーラ・アンダーソン・ヒルズ(Carla Anderson Hills)は，日本では1980年代の後半ブッシュ政権下，通商代表部代表(USTR)として，日米間の貿易不均衡を是正すべく，スーパー301条を武器に日本と貿易交渉を行った「タフ・ネゴシエーター」として知られている。軍事的・政治的同盟国として，日本との関係を維持しながら，粘り強く日本側と交渉を続けたヒルズは，当時のことを記憶している政治家・経済人にとっては今日なお，忘れ難い名前であろう。

　ヒルズは，男性が支配的な米国の法律，経済，政治の場において男性と対等にやりあってきた。彼女自身，女性という部分をどのような意味でも強調しようとはしなかった。そうしたことから，英国の元首相で「鉄の女」と呼ばれたマーガレット・サッチャーを思わせる雰囲気がある。しかし，結婚をせず家族も持たず，仕事一筋できたというわけではない。彼女は比較的早く結婚し，重責にありながら4人の子どもを育て，米国の模範的な家族を体現してきた。まだ女性の社会進出への道が閉ざされていたこの時代，仕事では男性と同じように活躍しながら，家庭では保守層が求める妻と母像を演じたカーラは，ある意味でまさに"スーパー・ウーマン"といえるだろう。

2. カーラの経歴

(1) 生い立ち

　父方アンダーソン家のルーツは，スウェーデンとドイツにある。父カール・アンダーソンは，ミズーリ州で生まれた。幼い時に母親を亡くし，家族の愛情にも恵まれず，貧しい幼年時代を過ごしてきた。成人になる直前に，ミズーリ州を離れて初めて西海岸にやってきた。そこで多くのことを独学で学び，自らビジネスを興し，建設資材の販売業で成功をおさめた。父親は生粋のたたき上げであった。

一方，母親のルーツはイングランドとスコットランドにあり，母型の祖父は英国から初め東海岸のメーン州に移住し，後にサンフランシスコに移り，鮭缶を扱うビジネスで成功した。2人はロサンゼルスで巡り合い結婚し，2人の子供に恵まれた。

　カーラは1934年1月3日，カリフォルニア州のロサンゼルスで生まれた。彼女は，小さい頃から活発で男の子っぽく「お転婆娘」とあだ名をつけられたほどだった。当時家族は，ビバリーヒルズに住み，私立の学校に通う恵まれた環境のもとで育った。彼女が12歳の時，アレクサンダー・ハミルトンの伝記を読み，影響を受け，法律の専門家になることを夢見た。彼女はこう語っている。「法律は私にとって可能性を意味している。ハミルトンのような人を見てごらんなさい。米国の歴史に貢献した者の多くは，法律を扱う仕事の中で訓練されてきた」(Louis Uchitelle, "A Crowbar for CARLA HILLS", June 10, 1990 in *The New York Times*)。

　カーラは，その後も法律の道に進む夢を持ち続け，大学進学の年齢に達すると，東海岸にあるハーバード大学に属するラドクリフ女子大学に進学することを希望した。だが，たたきあげの父親は，これに反対した。2人の子供たちには自分の後を継いでくれるようビジネスの世界に進むことを望んでいたのである。東海岸と西海岸を結ぶ交通機関がそれほど発達していなかったこの時代，父は娘の希望を認めず，東海岸に行くのであれば授業料は出さない，と突き放した。父は，愛する娘を手放したくなかった。結局，カーラは東海岸の大学に進学することをあきらめ，カリフォルニア州のスタンフォード大学に進学することになった(カーラの経歴については，http://biography.yourdictionary.com/carla-anderson-hills 並びに「私の履歴書」(『日本経済新聞』2013年3月)を参照。以下特別な場合を除き上記の文献以外のものだけを注記する)。

(2) 学生生活

　スタンフォード大学では，カーラは歴史と経済を専攻した。大学では，学問

ばかりではなく，ハイスクールから続けてきたテニスを続け，「スタンフォード女性テニスチーム」を結成し，キャプテンとしても活躍した。実力は相当なもので，全米ランキング8位という，輝かしい成果を残している。またスタンフォードでは，生涯の伴侶となる当時法科大学院にいたロデリック・ヒルズ (Roderick M. Hills) と出会った。ロデリックは後にフォード政権時代，証券取引員会 (SEC) の委員長を務め，日本ではロッキード事件の行方を左右する人物として知られている。日本とのかかわりは，カーラよりも古い。

カーラは途中，聖ヒルダのカレッジ (オックスフォード大学) に留学，1年間海外で過ごした後，彼女の小さいころのからの夢であった法律家になるために，法科大学院への進学を決意する。当時スタンフォードは「3・3年制」というものがあり，3年間学部で勉強し，その後法科大学院で3年間学ぶことによって，学部の卒業と法科大学院の学位を得る仕組みがあった。このときカーラは，法学部長からエール大学の法科大学院 (Yale Law School) を進められ，東海岸に行くことを決意する。大学進学時にあれほど反対だった父も，エール大学に進んだ娘が自慢の種になり，経済的に支援するようになった。

エール大学は当時まだ女性に門戸が開かれていなかった。だが，大学院だけは入学可能だった。しかし，その数はまだ圧倒的に少なかった。この後しだいに各大学も共学となって女子を受け入れるようになるものの，戦後，1970年代を迎えるまで，社会における女性の社会進出の道は簡単なものではなく，大学ですらこの有様であった。カーラはその意味で女性が米国社会で活躍する第一陣だったともいえる。

3. 西海岸で法律家として活躍

1962年，夫ロデリックはロサンゼルスで新しい法律事務所を設立した。カーラは当時ロサンゼルスで連邦地方検事補の職にあったが，これに加わり，反トラスト問題を取り扱っていた。1963年には「連邦法曹協会」のロサンゼル

ス支部長(president of the Los Angeles chapter of the American Bar Association)になり，さらには1964年に「女性弁護士協会(the National Association of Women Lawyers)」の理事長にも就任した。この間，カーラは，『連邦民事訴訟と反トラストの指南』など3冊の本を出版している。1972年には，大学の法学部長から請われてカリフォルニア大学ロサンゼルス校(UCLA)の独占禁止法を教える教員となり，二足のわらじを履くことになった。加えてロサンゼルスでのこれらの年の間に，4人の子供たちを生み育てており，この時代極めて多忙な日々を過ごした。

4. 中央政界へのデビュー

(1) 西海岸から東海岸へ

　カーラの活躍は，さらに全国区へ拡大していく。1973年カーラの下に一本の電話が入る。電話はニクソン政権の司法長官だったエリオット・リチャードソンからであった。リチャードソンは，カーラに目を付け，司法省民事局担当の司法次官補になる気はないか，と打診してきたのである。カーラは夫と法律事務所の仲間たちと相談し，これを引き受けることを決断した。ところが，ウォーターゲート事件の捜査のためリチャードソンが指名したアーチボルド・コックス特別検査官をニクソン大統領が電撃的に解任させ，それに抗議したリチャードソンが辞職をするという，いわゆる「土曜日の夜の大虐殺(Saturday Night Massacre)」と呼ばれる事件が起きた。カーラのワシントン行きは消えかけたかに見えた。だが，リチャードソンの後の臨時代理として職に就いた訟務長官のロバート・ボークは，予定どおり司法省の次官補として赴任してほしいと改めて依頼した。カーラは，ボークの熱心さに打たれ受諾を決断する。1974年3月，連邦議会での承認のための公聴会を経て，カーラは正式に司法次官補に就任した。

(2) 住宅都市開発省長官

　そして 1975 年 2 月、ジェラルド・フォード大統領の屋台骨を支える、当時首席補佐官だったドナルド・ラムズフェルトから電話で呼び出された。今度は、「住宅都市開発省長官(Secretary of Housing and Urban Development, HUD)」になってほしいというのである。そのままラムズフェルトに大統領執務室にまで連れていかれフォード大統領からも直接熱心に口説かれた。当時司法省にあってカーラは、「レッドライニング・ケース」問題という厄介な問題を抱えていた。「レッドライニング・ケース」とは、人種の構成などに基づいて特定の地域を地図上、赤い線で囲み、その線内に銀行・保険などのサービス提供が制限されるという問題で、特に住宅ローンの問題は深刻になっていた。カーラは、自分は引き続き法務省で働きたいという願望を伝えたものの、フォード大統領は譲らなかった。「HUD は有能なマネージャーを必要としている。君にこそ働いてもらいたい」という大統領の言葉に、断る理由はなかった。

　だが、連邦議会の承認審議では、民主党議員から、彼女が住宅都市関係の実務経歴がないとして「就任の資格がない」とこきおろされた。夫人団体の一部からは、「これで女性が失敗すると、後の人事に影響が出る」といった懸念の声も上がった。また、連邦政府の都市政策に大きな影響を持つ全米市長会の関係者も、女性長官指名に不信を表明した。不況の影響を直接受けていた住宅産業会は実務型の大物長官の起用を望んでいたのである。女性であり、この時まだ 41 歳、しかも閣僚初体験のカーラは軽く見られたのであろう。しかし、ヒルズは指名を受けるや否や「私が住宅・都市開発省長官の資格があるかないか、議会は十分に審議して欲しい」と挑戦的に語り、結局上院で 85 対 5 という圧倒的多数で承認された(『世界週報』1975 年 4 月 8 日号)。

　こうして、米国史上 3 人目の女性閣僚、かつ初めての住宅都市開発省長官が誕生したのである。だが、すぐに大統領の「有能なマネージャーを必要としている」という言葉が単なる口説き文句でないことがわかる。その前年の夏、フォード大統領は低所得者向けに住宅取得を支援する「1974 年住宅・コミュニ

ティ開発法」を成立させていた。しかし，この法律に関する具体的な規則や条例について何ら決まっておらず，実際には何も動いていなかったのである。カーラは腹をくくり，公聴会では「この法律に基づく住宅は一戸もない」と包み隠さず宣言すると，議場は怒号の嵐になった。しかし，その後続けて「来年には 50 万戸供給することをお約束します」と，きっぱり発言して議場を沈黙させた。カーラは現状を隠さず明らかにし，できうる計画を早急に立て，カーラが人選したスタッフとともに，全力でその目標実現に尽力した。こうしてしだいに周囲の信頼を勝ち取り，議会との関係も改善されていくことになった。

またカーラは，「HUD の有能マネージャー」としてのみならず，フォード内閣の閣僚の一員として財政面の問題も十分に自覚していた。彼女は，郊外を開発するよりも，都市の再生に期待を寄せた。国家財政に赤字を出すことを避けるために，政府の支出を最小限に抑えようと努力したのである。そのために，彼女のやり方は多くの市長や都市計画プランナーと衝突することにもなった。だが，財政面から大規模な新公共事業を抑えようとする彼女の姿勢はぶれることはなかった。

(3) 民間人として

1977 年 1 月ジミー・カーター新政権の発足をもってカーラは住宅都市開発省長官の職を辞した。カーラは最高裁判事候補，副大統領候補になるのではないかとメディアで取りざたされた。共和党関係者からは，カリフォルニア州知事に立候補の打診を受けた。だが，カーラはすでにワシントンでの生活基盤ができ，子供たちのことも考え引き受けなかった。カリフォルニアの法律事務所でいっしょに働いてきた仲間とも別れ，ワシントンに新たな法律事務所を開設した。

またこの間，彼女は，シェブロン，IBM とアメリカン航空を含むいくつかの会社の取締役に就任した。また，「三極委員会(the Trilateral Commission)（北アメリカ，ヨーロッパ，日本の政界，財界，労働界，学界の協力を促進する委員会」

と「政府と高等教育に関するスローン委員会(the Sloan Commission on Government and Higher Education)」にも名を連ねた。さらには，南カリフォルニア大学，スタンフォード大学，そして，エールのロースクールとプリンストンのウッドロー・ウィルソン国内・国際問題大学院などで教育機関の評議会メンバーとしても働いた。

民主党のカーター政権から共和党のレーガン政権に代わっても，ヒルズは，公職には就かなかった。その代わりに，彼女は，ロナルド・レーガン大統領の国内政策に対して辛らつな批判をしていたワシントン・シンクタンクで知られていた「都市問題研究所(the Urban Institute)」に務めたり，また「法の下の公民権(Civil Rights Under the Law)」の弁護士委員会のメンバーとなったり，比較的リベラルな組織に名を連ねた。その他にも「省エネルギー連盟(the Alliance To Save Energy)」の共同議長，そして，「米国エンタープライズ研究所(the American Enterprise Institute)」の法律立案の評議協議会の副委員長などを兼任した。女性の元閣僚というネームバリューは，多くの組織が利用したい，と考えていたことであろう。その結果，彼女は多くの肩書きを持つことになった。

5. 通商代表部代表

(1) ブッシュ政権の通商代表部代表

カーラはこうした期間を経て，再び中央に呼び戻されるのは，1988年11月末共和党のジョージ・H・W・ブッシュが大統領選に勝利した時のことである。カーラは「通商代表部(U. S. trade representative, USTR)」代表の就任を要請されたのである。

大統領候補は人材を集めるために党内ばかりか，さまざまなコネクションを通じて人材を集めてくる。たとえば，地元の関連，関係する企業，出身校などから引っ張ってくるのである。それに加えて，論功行賞，党内派閥，選挙公約，利益集団の圧力などの力関係も重要なファクターとなる。前大統領レーガンは

第 5 章　カーラ・アンダーソン・ヒルズ米通商代表部代表　　115

カリフォルニア州知事であり，カリフォルニア・マフィア（集団）を引き連れてホワイトハウスに乗り込んできた。それに対して，新大統領ブッシュは，地元のテキサスの人間も連れてきたが，財務省官や商務長官はレーガン政権から引き継ぐなど，各分野の実務に精通した者を起用した。女性起用という公約もあったものの，カーラの起用は決してよく日本でいわれるような「客寄せパンダ」ではなかった。とりわけ通商代表部は，国家安全保障会議（NSC）や中央情報局（CIA）と並んで大統領直轄の行政機関であり，きわめて重要なポストであり，彼女の起用はその成果を期待されてのものであった。『ニューヨーク・タイムズ』は，「56 歳のカリフォルニア弁護士は，今日，世界で最も厄介な政治的および経済的な問題の中に無理やり押し込まれた」(Uchitella, op. cit.)，と書くほどこの時には難しいポジションでもあった。

　カーラが USTR の代表に就任させることには素早く抗議の声があがった。それは，民主党からの批判ではなく，保守派からの批判であった。財界指導者の組織「ビジネス・インダストリアル・カウンシル（産業評議会）」（BIC）は，ヒルズ一家が外国企業，外国政府の代理人としてロビー活動を行っていたと指摘し，それを問題にしたのだ。当時ヒルズは，さまざまな企業の重役を兼ねていた。だが，特に問題視されたのは，韓国財閥系の企業「大宇グループ」との絡みである。「大宇」は 1984 年 3 月にヒルズの顧客となった。ヒルズが共同経営していた「ウェイル・ゴッシャル・マンゲス」法律事務所は，「大宇」の外国代理人として登録，ロビー活動をしていた。同事務所は鉄鋼製品，カラーテレビのダンピング問題などに関する民事，刑事訴訟を取り扱い，報酬を受けていた。事務所は他にも，カナダの木材輸出会社，アルゼンチンの中央銀行，フランスのウラニウム採掘会社，日本の松下電器（当時）など多数の顧客を抱えていた。ヒルズ自身はこれらの代理人になっていない。しかし，夫ロデリックや弁護士を始めていた娘のローラは他にも外国企業の多くの代理人となっていた。夫ロデリックは，日本絡みでは「伊藤忠」の登録外国代理人，娘の事務所は日立製作所やソニーなどのロビー活動を請け負っていた。しかし，ヒルズは USTR

の代表に指名された際，上院財政委員会の公聴会で「私も夫も過去の一切の通商取引から手を引いた」と断言し，こうした批判を一蹴した(篠田，1989, pp. 205-208)。

(2) 日本との経済摩擦

　通商代表部について補足しておくと，1963年に創設され，1974年に法律的に位置づけられ，しだいにその権限は大きくなり，通商政策全般に関わるようになった。各種国際機関の米国代表として出席したり，不公正貿易に対する調査・勧告を行い，「外国貿易障壁報告書」を議会に提出したりするなど重要な役割を担うようになっていった。米ソ冷戦もしだいに雪解けの音が聞こえ始め，それに代わって貿易赤字の問題がクローズアップされる中で，ブッシュ政権にとって通商代表部代表はきわめて重要なポストだった。

　通商代表部代表に誰がなるのか，国外でもっとも注視していたのは日本であろう。というのもこのころ米国にとって日米貿易摩擦がもっとも大きな政治・経済的問題になっていたからである。就任前年の1987年7月1日，7人の米連邦下院議員がハンマーを振り上げて机の上に並べた日本製の家電を叩き壊すという派手なパフォーマンスが日米両国のテレビ画像に流れた。日本の不公平な貿易慣行によって日本の商品が米国市場を席巻していると見なし，このような行為にでたのである。

　事実，カーラの通商代表部代表就任の決定を公式発表前にいち早く報道したのは，米紙ではなく日本の日刊紙『日本経済新聞』であった。カーラはどこから漏れたのか不思議だと述べている。世界第2の経済大国になった日本のマスメディアにとってUSTRの代表が誰になるのかということは特別な関心事であったことは当然であろう。

　さて日本は，この問題に対して，「対米乗用車輸出自主規制」によって乗り切ろうとしていた。しかし，カーラの貿易に対する考えは，自由に公正に競争できることこそが社会を発展させるとして「自由貿易」が最善ものと考えてお

り、これを認めるわけにはいかなかった。松永信雄駐米大使に、カーラはこう述べる。「われわれはそういう自主規制は信奉していません。あなた方は望むだけ輸出してください。われわれも同じように輸出します」。米国国内にも規制によって危機を乗り切ろうとするクライスラー会長アイアコッカのような人物もいたが、しかし、カーラはこうした制度が米国の自動車産業を甘やかし競争力を失うことに繋がったと手厳しく批判した。レーガン大統領に日本車の規制を求める書簡に対して、大統領に「アイアコッカの進言は間違っており、むしろ、逆効果だ」と全く逆の進言をした。カーラは国内に対しても保護主義的なやり方には反対であった。

(3) スーパー301条

　日米貿易摩擦問題において、米国側が持っていた武器は強力なものであった。その一つがいわゆる「包括通商法スーパー301条」である。そして交渉の場として設けられたのが「日米構造協議(Structural Impediments Initiative, SII)」であった。

　前者のスーパー301条とは、1974年に定められた通商法301条を強化するものとして、カーラが代表に就任する前の1988年に議会で成立した。不公正な貿易慣行、過剰な関税障壁を有する国をUSTRが特定し、撤廃を求めて交渉し、それによって改善が見られない場合に、その国からの輸入品に対する関税を引き上げるなどの報復措置を取るという強硬なものであった。つまり不公正貿易国の行為の特定・制裁を目的としたのが「包括通商法スーパー301条」なのである。

　後者の「日米構造協議」は、スーパー301条が直接的に個別の貿易品を標的にしていたのに対して、日本の構造そのものを変えることを目的とした二国間協議で、いわば日本改造計画と呼べるようなものであった。やや大げさに言えば、黒船来航、マッカーサーによる占領政策、そして日米構造協議と連なる、力によるアメリカの日本改造計画といえるものであった。1989年から1990年

までの間に計5回開催され，1993年に「日米包括経済協議」と名称を変え，1994年からはじまる，今日でもしばしば批判的に取りあげられる「年次改革要望書」へと繋がっていく。

　米ソ冷戦が終わり，米国において次の敵は日本と見なされ始めた頃，日米経済戦争の米側の大将としてカーラは，ブッシュから指名された。上院財政委員会のカーラの代表就任のための上院の承認公聴会では，対日通商問題に質問が集中し，「年間500億ドルを超す貿易赤字を抱えていた日本の市場開放をどのように進めるつもりか」繰り返し質問を受けた。これに対してカーラは，「必要があればカナテコを使っても我々は市場を開放させる。しかし，可能であれば握手もする」と言い切った。承認公聴会は「カナテコ」という比喩を使って決意を表明したカーラの姿勢に好感を示し，上院本会議でUSTR代表就任を正式に承認した。宣誓式でカーラは，「必要な事態になれば301条を使うだろう」と宣言した。

　就任後も米議会のカーラに対する圧力は強まる一方だった。スーパー301条の生みの親であるジョン・ダンフォース上院議員は上院財政委員会でカーラに「如何なる理由があっても，日本に適用しなければ，通商法そのものに反することになる」と警告した。米国半導体工業界もカーラにスーパー301条の適用を迫った。著名な学者までも「マネージ・トレード（管理貿易）」の導入を促していた。こうした圧力に押されて，1989年5月25日，カーラは包括通商法スーパー301条に基づき，不公正貿易国として日本を特定することを決断する。不公正貿易行為として，スーパーコンピューター，衛星，木材製品の3項目を調査・交渉対象品目に決定した。ただし，カーラは日本だけを対象にするのを避けるために，合わせて知的財産権の分野で規制の強かったブラジルと外国投資規制が目立つインドもその対象リストに加えた。おそらく，日本との交渉の際にあくまでも日本たたきではないということを示すためのものだったのであろう。

(4) 日米構造協議

　スーパー301条が発動された後の1989年7月14日，日米首脳会談の席上，ジョージ・H・W・ブッシュ大統領が宇野宗佑総理大臣に提案し，日米間の貿易不均衡を是正するために両国が抱える構造的問題を話し合う日米構造協議を始めることで合意した。期間は1年，次年度の春には中間報告を出すことが確認された。スーパー301条に比べて，交渉が相互主義的なものであり，即座に数字として結果を残せるようなものではないことから，日本では外交的な衝突は和らぐと考えられた。米国側の言い分は，次のようなものである。プラザ合意以降の円高ドル安の中にあってもなお米国の対日赤字が膨らんでいる。その要因は，米側にあるのではなく，日本の市場の非関税障壁にある。為替を調整しても貿易赤字が変わらないのは，日本の経済構造の閉鎖性にあるというものであった。日本側は，米国の低い貯蓄率と財政赤字が貿易収支是正への障壁となっていると指摘した。

　1989年9月4日，日米構造協議の初めての会合が東京の外務省で開催された。双方は日本の輸入拡大策と米国の輸出振興策を検討するプロジェクトを立ち上げることに合意した。協議は，形式的には日米双方が相手国の構造問題を指摘し合い，自主的に改善を行うということになっていたが，実際には米国の日本に対して改革を迫るものであった。翌年の春米国側は日本に対して270項目もの細かい具体的な政策変更を要求し，日本側を驚かせた。マスメディアは「日本を作り替えようとしている」と書き立てた。

6. カーラの訪日

(1) 来日前の記者会見

　カーラは日米構造協議の初めての会合の1ヵ月後USTR代表として日本を訪れることになる。ブッシュ大統領は，話し合いは弱腰すぎるのではないかという国内の声に応えるために，来日前カーラに具体性と実現の期日を明確にさ

せるよう強く求めたことは言うまでもない。

　来日前、ヒルズはワシントンで記者会見を行い、ここで訪日の目的を述べるととともに、日本の流通システム、大店法、価格機構、土地政策、非競争的な慣行これら貿易の妨げになるものすべてが議論の対象になるとし、これはあくまでも経済政策の問題で、文化レベルの問題ではない、それゆえ政府として対応できるものだ、と問題を文化論にすり替えられないようにくぎを刺した。文化の違いの問題に還元されてしまうと、論理的に有利に立つことが出来ず議論は平行線に終わってしまうことをカーラはよく知っていたのである。そして、これは日本の消費者にとっても貿易の自由化によって恩恵を得るものが多いはずだと、日本側にもメリットがある点を強調した上で、トイザイラスが日本に出店するのに非常に時間がかかるのに対して、コロンビア映画会社を買収したソニーが米国で玩具店を開くのにそう時間はかからない。もし盛田氏が米国で玩具店を開くのに二年間待てといったら怒るでしょう、と機先を制した(『朝日新聞』1989年10月5日)。

(2) 日本の政治家との会談

　カーラは、10月12日ソウル発の日航機で成田に到着した。日本の保守政治家との話し合いは、実質2日半という短い日程であったがカーラは非常に精力的に動き、多くの日本の関係閣僚、自民党首脳などと相次いで会談した。最初の原田昇左右建設相との話し合いでは、談合防止の5項目を迫り、公正取引員会の梅沢節男委員長に対しては独占禁止法の強化を求め、松永光通産相とは、行動計画の作成を求め、問題になっている大店法(大規模小売店舗法)の問題について話し合いが行われた。大石千八郵政相とは、スーパー301条の対象になっている人工衛星の政府調達問題について話し合いがなされ、日米専門家による会合を開くことを提案した。

　他にも海部俊樹首相、中山太郎外相、小沢一郎自民党幹事長、土井たか子社会党委員長、斎藤英三郎経団連会長、石原俊経済同友会代表幹事などとも相次

いで会談した。さんざんアメリカ国内で男性議員たちを相手にやってきたカーラにとってみれば，日本の保守政治家たちは，手ごわい交渉相手とは映らなかったであろう。日本側にとってみれば，スーパー301条，日米構造協議という武器を隠し持っているとあれば，いかに相手を怒らせないで被害を最小限にとどめられるかというところに眼目があったにちがいない。

(3) 日本記者クラブで

カーラはまた，会談の合間に240名も報道陣が駆け付けた日本記者クラブで講演・会見をこなしている。カーラは，日本の市場の閉鎖性をいきなり持ち出すのではなく，ソニーのウォークマンの米国市場での成功例を取りあげる。ソニーが成功した理由についてこう述べる。「海外市場で，自由かつ公正に競争することができました。そのような市場がなかったら，ウォークマンは忘却の彼方に消え去ったでしょう」。そしてさらに市場の開放が日本消費者にとってもプラスであることを強調し，「本日私がここで申しあげたいことは，はっきりしています。政府，民間を問わず，反競争的な慣行はわれわれの求めている世界，また日本に繁栄をもたらした世界に逆行するものだということです。米国の通商政策は，国の内外を問わず自由に競争できる市場を築くことを目指しています」と述べた。そして自由競争が，必ずしも米国の企業が勝つことにならない点を指摘し，「米製であれ，韓国製であれ，ヨーロッパ製であれ，外国の木材や法務サービスや人工衛星やスーパーコンピューターやその他の製品が最高であり，品質・価格面で優れていれば，それを買いなさい，と言いたいと思います」と述べた。カーラは，交渉相手を説得させるために，自由貿易がすべての国にとってプラスになることを強調することによって，交渉が一方的な圧力ではないことを示そうとしたのである（『日本記者クラブ会報』〔第43号〕1989年12月15日）。

(4) カーラ来日の歴史的意味

　カーラの訪日を日本の新聞社は，どの紙面も一面で報じた。「大店法を強く批判，改善要求会見で表明」「建設開放まず協議」「独禁法強化迫る」「談合防止へ五項目要求」「米国ペースに日本苦慮」など毎日のように米国側の攻勢を報じた。こうした記事を読んだ日本側にとっては，まさに黒船来航，カナテコで日本の閉鎖的な市場をこじ開けようとする「怖いおばさん」(日本記者クラブでのカーラの自身の発言)がやってきたという印象だったのだろう。

　振り返れば，戦後日本は占領下で，民主主義的な改革が行われたが，それは言ってみれば，米国による政治的・経済的な構造改革だったといえる。この改革によって日本は，米国の軍事的な庇護の下に，2つの特需にも助けられていちじるしい経済成長を成し遂げた。ところがこんどは，これに対して，米国の日本に対する圧力が高まった。日本の経済が強いのは，貿易ルールそのものが米国に不利であり，また安全保障の面で日本は「ただ乗り」しているというのである。まず為替相場を変動相場制に替え，さらにプラザ合意で円高ドル安を容認した。しかし，それでも日本の貿易黒字は止まらない。それどころか，日本の企業は，米国の文化的象徴であるコロンビア・ピクチャーズ社すら買収した。経済成長しすぎた日本は，再び米国の脅威になった。日本の政治家や経営者はアジア・太平洋地域で米国をしのぐ中枢になれるとして『ジャパン・アズ・ナンバーワン』(原題：*Japan as Number One: Lessons for America*)と尊大な口調で語り始めたのである。米国はここで改めて，いかにして日本を米国帝国の市場として置き続けることができるのか，そしてどのような形で米国を中心とする(米国に利益を還元させる)巨大な世界ネットワークの中の拠点として日本を使うのか，こうした問題を改めて米国側に生じせしめたのである。1989年と言う年は，世界にとっても，日本にとっても時代を画する年になったが，カーラはまさにこうした流れのなか日本にやってきた。カーラの来日は，戦後の日米関係を考えれば，単なる貿易交渉以上の歴史的な意味を持っていたといえるであろう。

(5) 冷静だった双方の対応

　さて,『日本経済新聞』は個人名で「ヒルズ旋風に感情論は危険」というタイトルの記事を掲載した。日本側にはしゃくにさわることではあるが、これをナショナリズムに喚起することなく冷静にとらえるべきだとする論旨である。
　「手に負えないのは要求や発言に正論が多いこと,しゃくにさわるけど,もっともなことが多いのである。建設業界の談合は半ば常識になっているし,さまざまな分野で消費者側からの視点が欠けているのも事実だからである。……どこにあの激しさが隠されているのかと思うほどさわやかな笑顔を残して,ヒルズ代表は帰った。正論と知りつつも,あるいは正論であるがゆえにか,見送る側の苦々しさは消えない。恐れるのは米国は高慢だ,という空気が広まることである。……自民党の小沢幹事長は露骨に不快感を示したし,社会党の土井書記長も,完全な自由貿易など世界のどこにもない,などと反論した。この春の航空自衛隊次期支援戦闘機(FSX)騒動以来,マッチ一本で反米感情に簡単に火が付きそうなほどになっている。我慢していればいい気になりやがって,という空気が充満している。……一方,米国ではソニーのコロンビア・ピクチャーズ買収計画なども手伝って,対日感情悪化の兆しが見える。ソ連の軍事力より日本の経済力の方が脅威,などという妙な調査の数字が独り歩きして,日米関係をかき回している。いま最も警戒すべきなのは日米双方のナショナリズムの衝突である」(田勢康弘「ヒルズ旋風に感情論は危険」『日本経済新聞』1989年10月16日)。
　このころ米ソ冷戦が終わりつつあったとはいえ,なおもアジアの冷戦は続いており,日米安全保障条約を廃棄することは考えられなかった。こうした同盟関係において,日本は,多少不満があっても,期限を先送りしたり,論点をぼかしたり,文化論を持ち出したり,交渉する大臣を頻繁に変えたりして(カーラもこの点を批判する)米国側の要求をかわし,米国側の気まぐれな議会での怒りが臨界点に達すればしかたなく要求を呑む,こうしたあまりスマートでない対応を取ることになった。だが,太平洋戦争時,米国の経済制裁についに耐

え切れず，ついには戦争という手段に訴えた愚かな選択をしたことを考えれば，力のない側が行うやり方としては，むしろ賢明な選択であったといえる。日本の指導者は，日本が米国の属国であるとして，いたずらにナショナリズムを煽ったり，国民の制御不可能な暴発を生み出すようなけしかけ方はしなかった。それは反米的な立場を取ってきた社会党も同じであった。

　また日本の一部には，米国の圧力でもなければ日本の遅れた慣行は変わりようがない，むしろ戦後の民主主義改革と同じように，日本の消費者にとって米国の圧力を望む声さえあった。常に米国は，日本の為政者にとっては脅威と映るが，低賃金・長時間で働く日本の労働者，そして高いものを買わされる消費者からするとむしろ歓迎すべきだというのである。日本の為政者は米国に日本国憲法を押しつけられたと感じたが，国民には解放者と思えたのと同じような構図である。先の『日本経済新聞』の記事はさらに続けて，「……かくなる上はヒルズ代表にお願いして日米「政治」構造協議を開いてもらい，政治家を全部，入れ替えよ，とでも要求してもらおうか」と結んでいるが，日本はみずから問題を解決する能力はなく，外圧に頼る以外に世の中は変わらないと考える自国の政府に絶望している人たちもいる。このように考える人々には圧力は屈辱ではなく，むしろ福音なのである。

　来日に際してカーラには，議会からの相当強い圧力があったであろう。だが，交渉では米国側の主張を一方的に語るというのでもなく，そして力によって脅すというイメージも与えなかった。会見で述べた通り，彼女は自由貿易の利点を強調し，相互に利益があることを強調し，あくまでも正論で交渉を進めた。そしてさわやかなスマイルもジョークも忘れず，頑なに権益を守ろうとする日本の保守政治家に接したのである。それはある意味，カーラを通商代表部代表に起用したブッシュの思惑通りだったのかもしれない。カーラが女性であったということが，功を奏したかどうかは別にして，カーラであるからこそ交渉をそれほどとげとげしいものにせずにすんだともいえる。

(6) NAFTA

　こうしてカーラは，粘り強い交渉の結果，日本の自主努力の約束を取り付けることに成功したのである。アメリカ側は，翌年1990年には包括通商法スーパー通商301条の適用は逆効果であるとして，対日適用を取り消すまでに至った。

　ブッシュ政権下において，日本以外でも，カーラはカナダ，メキシコとの北米自由貿易協定(NAFTA)締結に尽力した。ただし，ここでも政治的に困難な問題については，除外することを認めた。メキシコは憲法上エネルギー問題を除外し，カナダは農産物への適用を除外した。そして米国は移民問題を例外とした。交渉は緊迫した場面が続き，空気が重苦しくなると，ホスト役のカーラは気分転換に野球観戦を提案するなど，きめ細かい配慮を見せた。こうして1990年8月12日ブッシュ大統領はホワイトハウスで記者会見し三国の間でNAFTA案がまとまったことを発表した。その後もカーラは，自由貿易のために，GATT・ウルグアイラウンドなどの場で活躍したことはよく知られている。

7. カーラと女性

(1) カーラと家庭

　カーラが米国3番目の閣僚に抜擢されたときの宣誓式に，家族全員を呼び，その式典で末の娘と副大統領だったネルソン・ロックフェラーが手を繋いでいる写真が残っているが，そのころの彼女の仕事と家庭の関係をある意味表しているものといえよう。彼女にとって家族が自分のステップアップの障害にあるなどとは考えない。子供たちにもこの晴れの場に連れていき，いっしょに喜びたかったのである。日本の女性政治家でこれだけ多くの子供を産み育て，同時に政界で活躍した人物がいたかというと，まったく思いつかない。いたとしても公の場に連れてくるなどということは考えられないだろう。

遡ってカーラが結婚したのは1958年，まだカーラが20代の半ばのことである。夫ロデリックは先に述べたように自身も政権の中で活躍する多忙な人物だった。これだけの社会的に重要な立場にあるとすれば，日本で言えば内助の功とでもいうような役割を果たさなければ，とてもたいへんだったであろう。カーラは言う。夫は専業主婦の母に育てられ，何から何まで面倒を見てもらっていた。そしてカーラ自身の母もまた夫につくし，夫を支える女性だった。だが，ロデリックは，家庭ではゴミ袋を外のゴミ捨て場まで持って行き，子供たちを車で学校に送る生活を送った。今でこそ，当たり前のこの風景も，この時代に抵抗なくできたことは，カーラ曰く「本当にできた伴侶」だったからということになる。カーラは，夫に対して申し訳なさと，感謝の念を表すことも忘れない。2015年夫妻は結婚生活56年目を迎えたが，おそらくこうしたパートナーに対する気持ちが，長きにわたる夫婦生活を存続させたのだろう。子供たちもまたこうした夫婦の後を追い，長女は弁護士，長男はニューヨーク大学で憲法学を教え，二女も弁護士，末の娘は文学博士で，夫は弁護士になっている。

(2) カーラと女性解放運動

　カーラはエール大学を優秀な成績で卒業したにもかかわらず，大きな法律事務所には勤められなかった。サンフランシスコの法律事務所では，「申し訳ないけれども，うちの事務所には女性用の施設が何もないのです」と断られた。だがそこで，「女性だから……」と諦めるのはよくないと考える。カーラは言う。「一生懸命で，真面目で，しっかりと与えられた仕事をこなす人間であることがわかれば，そばかすがある5フィート，6インチの女性として見ることをやめ，採用してくれるでしょう」。晩年にカーラは次のようにも述べている。「私は自分が女性だから，共に働く男性陣とは違う，あるいは違うと判断されるべきと思ったことはない。むしろ，『よい女性弁護士』になろうとはせず，『最良の弁護士』になろうとした」(『日本経済新聞』2013年3月30日)。

　カーラは名門ファミリーの出身でないにもかかわらず，出世を成し遂げた。

その能力の高さは，当然のこと能力主義的な考え方に行きつく。すなわち，能力と努力によって女性に対する社会的障害を越えることが出来る，と考えるようになる。

　こうした彼女の考え方からして，いわゆる左翼的な女性解放運動には無関心だったのは理解できる。こんなエピソードがある。あるとき，彼女が出かけようとすると，女性の権利向上を目指すデモがあって，道路が封鎖されていたとき，彼女は，あの女性たちは，「一人の女性が会議に向かう邪魔をしているだけじゃない」と思ったという。「正直に告白すれば」と彼女はいう。「こうした抗議活動が女性の機会拡大や権利向上にはあまり役立たないと思っている」と。だが，カーラが出世したのは，彼女の能力もさることながら，その前提として女性の社会進出という新しい時代の波に乗ったと言う側面は否定できない。

　能力だけでは突破できない制度の壁や社会的な慣習は当然ある。カーラがエールの法科大学院を卒業したころ，法律事務職で働いている女性は少なかった。また法曹協会の下部組織「若手法廷弁護士の会」に女性が入ることはできなかった。もう10年前ならば，彼女は大学や大学院においても，就職においてもドアは開かれていなかったであろう。

　こうした女性にとって閉塞的な時代が変化したのは，1960から70年代に起きた公民権運動やウーマンリヴ運動によるものが大きい。彼女の出世は，もちろん彼女自身の能力や努力によるものも大きいが，こうした時代を背景に，これに対応しようとする保守陣営の要請が後押ししたともいえる。カーラが米国史上3人目の女性閣僚として，住宅都市開発省長官に任命されたときには，カーラの人事は，「女性枠」だと囁かれた。事実当時フォード大統領ベティ夫人が女性閣僚を強く望み，彼女の意向が反映された結果だと『ウォール・ストリート・ジャーナル』誌は報じたが，時代の流れが彼女を閣僚へと押し上げることになったことも事実であろう。

　以上述べてきたように，カーラは自由貿易信奉者である。その彼女にとっては差別もまた規制であり，そうしたことからオープンでグローバルな市場がも

たらす恩恵を絶対的に信じて疑わなかったのかもしれない。公正な競争さえできれば女性であっても勝てると信じていたのだろう。

　だが果たしてカーラの言う自由貿易が，すべての国にとって，そしてすべての人にとってプラスになるのかどうか。ヨーロッパを見れば，EUという自由貿易圏の中で，デフォルト寸前にまで追い込まれたギリシア，そして一方に一人勝ちのドイツがある。またNAFTAの中でアメリカとメキシコの関係はどうなのか。双方に利益をもたらしているのか。今日，日本の地方の商店街の衰退は，日米構造協議の結果であると指摘する見方は多い。自由競争は，すべてのプレーヤーを過酷な競争社会に押し込み，そこで短期間で数量化された成果をだすことを強要する。そして短期間では実現不可能なもの，数量化されないもの，目に見えないものを排除する。さらに「規制排除」は，人権や労働法，環境に対する保護をも規制とみなして排除しようとしている。こうしたルールに従って強者の勝利と弱者の敗北が意図的に作り出され，格差社会ができあがる。それは，グローバル化された世界における国家間の格差も同じである。

　彼女は晩年になっても「オープンでグローバルな市場」だけが，「富める国も貧しい国も繁栄と安全，機会をもたらしてくれる」と信じて疑わない（『日本経済新聞』2013年3月31日）。もし仮にカーラが，もう少し遅く生まれてきて，今民主党のヒラリー・クリントンに対抗する共和党の女性大統領候補になったとしたら，いい勝負をするに違いない。その時カーラは，今日のアメリカ社会における貧富の格差に対して，国内の社会福祉に対して，そしてテロに対してどのような策を打ち出すだろうか。グローバル化が進行する社会の中で，豊かさ，自由，人権，民主主義が，貧困，暴力，テロ，差別と複雑に絡み合うこの時代に果たして彼女が信じる「オープンでグローバルな市場」だけで解決できるのだろうか。この「オープンでグローバルな市場」こそが問題の原因だったり，問題を拡大するものではないかという逆の見方さえある。カーラはこれに何と反論するのであろうか。

参考文献

Louis Uchitella, "A Crowbar for CARLA HILLS", June 10, 1990 in *The New York Times*.
"Carla Anderson Hills Facts" 〈http://biography.yourdictionary.com/carla-anderson-hills〉
Carla Anderson Hills Facts：『世界週報』1975 年 4 月 8 日号。
篠田豊『ブッシュ政権』三一書房，1989 年。
『日本記者クラブ会報』1989 年 12 月 15 日（第 43 号）〈http://www.jnpc.or.jp/files/1989/10/〉
『朝日新聞』1989 年 10 月 5 日。
『日本経済新聞』1989 年 10 月 16 日。
「私の履歴書」『日本経済新聞』2013 年 3 月。

第6章
サラ・ペイリン
アラスカ州知事

(1964年2月11日〜)
Reuters

1. はじめに

　サラ・ペイリンという人物は，多くの否定的な形容詞でその人柄が評されている。たとえば，「頑固，攻撃的で，どぎつい扇動者であり，批判に過剰に反応して報復を試みる」という人物像である。一方で，ペイリンを支持する人々からはその「率直さ」「素朴さ」「熱心さ」そして「敬虔さ」を評価する向きもある (Joshua Green, 2011)。

　2010年1月13日，FOXニュースの番組で保守評論家のグレン・ベックから「建国の父祖たちのうち誰を最も尊敬するか？」との質問に，的外れな回答をし，このインタビューの模様からペイリンが資質に足る人物ではないと批判された。

　しかし，再度促された回答の中に，ペイリンの素朴な反「エスタブリッシュメント」，反「エリート政治家」の見解が示されている。すなわち，ペイリンは，初代大統領のジョージ・ワシントンの名前をあげ，その理由を「彼は王になりたくなかった。彼は人々に権力を返した。……彼は大統領に就任することにも気が進まなかった」と述べ，これに続けて，ワシントンを「政府の中で，官僚機構の中で奉仕させるために，あなた方が見出す必要のある人物」と主張する一方で，さまざまな理由をあげて公職にとどまり続ける政治家たちを「そこから出て行きたくなく，注目と権力を追い求める」人々であると痛烈に批判している (["Sarah Palin on 'Glenn Beck'," January 14, 2010 [2015年12月10日，閲覧])。

　ペイリンがこのような見解をいだくにいたった背景には，アラスカ政界で知事として働く際に，主にアラスカ州政治に大きな影響力を維持してきた共和党との対立があった。ペイリンは，自伝の中で，以下のように述べている。すわなち，「私は共和党支持者として登録していたが，……私は依然として好ましい共和党仲間たちの外側にいた」。ペイリンは「共和党の仲間たち」を「相互扶助の関係」とみなす一方で，自分は彼らと距離をおいていたため「政党に関係なく，アラスカ州民に奉仕するための最良の人材を登用する自由と交友関係」

ができたことを誇らしげに語っている(Sarah Palin, 2009, p. 3)。

　ペイリンは，アラスカ州知事時代，自らも共和党支持者として政党登録を行っていながら，アラスカ州政治に存在する政治的停滞に対し，所属政党と対決することを辞さず，果敢に政治改革に取り組んだ。そこには，州共和党からの支持ではなく，自分を州知事に選出した「アラスカ州民」からの付託に強い自負をもち，時には州議会の民主党議員からも支持を得ながら，アラスカ州を支配する共和党と石油業界との癒着を打破すべく，果敢に州運営に取り組んだのである。

　冒頭に述べた，ペイリン自身の人物像を表す言葉が示唆するように，彼女のパフォーマンスは，物議をかもし出して強い批判を生じさせるものの，その一方で，米国に残された「最後のフロンティア」であるアラスカの広大な自然の中で生活し，独立独歩で自らの生活を切り開く「開拓者精神」を感じさせるものであり，ペイリンの「率直さ」「素朴さ」はアラスカ州民の典型であると評される。ペイリンの行動は，本土のアメリカ人にとって「月と同じぐらい遠い」アラスカの知名度を高める役割を果たしながら，アメリカ有権者が抱くいわゆる「エリート政治家」への不満を利用しつつ自分の名前を高めた。近年の有権者の間での政治不信を先取りして全国政治の表舞台に登場したのが，ペイリンという政治家であり，その言動には常に批判が付きまとうものの，依然としてペイリンは，保守派の中で，とくに保守的な女性に強い影響力があるといえる。

　以下では，さまざまな特徴を存するアラスカの歴史の概略を述べた後に，ペイリンの経歴と政治家としての歩みを見ながら，その政治手法とともに「エリート政治家」への反感をいだくにいたったアラスカ州政治におけるペイリンの行動を検討する。その後，ペイリンを全国的な政治の舞台に押し上げた2008年大統領選挙，ならびにティーパーティー運動における活動を述べ，最後に，2016年大統領選挙とペイリンの行動について考察を行う。

2. アラスカ州の歴史

　アラスカはアメリカの他の地域と比べ，その特殊性が際立つ地域である。広大な地は50州で第1の広さであり，アメリカで手付かずのまま残る原生地が最も広がる州でもある。気候は，州外からの人々にとっては非常に過酷なものであり，とくに冬季にいたってはほぼ全域において氷点を超えることがない。

　アラスカ州の人口は2010年で71万249人で，50州の中で48番目に位置する。また，アラスカには，ロシアを含めて入植者が移住する以前よりも，多様な先住民たちが居住しており，現在においても，アラスカ州は他の州よりも人種的に多様な州として知られている。2010年時点で，アラスカ州の人種別の人口構成を見ると，白人の66.7％に次いで多いのが14.8％のネイティブ・アメリカンとアラスカ先住民である。(Michael Borone and Chuck McCutcheon, eds., 2013, p. 43；"Quick Facts Alaska"〔2016年1月9日閲覧〕)。

　周知のようにアラスカは，大統領アンドリュー・ジョンソン政権期に，国務長官ウィリアム・ヘンリー・スーアードの主導の下で，1867年にロシアから720万ドルで購入された。アラスカが準州へ昇格したのは1912年，州への昇格は1959年である。1897年にクロンダイクで金鉱が発見されてゴールドラッシュが生じ，その名が広まることはあったが，20世紀に入っても，大部分の米国人にとって，アラスカは「月と同じくらい遠い」地域であった(Michael Borone and Chuck McCutcheon, 2013, p. 40)。

　1867年の購入以来，アラスカでは辺境地開拓が進められ，これを主に担ったのは米国陸軍であった。20世紀に入っても未踏地の測量だけでなく，陸軍工兵隊により道路と橋梁建設が進められた。第二次世界大戦が始まり，アリューシャン諸島のアッツ，キスカの両島が日本軍に占領され，このような中で，飛行場や物資輸送のための道路建設が突貫工事で行われた。これに加えて，大戦終結後に冷戦構造が強化されるにつれて，アラスカの地理的重要性は一層高まった。というのも，米国の領土の中でアラスカはベーリング海峡と北極点を

はさんでソ連と唯一隣接する地域であったからである。実際にアラスカには多くの軍事基地が建設され，現在米国陸軍ウェインライト基地，米国空軍イールソン基地，エルメンドルフ-リチャードソン統合基地などが存在し，アラスカは大陸防衛の前哨基地を要する重要な拠点となっている("History of the U. S. Army in Alaska," 2015 年〔12 月 13 日閲覧〕)。

ところで，従来，アラスカ経済を支えた産業は漁業，クック湾油田の石油業，そして軍事基地であった。これらの主要産業は連邦政府の強い規制をうけるとともに，連邦政府予算と補助金がアラスカに投入された。その一方で，アラスカに住む人々は連邦政府による規制と補助を連邦政府による干渉とみなし，不満を募らせていた。1959 年にアラスカが州に昇格した後も，この状況は変わることがなかった。これに加えて，州に昇格した後，連邦政府はアラスカの土地すべてを州政府に譲り渡したわけではなかった。州昇格後のアラスカ州が所有する土地は全体の約 28 ％に過ぎず，残りの土地は連邦政府の管轄下におかれたままであった。2000 年時点でも，連邦政府所有の土地はアラスカ州全体の約 60 ％にのぼり，連邦政府の国立公園局，漁業・原生地局，森林局，土地管理局などが，国立公園，野生動物保護区，国立森林地区，軍用地，そして 2,200 万エーカーに及ぶアラスカ国家石油保留地（NPRA）を管理している（Michael Borone and Chuck McCutcheon, eds., 2013, p. 40；Alaska Department of Natural Resources, "Fact Sheet：Land Ownership In Alaska," March, 2000〔2015 年 12 月 12 日閲覧〕)。

1968 年，北極地域のノース・スロープで油田が発見されたのを契機に，アラスカ州の経済は大きく変化した。中東諸国による石油禁輸措置から端を発した石油危機を背景に，1973 年に「アラスカ・パイプライン法」が制定され，また 1977 年には，石油合同企業体によって建設された，全長約 1,290 キロの「トランス・アラスカ・パイプライン」が完成したのである。その結果，アラスカ州は石油産出量がテキサス州についで第 2 位となった。アラスカ州でのさらなる油田の発見とパイプライン建設によって，アラスカ州の経済が変化したこと

に伴い，州内における人口は増加に転じ，原油生産による収入や多くの補助金によって，州内でのインフラ整備が進むことになった(Haycox, 2002, p. 83)。

3. サラ・ペイリンの経歴

　サラ・ペイリンは1964年2月11日，アイダホ州サンドポイントで出生した。サンドポイントの小学校の理科教師でアウトドアやサバイバル術も教えていた父チャールズ・ヒースと学校事務員の母サリーの第三子，次女として生まれた。ペイリンが幼い時，家族はアラスカ州南東部のスカグウェイに引越し，その後，アンカレッジ郊外のワシラに移り住んだ。この引越しはチャールズが，アラスカの小学校の教師として職を得たためであった。だがこの年，アラスカと本土西海岸を襲うアラスカ地震が生じ，サラを含めた家族に対し，自然への脅威と家族の結束を強く感じさせる出来事が生じている。

　アウトドア愛好家でもあった父チャールズの影響で，一家はたびたびキャンプをし，自然の中でトレイル・ランを行った。父親は家族とともに釣りと狩猟を楽しみ，また子供たちを氷上キャンプに連れ出した。サラをはじめとする子供たちも父から釣りやムースやクマ狩りなどを教えられていた。その中で，サラは父から狩猟用のライフル銃の扱い方も教わった。サラにとって，アラスカにおける生活の中で「銃」は狩猟を楽しむための道具である一方で，生活の身近な場所で生息する危険な野生生物から身を守る護身用の重要な道具であった。後に銃規制に対する強硬な反対派となる背景が，ヒース一家のアラスカでの生活様式にあるのは疑いない。大自然に囲まれた「最後のフロンティア」であるアラスカに住む人々の精神について，後に彼女は「独特なものであり，飼いならされていない偉大な自然への畏怖，粗野な個人主義，そして相互扶助の強い伝統が混ぜ合わされたもの」と評している(Palin, 2009, pp. 13-14)。

　他方，4人の子供を育てる母サリーは熱心なキリスト教徒であった。週末に長老派教会で役員をボランティアで務める傍ら，アラスカ先住民たちの村落へ

伝道旅行を行っていた。サラも地元の教会に通い，兄弟と共に洗礼を受けた。サラは後に政治家の経歴の中で幾度も人工妊娠中絶，同性結婚，胚細胞研究などに強く反対する見解を明らかにしていく。テレビ番組やインタビューなどで，聖書の文言の引用や「神」への言及を躊躇せずに行うことも彼女の特徴である。サラはこの信仰の源をアラスカの大自然の中に見出した。すなわち「荘厳な山々，真夜中に昇る太陽，野生の水源と手付かずの野生生物。私は実際に，あらゆるものの中に映し出される神の霊を，素直に見，聞き，そして感じることができたのだった」と (Palin, 2009, pp. 21-23)。

サラは 1982 年にワシラ高校を卒業した後，その年の秋にハワイ州のハワイ・パシフィック大学の経営学課程に進学した。その後すぐにアイダホ州のノースアイダホ大学に転籍し，1984 年の秋にはアイダホ大学に移った。だが 1985 年の秋には地元ワシラに近いマタヌスカ・スシトナ大学に移った後，再びアイダホ大学へ戻り，1987 年秋，ジャーナリズムの学位を取得する。最初の大学に在籍してからアイダホ大学で学位を得るまでに 5 年を要した理由を率直に語っている。すなわち，「そのとおり，5 年かかった。なぜなら，働きながらであったからである。あるときには学期を休んで学費をまかなえるまで働かなければならなかった」と述べる一方で，これを誇らしい時期であったと回想している。1984 年に地元ワシラ市のミス・コンテストへの出場も，副賞である奨学金が目当てだった ("Sarah Palin's Extensive College Career," September 5, 2008 〔2015 年 11 月 2 日閲覧〕; Palin, 2009, pp. 44-45)。

夫となるトッド・ペイリンはアラスカ・エスキモーの血を引き，ペイリンと知り合ったのは高校時代で，交際を経て結婚した。アイダホ大学卒業後はアンカレッジの放送局でスポーツ担当のレポーターとして働き，また夫とともに漁師として漁に出ながら，5 人の子供を育てた。パイパーは養子であり，また長男トラックは米国陸軍に志願して 2008 年にイラクに派遣された。ペイリンの自伝である『はみ出し者 (Going Rouge)』には，著書のはじめの個所で，州のお祭りで中絶反対を掲げる団体のブースを訪れて養子であるパイパーに触れた

り，また，陸軍に志願したトラックを誇りに思いながらも心配する自身について書き記している(palin, 2009, pp. 1-6)。

　サラは子供たちを支え，家族を切り盛りする「普通の母親」として訴えながら，自らを「子供を守るハイイログマの母親」(Mama Grizzly)と称した。そして，「大きな政府」に反対し，減税，財政規律，エネルギー依存からの脱却を求め，連邦憲法，生命の尊厳，そしてアメリカの「例外主義」を信じる保守的立場の母親を代弁し，女性の積極的な政治参加を呼びかけている(Palin, 2010, pp. 127-131)。

　また，サラは1960・70年代のフェミニスト運動が「過激」であったとし，またそれが「無力な者としての女性という考えに傾注しすぎるものであった」と懐疑的な見解を表明しているものの，「150年以上にわたって，アメリカの女性運動はより多くの女性が公職につくことを促してきた」ことを高く評価している。サラは，子供たちの将来のために母親は戦い，「政治家たちがえこひいきと無責任のツケを我々の子供たちに渡そうとし始めるとき，彼らが何世代にもわたる盗みに手をつけたとき，母親たちは立ち上がる」べきであると主張した(Ibid.)。

4. 政治家への転身とアラスカ州共和党

(1) ワシラ市長

　サラ・ペイリンは大学時代，ジャーナリズム論を専攻した。その一方で政治学の授業にも出席した。そこには，子供の頃から政府と日々の出来事に強い関心を持っており，ペイリン自身が「言葉がもつ力」を強く求めていたことがある。とくにロナルド・レーガン大統領期の公共政策に強い印象を持ち，ペイリンはレーガン期に実施された公共政策を「良識のある」ものと高く評価している。高校卒業後に有権者登録を行い，共和党支持者として登録したペイリンは，実際に民主党と共和党の党綱領を読み比べ，「高圧的な政府よりも個人の権利

と責任,勤勉さへの報酬を含む自由市場原理,平等への敬意,強力な軍隊への支持,アメリカが世界で最もよい国であると信じる私のような人には,共和党はまさに道理にかなう党」と評価し,共和党支持を決めた。しかし,ペイリンは,政治家として経験を積む中で,共和党との軋轢,とくにアラスカ州共和党との関係に大いに苦しむことになる(Palin, 2009, pp. 44-47)。

1992年,ペイリンは地元ワシラ市の市議会議員選挙に立候補した。ワシラ市は人口5,500人の小さな市であり,市議会は6議席,任期3年であった。当時の市長であるジョン・ステインとペイリンは,ワシラ市管轄の警察署の設立を目指す住民グループの会員で,また個人的にも同じ体操教室のメンバーで日ごろ顔を合わせるなど親しい間柄であった。ペイリンは選挙運動で市予算が賢明に活用されていないことを訴え,当選を果たした。1995年には再選を果たしている("Sarah Heath Palin, an Outsider Who Charms"〔2016年1月16日閲覧〕)。

ペイリンは1996年,ワシラ市長選挙に立候補し,当選した。3期目を求める現職ステインの対立候補として立候補し,市予算の浪費と高い税金を批判して選挙運動を進めた。その際,スローガンとして「旧態依然の政治との決別」,「斬新なアイデアと活力」を掲げ,市内の道路建設,下水道整備,市長任期の制限,並びに市長報酬減額を訴えた。ペイリンの選挙運動でとくに注目されるのは,彼女が人工妊娠中絶反対,銃規制の反対を明言しただけでなく,ペイリン支持の広告を打つなどした州共和党からの支持を確保した点である。というのも,それまでの市長選挙では,候補者は無党派として出馬し,選挙争点も財政や公共事業の是非など,市民生活に直接関わるものが主であった。しかし,社会的争点を積極的に有権者に訴え,また州共和党からの支持を得るなどしたペイリンは,市長選挙にイデオロギーと党派色を持ち込み,それまでの候補者による選挙運動とは異色の選挙運動を展開したのである("Mayor Palin: A Rough Record,"〔2016年2月9日閲覧〕)。

ペイリンは1999年には再選を果たし,ワシラ市長を2期務めた。市長としてのペイリンは,ワシラ市に住んでいない市職員をワシラ在住の住民と入れ替

えを行い，また1996年の選挙で訴えた市長報酬の減額に着手した。また，市長執務室の一角に住民の名前を書いた紙を入れた壺を用意し，時々，壺から引き当てた住民に直接電話し，ワシラ市の現状について市民からの反応を得るなどしている。市長時代の業績で注目を集めたものとして，公共事業の推進があげられる。ペイリンは，道路補修，下水道整備などと共にスポーツ施設建設を訴えた。その際予算として売上税の増税と市債の発行を訴え，住民投票により支持を得て工事にこぎつけた。この結果，市長としての6年の間に，就任当初ペイリンが引き受けたワシラ市の長期借入金総額はほぼゼロであったものが，退任後には，約1,900万ドルにまで膨れ上がった。道路整備によってワシラ市につながる道路に大型商業施設が誘致されるなど，ワシラ市の人口増加の一因となったとの評価があるものの，ペイリンの市長時代の経済政策は概して「リベラル」な手法をとり，その結果市財政の大幅な赤字を生じさせたことは否定できない(*Ibid*.; "Palin,"〔2015年12月6日閲覧〕)。

(2) アラスカ石油ガス保全委員

　2002年，任期制限によって3期目を目指す市長選挙に立候補できなかったペイリンは，アラスカ州知事選挙における共和党予備選挙で副知事候補として出馬するものの，敗北する。同年，アラスカ州選出連邦上院議員であったフランク・マカウスキーが州知事選挙に出馬し，ペイリンはマカウスキーを支援したことにより，マカウスキーの当選後，知事が任命するアラスカ石油ガス保全委員会の委員に就任した。当該委員会はアラスカ州で操業する石油企業に対する監督機関であり，土木技師，地質学，そして一般の3名の委員で構成され，ペイリンは一般枠の広報担当委員及び委員長として，その任についた。("2002 Alaska Statutes　Title 31 OIL AND GAS Chapter 31.05. ALASKA OIL AND GAS CONSERVATION ACT Article 01 ADMINISTRATION,"〔2016年1月5日閲覧〕)。

　既述のように，アラスカで大規模油田が発見されて以来，アラスカ州の有力な民間企業である石油業界は，アラスカ州を支配していた。すわなち，アラス

カ州政府の一般歳入の90％までが石油関連の税収でまかなわれており、また雇用を作り出す主要な産業でもあった。その一方で、石油業界は常に公共投資の投入を望み、また増税、規制強化に反対した。石油業界はこれらを促進する際には、アラスカ州からの撤退も示唆することもまれではなかった。この結果、アラスカ州の財政は石油価格の変動だけではなく、石油企業の中でもとくにBP、エクソンモービル、並びにコノコフィリップの3社の動向に左右されることになった(Green, 2011)。

1978年、民主党が多数を占める州議会で、石油企業に法人所得税を課すことによる州の歳入の確保が試みられた。これを覆すための石油企業による訴訟は最終的に連邦最高裁まで持ち越され、企業側の敗北に終わる。石油業界は1960・70年代までは主に州共和党を通じて影響力を保持していたものの、70年代には民主党にも手を伸ばし始めた。この戦略は功を奏し、1981年、州議会での支持を集めて下院議長と主要な委員会委員長を解任することに成功した。そして、これだけでなく、法人企業税廃止の成果をも手に入れた。これ以降、石油業界がアラスカ州政治に強い影響をもたらし続けたのである(Haycox, 2002, pp.146-148.)。

しかし、ペイリンが委員に任命された時、アラスカ州ではエネルギー資源の活用をめぐって岐路の時期にあった。というのも、豊富な原油産出をもたらしていたノース・ポール油田からの産出量の枯渇が懸念され、予測では早い時期で2019年までというものであった。アラスカ州は、州歳入に多大な貢献をしてきた石油から、新たな別の歳入確保の道を探さなければならなかったのである。州政府はその解決策を豊富な天然ガスに見出していた。しかし、天然ガスに関する権利を保持しているのは石油企業であり、州では天然ガス輸送を行うパイプライン建設が急がれていたものの、石油企業はそれに難色を示していた(Green, 2011)。

その一方で、委員に就任したペイリンが委員会で目にしたのは、州共和党と石油業界との不適切なつながりであった。ペイリンと同じ時期に知事から任命

されたある委員は，委員会の監督下にある企業に情報を提供しており，またこの人物がアラスカ州共和党委員長で，委員会事務所で党運営の仕事を行っていた。当初，ペイリンは当該委員に警告を行い，マカウスキー知事の側近にも苦情を告げたものの，状況に変化がないことを知ると，一転して知事に直接に手紙を送るとともに，その経緯をメディアに公開した。委員会の共和党幹部委員たちが倫理的に腐敗していると糾弾したペイリンに対し，マカウスキーは当該委員を解任せざるをえなくなった。ペイリンも委員を辞任したものの，委員会でのこうした一連の行動は，アラスカの有権者にペイリンの存在を強く印象づけるきっかけとなったといえる("Palin, an Outsider Who Charms,"〔2016 年 1 月 16 日閲覧〕)。

(3) アラスカ州知事

アラスカ州が豊富な油田を有するアメリカ有数の州となった後，アラスカ州には莫大な歳入がもたらされた一方で，労働人口の 4 分の 1 が州と地方の政府職員となるなど政府の規模も急速に拡大した。このような状況に，ペイリンは，「相当な規模の『持ちつ持たれつ』の関係が続いていることをみなが知っていた。……政府が石油企業により大きな権限を与えることに疑問を持ついかなる人も非難されたのである」と述べている(Sarah Palin, 2009, pp. 4-5)。

実際に，石油業界と強いつながりを持つマカウスキー知事は，2002 年 12 月に就任して以来，州民からの支持が概して低かった。2005 年 10 月，マカウスキーは石油企業へのガスパイプライン管理権の譲渡，石油税制の低税率での長期固定化，油田施設の事故損害及び情報公開の免除などを含む計画を発表した。これに対して，知事と石油企業との間の交渉の不透明さに抗議して政府職員が辞任し，またこの計画を州議会が拒否するなど，マカウスキーが退任する直前の 2006 年 10 月には，州民からの支持率が 20% を下回るほどであった("Do you approve or disapprove of the job Frank Murkowski is doing as Governor?"〔2015 年 12 月 23 日閲覧〕)。

ペイリンは，このような状況に対し，石油企業である「金の鶏が母屋を支配していた」と指摘し，そして「政府は人々のために行動する能力を根本的に放棄していたのである」と，アラスカ州政治における石油企業と州政府・共和党の結びつきを強く非難した。これゆえに，ペイリンは知事選挙へ立候補する決意をしたのであった(Palin, 2009, pp. 4-5)。

　知事選挙に向けて，ペイリンは周到な戦略を立て，選挙運動を展開した。2005年10月，ペイリンは共和党候補者の中で最も早く選挙運動を開始した。というのも，現職知事のマカウスキーが再選を求めて出馬した場合，州共和党からの支持を得ることは困難であると判断したペイリンは，可能な限り早く選挙運動を開始し，他の候補が出揃うまでに草の根での選挙運動を開始する必要があったからである。ペイリンは各地で講演会に出席し，教育改革・治安改善，官僚組織と石油企業への批判，旧態依然の政治の「変革」，とくに政府の浄化とガスパイプライン建設を述べ，自分への支持を訴えた(Ibid., pp. 109-114)。

　選挙運動中，ペイリン陣営は，州全土から，政治献金を初めて行う献金者からの少額の献金を多く集め，立場の異なる大口献金者には返却し，写真撮影よりも真摯に有権者と対話し，率直な物言いを心がけた。後にペイリンは，以下のように述懐している。すなわち，「数年後にバラク・オバマが，彼の顧問はアラスカとつながりのある人物であったが，同じテーマを採用したことに，我々は喜んだ」と(Ibid.)。

　2006年8月共和党予備選挙では，ペイリンは50％の得票を得て現職のマカウスキー知事を破り，11月に行われた本選挙では48％の得票率でもって民主党候補のトニー・ノウルズを下し，州知事に当選した。アラスカ州政治の「浄化」を訴え，政治よりも「すべてのアラスカ州民」を強調したペイリンには，有利な状況が生じていたことも無視できない。というのも，ペイリンは，アラスカ州選出の共和党連邦上院議員であるテッド・スティーブンスからの支持を確保し，選挙運動を進めることが可能となった。これに加えて，ペイリンが有利であったのは，2006年の知事選挙期間中，アラスカ州史上最大の汚職事件

の捜査と，それに引き続く石油企業と共和党州議員たちとの不適切な関係が暴露され，関連する報道がアラスカ州を席巻していたことである。有権者の政治への不信と変革への期待を巧みに取り込み，当選を果たしたものの，その一方で，ペイリンにはその行動の派手さ，未経験さから，知事職をペイリンがつとまるのか不安視する有権者もいたのは事実である。このことが，本選挙でライバルのノウルズが獲得した得票率40%という数字に現れていたといえる("Palin Was a Director of Embattled Sen. Stevens's 527 Group"〔2015年12月6日閲覧〕；Green, 2011)。

　ペイリンは2006年12月，アラスカ州知事に就任した。アラスカ史上初の女性知事の誕生であり，また最年少の42歳での就任であった。ペイリン知事への州民の期待は高く，このことは就任当初の世論調査で支持率が約90%に上ったことに示された。

　ペイリンが知事に就任して最初に取り組んだのは，知事選挙で強調した州政府内での「倫理と透明性」の確保であった。州政府の人員に接触するロビイストへの規制と情報開示を求める立法は2007年7月に成立をみた。これに加えて，イデオロギー色の強い政策を推進することも試みた。たとえば，公立学校での創造説教育の推進，胚細胞研究の拒否，同性結婚を禁止する条項を州憲法に盛り込む憲法修正を支持することを明らかにした。しかしながら，州議会が可決した，州政府職員の同性パートナーへの保健手当付与を禁止する法案に対し，当該法案が州憲法に違反するとして拒否権を発動し，葬り去った。ペイリンは，同性婚禁止の憲法修正がなされれば合法であるとしながらも，現時点での法案の違法性を述べ，自身の長年の主張を含む政策を強硬に推し進めることはしなかった("Palin Applauds Passage of Ethics Reform," May 12, 2007, http://wayback.archive-it.org/1200/20090726175354/http://gov.state.ak.us/archive.php?id=393&-type=1〔2015年12月6日閲覧〕)。

　その一方で，ペイリンは，石油産出税への増税を主張し，州民に「一人あたり1,200ドルの還付」を約束して支持を訴えた。この計画に対し州議会では共

和党穏健派と共に民主党議員からの支持も得て承認された。これに加えて，カナダの建設会社へガスパイプライン建設のための5億ドルの補助金を拠出することを州議会に認めさせ，さらにはパイプライン建設に関する主席顧問に契約企業のロビイストを任命し，これに当たらせた。("Alaska governor signs natgas pipeline license bill," August 27, 2008〔2015年12月6日閲覧〕)。

　ペイリンは知事時代，アラスカ州共和党との結びつきが深い主要な石油企業とは距離を置き，別の企業からの支援を求めることを試みた。ガスパイプライン建設に関する契約企業の選定において，州政府の要求を満たさない企業としてBP，コノコフィリップなどを入札から撤退させたのはその例といえよう。また，2006年の知事選挙で選挙戦終盤になってペイリンへの支持を表明した連邦上院議員テッド・スティーブンスが，石油企業からの不適切な贈与を受けたという疑惑を生じさせた際，ペイリンはスティーブンスと共に記者会見を開き，その場でスティーブンスを見捨てないことを明言するなど，アラスカ州における政治的影響力の確保を試みている。

　ペイリンはイデオロギー的な政策よりも，州民が注目する州政府内の浄化と石油企業への増税を優先させ，議員だけでなく民主党議員からも協力を取り付けて増税法案を成立させた。また，自らの権力基盤の強化を巧みに試みるなど，ペイリンは「現実主義」と「したたかさ」を持ち合わせた政治家であったといえる("Palin Was a Director of Embattled Sen. Stevens's 527 Group," July 29, 2008〔2015年12月6日閲覧〕)。

　しかし，ペイリンは知事の権限を乱用して，妹の元夫の解雇を拒否した公安省長官を辞任させた疑惑を追及され，2009年3月に再選の断念を公表し，4年の任期を終えず7月に辞職した。後の州人事委員会では倫理規定に違反しないとして，彼女の嫌疑は払拭されている(Joseph, 2011, pp. 129-131)。

5. 2008年共和党副大統領候補の指名とティーパーティー運動

(1) 2008年共和党副大統領候補

　周知のように，ペイリンが全国的な知名度を得たのは，2008年大統領選挙の際に，共和党大統領候補であるジョン・マケインが副大統領候補として選んだことに始まった。マケインがペイリンを副大統領候補として指名した背景には，ベテランの連邦上院議員であるマケインが共和党内で中道穏健であり，保守的な見解を主張するペイリンを指名することで党内の保守派からの不満に配慮したことがあげられる。また，人工妊娠中絶や同性結婚への反対を明確にするペイリンを指名することで，ペイリンに共感する宗教保守層の取り込みを期待した。

　しかし何よりもマケイン陣営が期待したのは，民主党予備選挙で敗退したヒラリー・クリントンへの支持票，とくに女性票の獲得であった。そのことは共和党史上初の女性副大統領候補として，マケインの指名公表をうけて行ったペイリンの演説の中で示された。その中でペイリンは，1984年にアメリカ史上初の女性副大統領候補となったジェラルディン・フェラーロ（民主党）と，2008年大統領選挙に出馬したヒラリー・クリントンの名前をあげ，政治の舞台での彼女たちの業績をたたえた。とくに予備選挙で敗退したクリントンについては，「アメリカで最も高く，最も硬いガラスの天井に，1800万個もの傷をつけた」と高く評価し，しかし「アメリカの女性たちがまだ終わってはおらず，そして我々がそのガラスの天井を壊すことができるということは明らかである」と語り，マケインとともに自身への支持を強く訴えたのである（"Transcript: Palin's Speech In Dayton, Ohio,"〔2015年11月3日閲覧〕）。

　ペイリンは，人口70数万のアラスカ州知事を務め，いわゆる「ワシントン政界」から距離を置く「アウトサイダー」であり，アラスカ州で既成政党に公然と対峙して政策を進めた「改革者」であって，44歳という「若さ」，並びに「ホッケーママ」と自称して家族と子供たちを支える「一般の母親」というイ

メージも，マケイン陣営によるペイリン起用のねらいの一つであった「共和党内での大統領選挙運動の活性化」に不可欠であった，といえる(Heilemann and Halperin, 2010, pp. 359-360)。

　実際に，保守的政治姿勢をとるペイリンを指名することによって，マケインは保守層を中心に幅広い人気を得た。ペイリンが全米から注目を集めるなかで，民主党支持者などからは銃所持の擁護，州知事時代の石油採掘計画，人工妊娠中絶への強い反対などのペイリンの保守的政治姿勢が攻撃の的となった。しかし，他方で，共和党全国大会直後の 2008 年 9 月に行われた ABC ／ワシントン・ポストの共同世論調査によれば，白人女性の 67 ％がペイリンを支持すると回答し，とくに子供を持つ白人の母親の間では 80 ％がペイリンを支持するなど，女性からの支持獲得にペイリン起用が大きな効果をもたらした。マケインへの支持も，民主党バラク・オバマ候補に対して拮抗し，一時期は上回るほどであった。これに加えて，10 月 1 日に行われた民主党副大統領候補のジョー・バイデンとのテレビ討論会では，バイデンの勝ちとする人が 51 ％に上り，ペイリンは 36 ％であった一方で，バイデンが「典型的な政治家」であると答えた人が 70 ％にのぼり，「好感をもてる」候補としてバイデンが 36 ％であったのに対し，ペイリンは 54 ％の支持を獲得したのである("Post-Convention Contest is Even ; White Women Shift to McCain,"〔2015 年 11 月 3 日閲覧〕; "Debate poll says Biden won, Palin beat expectations," October 3, 2008〔2015 年 11 月 3 日，閲覧〕)。

　しかし，11 月の投票日にむけて選挙運動が進むにつれて，ペイリンとマケイン陣営との衝突が明らかとなった。全国共和党委員会がペイリンのために 15 万ドルもの衣装代を支出して批判を浴び，ペイリンの「一般の母親」像のイメージを損なう結果となり，さらに，メディアからの多数のインタビューへのペイリンの準備不足と度重なる失言，未経験のペイリンに対するマケイン陣営からの助言を彼女が拒否するなど，選挙運動中の不和を抱えたまま，11 月の投票日を迎え，マケイン陣営は敗北を喫した(藤本・末次, 2011, p. 111)。

当初マケインは,「度胸があり,誠実で,良識を持つ」ペイリンが共和党副大統領候補としての資格を有する人物であると評価し,ペイリンを指名した。マケイン陣営は,ペイリンがもつ「アウトサイダー」「改革者」「若さ」「一般の母親」のイメージを利用し,自陣営の選挙運動を有利に展開しようと試みた。ただ,選挙運動を展開する中でペイリンが「アマチュア」であり,協力できない「一匹狼」で,「未熟」であるとの批判が高まった。マケイン陣営は,「変革」を唱えるオバマ・バイデンの民主党陣営に対抗してペイリンを起用するものの,このことが結果としてマケイン陣営の大きな負担となった。ペイリンの政治経歴から期待できる「実力」よりも,「魅力」に期待したマケインは,ペイリンの経験不足の露呈を補うことができなかったのである(藤本・末次,2011, pp.111-112)。

(2) ペイリンとティーパーティー運動

大統領選挙で敗北したペイリンは,既述のように,2009年7月,アラスカ州知事を任期満了を待たずに辞任した。しかし,辞任後,ペイリンには全米のメディアから多数の出演依頼の申し出が殺到し,一躍人気者になった。さらに,2009年11月に自伝である『はみ出し者:あるアメリカ人の人生(*Going Rouge: An American Life*)』を出版した。ペイリンの半生を描き,また2008年大統領選挙での経験を記した本書は,全米の売り上げが200万部を超えるなど人気を博した。また,保守的な番組制作で知られるフォックスニュースの番組で司会やコメンテーターなどを務め,高額の報酬を得るようになったのである。

2009年1月にバラク・オバマ大統領が就任し,リーマン・ショックに端を発する経済危機への対応として矢継ぎ早に大規模な経済刺激策を推進する中,オバマ大統領の諸政策に反対する草の根保守の大衆運動「ティーパーティー運動」が全米に広がった。周知のように,この運動の影響は2010年11月に行われた中間選挙で如実に現れ,ティーパーティー組織が支援する候補者が知事選挙,連邦上院,とくに連邦下院選挙で当選を果たし,その影響力の大きさを示

した。しかし，運動内での組織間の摩擦，共和党と草の根組織との対立，また，連邦議会でのティーパーティー支援議員の強硬姿勢による議会審議の停滞によって，有権者からの支持を失い，2010年中間選挙を頂点に，その後の2012年，2104年の各種選挙ではその勢いを取り戻すことはできていない（中山，2013，pp. 16-20, 22-23 ; "How the Chamber beat the tea party in 2014," November 8, 2014〔2015年11月6日閲覧〕）。

　ところで，ティーパーティー運動とペイリンとのかかわりは，2010年2月にテネシー州で行われた全米ティーパーティー大会で基調講演を行ったことに始まった。彼女はこの講演の中で，オバマ政権による連邦財政の悪化を強く批判し，ティーパーティー運動がアメリカ政治における未来となると持ち上げた。この時は，謝礼としてペイリンに10万ドルの講演料がわたったとうわさされた。また，2008年の大統領選挙の際，ティーパーティー全国組織「ティーパーティー・エクスプレス」の母体組織がペイリン陣営を支援したことの返礼として，エクスプレスが主催する全米バスツアーで，ネバダ州，マサチューセッツ州の集会で講演者を務めた（藤本・末次，2011, p. 112）。

　ペイリンはティーパーティー運動で活動する際には，連邦政府の莫大な支出と財政赤字を批判し，運動内で活動する女性指導者たちを，巨額の赤字の負担を負わせることから「子供たち」を守りたい「ママ・グリズリー」であるとみなし，ティーパーティー運動への支持を訴えた。政治学者のメリッサ・デックマンによれば，特定の政策を訴える際に母親の役割を強調して支持を求める手法は，キリスト教保守派によってすでに採用され，決して目新しいものではないものの，「とくにティーパーティー支持女性たちの間での新しさは，財政問題への彼女たちの立場と彼らの家族を守るという認識された要求との間の直接的なつながりである」という。すなわち，次世代へのツケである財政赤字を減らすことが「道徳的義務」であるがゆえに，ペイリンたちは政府の規模を縮小しなければならないと訴えたのである。それゆえ，キリスト教保守派による活動以上に，「より多くのアメリカの女性たちに訴えうる可能性を秘めている」

と評価している（Melissa Deckman, 2012, pp. 172-175）。

　2010年の中間選挙では，ペイリンは予備選挙の段階から選挙運動に積極的にかかわり，50名以上のティーパーティー組織支援の候補者に支持を表明した。その中で注目されたのは，アラスカ州の現職上院議員であるリサ・マカウスキーに対して，ティーパーティー運動からの支援を得た対立候補の応援に回り，共和党予備選挙でマカウスキーを敗退させたことであった。マカウスキーは無所属で出馬して本選挙で当選したものの，ペイリンの影響力の大きさを示す事例であったといえる。

　ペイリンは選挙運動の中で，共和党の多数の女性候補を支援した。その際にペイリンが候補者支援の基準としたのが当該候補が人工妊娠中絶反対を明確にしているかどうかであった。有力な反中絶団体である「スーザン・B・アンソニー・リスト」が主催する集会でたびたび講演を行っていたペイリンは，当該団体が推薦する候補者を中心に，積極的に支援することで，共和党内での影響力の拡大をめざした。これだけではなく，現大統領オバマが推進するリベラルな政策を批判する急先鋒となり，保守的右派のティーパーティー運動の事実上の"顔"となったのである（"Palin, Huckabee fight for the right,"〔2015年11月15日閲覧〕）。

　2010年4月，ペイリンは『タイム・マガジン』誌上で「世界で最も影響力のある人物100人」の一人として掲載された。ペイリンがアラスカ州知事の任期中に「サラPAC」と名づけた政治活動委員会を立ち上げ，任期満了を待たずに辞任したのも2012年大統領選挙への出馬の意欲の現れであると憶測を呼んだ（"The 2010 TIME,"〔2015年11月6日閲覧〕）。

　実際に，2011年6～7月にギャラップ社が行った世論調査では，共和党支持層および共和党寄り無党派層のなかで，好ましい大統領候補として，実業家のハーマン・ケイン（24％），連邦下院議員ミシェル・バックマン（20％），そして元マサチューセッツ州知事のミット・ロムニー（18％）を抑えて25％の支持を得ていた。ペイリンの知名度は抜群であり，回答者の25％が「強く支持する」

と答えたのである。ただ，留意すべきは，強く支持する回答者が存在する一方で，9％の回答者が「強く反対する」と答えていることである。これはケインの0％，バックマン2％，ロムニー3％に対し，相対的に高い数字であるといえる。この調査で同じ数字を示したのは，「強く支持する」回答者が11％の元連邦下院議員のニュート・ギングリッジであり，熱狂的な支持者が存在する一方で，ペイリンを強く拒否する反対者も見受けられた("Sarah Palin Evokes Strong Emotions Among Republicans"〔2015年11月6日閲覧〕)。

しかし，ペイリンは2010年10月，支持候補者の選挙運動支援がより有効であるとして，2012年大統領選挙出馬断念を公表した。これには各種世論調査によるペイリンへの不支持が増大していたことが背景にあったといえる。同様に2014年大統領選挙も，出馬を表明せずに終わった("Sarah Palin's Poll Numbers Down, But Path To GOP Nomination Not Out"〔2015年11月6日閲覧〕)。

6. おわりに

2012年大統領選挙の不出馬を表明して以降，ペイリン自身の「人気」の翳りが指摘された。ペイリンが出演する番組の視聴率が低下傾向にあり，ソーシャルメディアにおけるペイリンの名前を言及する回数の低下も見られた。2008年の大統領選挙戦からの「失言癖」，2011年1月にアリゾナ州で生じた連邦下院議員狙撃事件にまつわる失態は，ペイリン人気の低下に一層の拍車をかけたといえる。2013年以降，ペイリンは保守的団体が主催する集会へ積極的に出席して講演を行うとともに，ソーシャルネットワーク上で自らの見解の発信に努めた。とくに，オバマ大統領が推進する「オバマ・ケア」に反対する急先鋒となり，また銃保持の権利擁護をホームページ上で主張した。2014年7月には，オバマ大統領が発した銃規制や若年不法移民に関する大統領令に対し，オバマ大統領を弾劾にかけるべきと主張している("The return of Sarah Palin" November 23, 2013〔2015年11月7日閲覧〕; "Palin calls for Obama's impeachment"〔2015

年11月7日閲覧］）。

　ペイリンは，ワシラ市議から州知事就任にいたるまで，一貫して保守的立場を取りながらも，その政治手法は「現実的」で「したたかさ」も垣間見せ，より高位のポストのためには，仲間あるいは庇護者を切り捨てる「冷酷さ」も持ち合わせている政治家であった。庇護者に対して敢然と立ち向かう「一匹狼」としてのペイリンの姿に，アラスカ州民は大きな喝采を送ったのである。しかし，自らの知名度を全国的なものとした2008年大統領選挙では，彼女の「魅力」よりも「実力」不足が露呈し，その「未熟さ」が批判の的となった。

　ペイリンが事実上の「看板」となったティーパーティー運動についても，ティーパーティー組織はペイリンの高い知名度を利用して，運動の裾野を広げることを試みる一方，ペイリンも選挙の際に支援候補者が十分に保守的な見解を有しているかだけでなく，ティーパーティー支持者たちの間で共通する目標に当該候補者が満たしているかで，支援の是非を判断した。ティーパーティー支持者の代理人として，共和党への自らの影響力の保持を試みたのである。だが，ペイリンとティーパーティー支持者たちとの間の齟齬も見逃してはならない。ペイリンがたびたび言及する「エリート政治家」批判は，ティーパーティー運動の反「エリート政治家」の特徴と共有している見解に見える。だが一方で，ペイリンは，ティーパーティー運動が効果を発揮した2010年中間選挙において，マケイン上院議員をはじめとして，現職議員5名への支持を表明している。これは更なる高位への出世を望むペイリンの「したたかさ」の一端を表す好例であるといえる (Charles S. Bullock, Ⅲ, 2012, p.7)。

　2016年大統領選挙において，当初はその放言，失言でもって泡沫候補の扱いを受けていた事業家のドナルド・トランプ候補が，高い支持率を保持したまま，2016年2月から始まる共和党予備選挙・党員集会に臨んだ。元フロリダ州知事のジェブ・ブッシュのような共和党主流派からの支持を受ける候補が苦戦する中，ペイリンは1月19日，トランプの支持を表明した。翌日の20日に放送されたテレビ番組でのインタビューでトランプは，自らの政権の中での高

官ポストをペイリンに用意することを示唆した。

　ペイリンによるトランプ候補支持の効果は，十分に現れているといえる。というのも，ペイリンから「うそつき」と非難された，保守強硬派でティーパーティー組織の支援を受けているテキサス州連邦上院議員のテッド・クルーズ候補は，2月21日に行われたサウスカロライナ州ではトランプに次いで代議員票を稼いだものの，保守的な有権者が多い州で事前の予測よりも大幅に伸び悩んだ("Ted Cruz worry: Big South Carolina loss equals bad Super Tuesday," February 19, 2016〔2016年，2月20日閲覧〕)。

　さらには，女性蔑視とも取れる発言を行うトランプ候補に対して，反中絶団体「スーザン・B・アンソニー・リスト」がホームページ上でトランプ候補を非難し，アイオワ州民にむけて「トランプ氏以外の候補」への投票を呼びかけた際に，ペイリンはこれに反論している。以上で見たように，大統領選挙で優勢を維持するトランプ候補に支援を与えながら，見解を同じくする反中絶団体に対してトランプ候補を擁護し，トランプ候補を同団体の支持候補者リストへの掲載の理解を取り付ける一方で，かつて自らも支援したクルーズ候補を突き放す姿勢を見せるなど，ペイリンの「したたかさ」と「冷酷さ」をのぞかせる行動を行っている("Palin defends Trump's abortion flip-flop," February 1, 2016〔2016年2月2日閲覧〕)。

　2016年3月現在，共和党予備選挙・党員集会を経て，共和党候補者の中で首位を独走するトランプ候補は，共和党主流派からの「トランプ降ろし」の圧力が生じながらも，依然として優位な状況にあり，その勢いが衰える様子は見えない。トランプ候補からの政権樹立には高官ポストを用意するなどの言質を取ったペイリンも，トランプ候補の選挙運動で積極的な支援活動を行っている。リーマン・ショックを契機とした経済不況，長引くアフガニスタン，イラクでの戦争が重要争点であった2008年大統領選挙では，ペイリンの未熟さに非難が集中した。しかしその一方で，近年のアメリカの有権者の間での政治不信は，連邦議会での審議停滞などをみるように，解消に向かっているとはいえない。

これを反映して，2016年大統領選挙では，共和党のトランプ候補，民主党では連邦上院議員のバーニー・サンダース候補をはじめとした「アウトサイダー」あるいは「アマチュア」が，「エリート政治家」あるいは「エスタブリッシュメント」とみなされた候補を苦戦させ，当初の予想を裏切って旋風を巻き起こしている。

ペイリンは，政治経歴の中での経験から反「エリート政治家」を唱道する女性政治家として認知された。2016年大統領選挙でトランプ候補の優勢に見られるように，この反「エリート政治家」の追い風を利用し，アメリカ有権者に対して，アメリカを主導する指導者に足る資質をもつ，新たなペイリンをどのように訴えるのか。トランプ候補をどの程度まで利用し，ペイリンの「野心」を満たそうとするのか。近年のアメリカの政治潮流を見極める際には，ペイリンの今後の活動が大いに参考になるといえる。

参考文献

Michael Borone and Chuck McCutcheon, eds., *The Almanac of American Politics 2014*, Chicago: The University of Chicago Press, 2013.

Charles S. Bullock Ⅲ, *Key states, high stakes: Sarah Palin, the Tea Party, and the 2010 elections*, UK: Rowman & Littlefield Publishers, 2012.

Stephen W. Haycox, *Frigid Embrace: Politics, Economics, and Environment in Alaska*, US：Oregon State University Press, 2002.

John Heilemann and Mark Halperin, *Game Change: Obama and The Clintons, McCain and Palin, and The Race of A Lifetime*, NY: HarperColins, 2010.

Mark Joseph, *Wild Card: The Promise & Peril of Sarah Palin*, Los Angeles:Bully! Pulpit Books, 2011.

Sarah Palin, *America By Heart: Reflection on Family, Faith, and Flag*, NY: HarperColins, 2010.

Sarah Palin, *Going Rouge: An American Life*, New York: HarperCollins Publishers, 2009.

Melissa Deckman, "Of Mama Grizzlies and Politics：Women and the Tea Party," in Lawrence Rosenthal and Christine Trost eds., *Steep: The Precipitous Rise of The Tea Party*, Berkely：University of California Press, 2012.

久保文明編『ティーパーティ運動の研究―アメリカ保守主義の変容』NTT出版，2012年。

藤本一美・末次俊之『ティーパーティー運動―現代米国政治分析』東信堂，2011年。

中山俊宏「2012 年大統領選挙とティーパーティ運動、そして今後の展望」日本国際問題研究所編『米国内政と外交の新展開』日本国際問題研究所、2013 年。

"Quick Facts Alaska."〈http://www.census.gov/quickfacts/table/PST045215/02〉（2016 年 1 月 9 日閲覧）

"Sarah Palin."〈http://www.politico.com/static/PPM106_palin_doc.html〉（2015 年 12 月 6 日閲覧）

"2002 Alaska Statutes Title 31 OIL AND GAS Chapter 31.05. ALASKA OIL AND GAS CONSERVATION ACT Article 01 ADMINISTRATION."〈http://law.justia.com/codes/alaska/2002/title-31/chapter-31-05/article-01/sec-31-05-009/〉（2016 年 1 月 5 日閲覧）

"Do you approve or disapprove of the job Frank Murkowski is doing as Governor?"〈http://www.surveyusa.com/client/PollTrack.aspx?g=d8fa8def-c3b2-4649-81c5-01da9c1cd73e〉（2015 年 12 月 23 日閲覧）

"Transcript: Palin's Speech In Dayton, Ohio."〈http://www.npr.org/templates/story/story.php?storyId=94118910〉（2015 年 11 月 3 日閲覧）

"Palin Applauds Passage of Ethics Reform," May 12, 2007.〈http://wayback.archive-it.org/1200/20090726175354/http:/gov.state.ak.us/archive.php?id=393&type=1〉（2015 年 12 月 6 日閲覧）。

"Palin Was a Director of Embattled Sen. Stevens's 527 Group," July 29, 2008.〈http://voices.washingtonpost.com/44/2008/09/palin-was-a-director-of-embatt.html〉（2015 年 12 月 6 日閲覧）

"Alaska governor signs natgas pipeline license bill," August 27, 2008.〈http://www.reuters.com/article/us-transcanada-pipeline-idUSN2750520720080828〉（2015 年 12 月 6 日閲覧）

"Sarah Heath Palin, an Outsider Who Charms," August 29, 2008.〈http://www.nytimes.com/2008/08/30/us/politics/30palin.html?_r=0〉（2016 年 1 月 16 日閲覧）

"Mayor Palin：A Rough Record," September 2, 2008.〈http://content.time.com/time/politics/article/0,8599,1837918,00.html〉（2016 年 2 月 9 日閲覧）

"Sarah Palin's Extensive College Career," September 5, 2008.〈http://www.usnews.com/education/blogs/paper-trail/2008/09/05/sarah-palins-extensive-college-career〉（2015 年 11 月 2 日閲覧）

"Post-Convention Contest is Even；White Women Shift to McCain," September 8, 2008.〈http://abcnews.go.com/images/pollingunit/1070a1aftertheconventions.pdf〉（2015 年 11 月 3 日閲覧）

"Debate poll says Biden won, Palin beat expectations," October 3, 2008.〈http://edition.cnn.com/2008/POLITICS/10/03/debate.poll/?iref=hpmostpop〉（2015 年 11 月 3 日閲覧）

"Sarah Palin on 'Glenn Beck'," January 14, 2010.〈http://www.foxnews.com/story/2010/01/14/sarah-palin-on-glenn-beck.html〉（2015 年 12 月 10 日閲覧）

"Palin, Huckabee fight for the right," September 19, 2010. 〈http://www.politico.com/story/2010/09/palin-huckabee-fight-for-the-right-042371?o=2〉（2015 年 11 月 15 日閲覧）

Joshua Green, "The Tragedy of Sarah Palin." *The Atlantic Magazine,* June, 2011. 〈http://www.theatlantic.com/magazine/archive/2011/06/the-tragedy-of-sarah-palin/308492/〉（2015 年 11 月 13 日閲覧）

"Sarah Palin Evokes Strong Emotions Among Republicans." July 12, 2011. 〈http://www.gallup.com/poll/148451/Sarah-Palin-Evokes-Strong-Emotions-Republicans.aspx?g_source=palin&g_medium=search&g_campaign=tiles〉（2015 年 11 月 6 日閲覧）

"The 2010 TIME," 〈http://content.time.com/time/specials/packages/completelist/0,29569,1984685,00.html〉（2015 年 11 月 6 日閲覧）

"The return of Sarah Palin," October 25, 2013. 〈http://edition.cnn.com/2013/10/25/politics/return-of-sarah-palin/〉（2015 年 11 月 7 日閲覧）

"Palin calls for Obama's impeachment," July 8, 2014. 〈http://www.usatoday.com/story/theoval/2014/07/08/obama-sarah-palin-impeachment-john-mccain/12360017/〉（2015 年 11 月 7 日閲覧）。

"How the Chamber beat the tea party in 2014." November 8, 2014. 〈http://www.politico.com/story/2014/11/chamber-of-commerce-tea-party-2014-112708〉（2015 年 11 月 6 日閲覧）

"Palin defends Trump's abortion flip-flop." February 1, 2016. 〈http://www.politico.com/blogs/iowa-caucus-2016-live-updates/2016/02/iowa-caucus-2016-donald-trump-sarah-palin-abortion-218553〉（2016 年 2 月 2 日閲覧）

"Ted Cruz worry: Big South Carolina loss equals bad Super Tuesday," February 19, 2016. 〈http://edition.cnn.com/2016/02/19/politics/ted-cruz-south-carolina-super-tuesday/〉（2016 年，2 月 20 日閲覧）

"History of the U.S. Army in Alaska." 〈http://www.usarak.army.mil/main/USARAK_History.asp〉（2015 年 12 月 13 日閲覧）

第7章
ケイ・A・オア
ネブラスカ州知事

（1939年1月2日〜）
John Barette, ed., *prairie Politics: Kay Orr vs. Helen Boosalis — The Historic 1986 Gubernatorial Race,* Media Publishing & Marketing, Inc., 1987, p. 60.

1. はじめに

　ネブラスカ州といわれても，どこにあるのか正確に答えることができる日本人は少ないだろう。そのネブラスカ州は，米国のほぼ中央＝中西部に位置し，歴史的には共和党が圧倒的に強い，保守的色彩の濃い農業中心の州として知られている。そのためもあって民主党は，各レベルの選挙でなかなか議席を手にすることが出来なかった。ネブラスカ州において，共和党は「超保守的」だと言われている一方で，州は「革新主義的ポピュリスト」運動の長い伝統を有し，その影響をかなり受けている。1970年，ネブラスカ州では，初めて民主党の知事が誕生，それ以降，州の政治情勢は大きく変化を遂げた。一般に，民主党は州経済の中心都市のオマハ市，および州都が置かれ，ネブラスカ大学の本部があるリンカーン市など「都市部」を中心に支持者が多い。それに対して，共和党は州の多くの部分を占め，牛肉とトウモロコシを生産する牧畜地帯の「農村部」で支持者を固めている("Nebraska Politics, 1970～2005", 2005)。

　ネブラスカ州民は1986年に，知事候補者として，主要政党では初めて — 米国史でも初めて — 女性を指名した。すなわち，共和党はケイ・A・オア(Kay A. Orr)を，一方，民主党はヘレン・ボーサリズ(Helen Boosalis)を指名した。両候補者は共に，能力のある強力な女性で，しかも多くの行政経験を積んだ「ベテラン」政治家であった。選挙の結果は，オアが29万8,325票を獲得，ボーサリズ(26万5,156票)に3万3,169票の差をつけて勝利した。

　ネブラスカ州の36代知事に就任したケイ・A・オアは，1987年1月から1990年12月まで，ネブラスカ州の知事職を一期務めたが，2期目は落選している。ここで，オアの経歴を簡単に紹介しておくならば，彼女は1939年1月2日，アイオワ州のバーリントンでラルフ・ロバートとセディ・ルシエル・スタークの娘として生まれ，1956年から1957年にかけてアイオワ大学で学んでいる。両親は共に共和党支持者であり，父親のラルフはバーリントン市の市議会議員を務め，農業用具の卸業者であった。また，母親のセディも地方政治で

第 7 章　ケイ・A・オア　ネブラスカ州知事　*159*

活躍した。だから，オア家はまぎれない「政治家一族」という，ことになる（"Nebraska", in *The Nebraska State Library and Archives*）。

　その後，ケイは，1957 年 9 月 26 日，ウィリアム・ダイトン・オアと結婚，夫妻は 2 人の子供，ジョン・ウィリアムとスーザンをもうけた。オア一家は家族とともに，1963 年にネブラスカ州のリンカーン市に移住，その直後オアは，共和党の活動家となった。オアは，リチャード・ニクソン，カール・カーテス，およびロマン・ヘルスカのような共和党の政治家たちを支持，1963 年には，ネブラスカ州の"著名な青年共和党女性"に任命されている。夫のウイリアム・ディトン・オアは，「ウッドマン災害・生命保険会社」の副社長を務めていたが，2013 年 5 月 5 日に慢性閉塞性肺疾患（COPD）の合併症で死亡している。

　オアは 1981 年から 1982 年まで，前任者の空席をうめるため，ネブラスカ州の財務長官に任命され，続いて，1982 年からは自身が正式に財務長官に選出され，1986 年までその職に留まった。オアは，ネブラスカ州において州レベルの公職で選ばれた最初の女性であった。そして，1986 年，オアは知事選の本選で前リンカーン市長のボーサリズを破ったのである。この知事選挙では，主要政党の候補者が共に女性であったことで，全国的な注目を集めた。選挙の結果は，上で述べたように，オアがボーサリズを退けて勝利した。共和党の女性知事としては，既にヴェスタ・M・ロイが，1982 年から 1983 年まで，ニューハンプシャーの選挙で選出されなかった知事として就任している。だから，オアは選挙で選ばれた最初の女性の共和党知事だ，といえよう。その後も，ネブラスカ州では女性の知事は出現しておらず，オアが今日に至るまで，知事として就任した唯一の女性である（"Kay A. Orr", in *The Nebraska State Library and Archives*.）。

　オアは，1990 年に知事として再選を目指したものの，民主党のベン・ネルソンの前に僅差で敗れた。後に詳しく述べるように，知事時代のオアに対するネルソン候補の 2 つの主要な攻撃対象は，増税と低レベル核廃棄物投棄への対応にあった。オアは知事選挙で敗退した後，ネブラスカ州の「大統領選挙人」

を二度にわたって務めあげ，州の5名の選挙票で1票を投じている。たとえば，2004年の大統領選挙では，ジョージW・ブッシュに，そして2012年の大統領選挙では，ミット・ロムニーに投票した(*Ibid.*)。

　本章では，以上の認識を前提にした上で，中西部という極めて保守的メンタリティーを有する州において，1986年11月，共和党の女性候補として知事選に立候補，民主党の女性候補であるヘレン・ボーサリズを破って当選したケイ・A．オアの政治的経歴と行動を検討する。その場合オアが，いかなる状況のもとで，「男性社会」と対峙し，女性として知事職をこなしていったのかを問い，その際，オア知事が促進した政策も検討したい。それを通じて，米国における「女性政治家」出現の条件を知る参考材料にできれば幸いである。

2．ネブラスカ州の歴史，政治，司法

(1) 歴　史

　ケイ・A・オア知事の政治的活動を論じるに先だって，読者にとってあまりなじみのないネブラスカ州の歴史，政治，および司法に関して概説的に紹介しておきたい。既述のように，ネブラスカ州は，米国の中西部に位置する州の一つで，2015年現在，人口は174万7,214人，面積は20万17平方キロメートルである。州都はリンカーン市（人口約27万人）に置かれ，州内の最大の都市で経済の中心地は，州の東端にあるオマハ市（人口約42万人）である。州の北はサウスダコタ州に，東側はアイオワ州とミズーリ州に，また西側はワイオミング州とコロラド州に，そして南側はカンザス州に各々接している。さらに，東側の州境にはミズーリ川が流れており，州の大部分は平坦なグレートプレーンズに属し，北西部はほとんど草原地帯で人口密度も低い。州の主な産業は，農業生産物＝牛とトウモロコシであって，全米第3位を占めている。ちなみに，"ネブラスカ"とは「浅い川」を意味し，それはオマハ・インディアンの言語に由来している。

連邦議会は1854年5月30日に「カンザス・ネブラスカ法」を成立させ，ネブラスカは準州として発足，近代ネブラスカの新たな歴史が始まった。その後，ネブラスカ準州は，1860年代にホームステッド法の下で開拓が進められ，1867年には，米国第37番目の州として連邦に加盟が認められている（藤本，2007）。

　ネブラスカ州は，歴史の大半を通じて共和党の堅固な基盤であった。実際，1940年以降の大統領選挙において，ネブラスカ州民は1964年に民主党のリンドン・B・ジョンソンを選んだ以外，全て共和党候補を選んできたし，また2004年大統領選挙では，共和党のジョージ・W・ブッシュが投票数の65.9%を獲得，対立候補に33%の差をつけ，5人の選挙人票全てを獲得した。民主党のジョン・ケリーを選んだのは，インディアン系の住民が過半数を占めるサーストン郡のみであった。2008年の大統領選挙では，共和党のジョン・マケインが州全体を制して選挙人票2票と2選挙区を制し，さらに2票を獲得したものの，オマハ市のある第2選挙区はバラク・オバマがおさえ，選挙人票1票を獲得するに留まった。このように，大統領選挙人投票が実際に割れたのは，ネブラスカ州では極めて異例なことである。

　確かに，ネブラスカ州政界は共和党によって牛耳られてきたとはいえ，州代表や連邦の役職には二大政党の中道派を選んできた伝統もある。ただ，最近では右傾化の傾向が顕著であり，知事から後に連邦上院議員に転じた民主党のベン・ネルソンさえ「保守派」だと見なされている。また当時，もう一人の上院議員である共和党のマイク・ジョハンズも純然たる保守派であった。

　なお付言するならば，ジェラルド・フォード元大統領はミシガン州の住人となっているが，実はネブラスカ州生まれである。また，イリノイ州出身の著名な政治家・ウィリアム・ジェニングス・ブライアンは，ネブラスカ州選出の連邦下院議員となり，その後，民主党から三度にわたり大統領選挙に出馬して，敗退した。彼の名声は，ネブラスカ州の名前と並んで，全国的に広く知れわたっている（藤本，2007）。

(2) 政　　治

　　ネブラスカ州政府は1875年に採択されたネブラスカ州憲法の下で運営されており，その他の49州と同じく，行政，立法，および司法の三権分立制を採用している。州知事が行政府の首長で，現職は2015年1月8日に就任した，共和党のピート・リケッツ(Pete Ricketts)知事である。その他の選挙で選ばれる役職としては，副知事，検事総長，州務長官，州財務官，および州監査官が挙げられる。その職種は知事の場合と同じく，任期は4年である。

　　ネブラスカ州議会はもともと，他の州と同様に二院制を採用していた。しかし，1934年に州憲法を改正して下院を廃止，国内で唯一の一院制議会の州となったことでよく知られている。このような経緯もあって，州議会議員の職名は，他州や連邦では上院議員を示す「セネター(Senator)」と称している。

　　また，ネブラスカ州議会は非政党制を標榜しており，議員は政党に所属しないことが建前である。他の州や連邦においては党別に行われる予備選挙も，ネブラスカ州では，単一の選挙として実施され，上位2名が本選挙に進出する。しかし実際には，非公式に，各議員は共和党か民主党のいずれかに色分けされている。議長や委員会の委員長も議員全体の中から選ばれるので，どちらかの党からも選ばれる可能性がある。その他の特徴としては，州憲法の規定により，知事の拒否権を覆すのに必要な票数は州議員の5分の3の多数を必要とし，その他州の一般的な3分の2よりもややゆるい点があげられる(藤本，2007)。

　　現在，ネブラスカ州からは，連邦議会上院議員2名が選出されており，2015年の時点では，共和党のデブ・フィッシャー(Deb Fischer)とベン・サス(Ben Sasse)が議席を独占している。一方，連邦下院議員は共和党2名，民主党1名の配置である。なお，大統領選挙の選挙人は，別々の候補者に投票することが認められ，これはメイン州とネブラスカの2州にのみに認められた特例である。1991年法の下では，大統領選挙人5名のうち2名が州全体の勝者に投票，残り3名は選挙区(連邦議会下院議員を選ぶ選挙区に相当)で最高得票を得た候補者に投票することになった。

(3) 司　法

　ネブラスカ州の司法制度は，一元的に管理され，州最高裁判所が州内全ての裁判所に対して管理権限を有している。全てのレベルの判事の選出には，いわゆる"ミズーリ・プラン(能力主義推薦方式を)"が採用されている。下級裁判所は郡裁判所で，その上に 12 の地区裁判所がある。控訴裁判所は，地区裁判所，少年裁判所，および労働者賠償裁判所からの控訴案件を審問する。州最高裁判所が，最終控訴裁判所である。

　ここで司法に関して言及するのは，重要なことに，ネブラスカ州最高裁判所が 2008 年，唯一の死刑執行手段とされている電気処刑が州憲法に抵触するという裁定を下したからだ。翌年州内では，死刑判決は全くなかった。2009 年 5 月，州議会は死刑執行手段を薬剤処刑に変更する法案を成立させ，知事の署名で成立した。実際，ネブラスカ州において，死刑の執行は少なく，21 世紀に入ってから 1 件も執行されておらず，この数十年の間，死刑の一時停止あるいは完全な撤廃が検討されてきた州であって，ある意味でリベラルな側面を持ち合わせている(*Nebraska Blue Book, 1988～1989*)。

　以上，ネブラスカ州の歴史，政治，司法の特色を簡単に論じてきた。そのネブラスカ州で知事本選挙が 1986 年 11 月に行われることになり，民主党からはヘレン・ボーサリズが，一方，共和党からはケイ・A・オアが出馬した。次節では，2 人の女性候補者の主なる経歴を紹介し上で，選挙戦の特徴を指摘したい。まず，民主党の知事候補である，ヘレンから始めよう。

3. 1986 年のネブラスカ州知事選挙

(1) ヘレン・ボーサリズ

　ヘレン・ボーサリズは 1919 年 8 月 28 日，ミネソタ州のミネアポリス市に生まれており，知事選の時は既に 69 歳の高齢に達していた。ヘレンの両親はギリシャからの移民であり，ミネアポリス市に移住し，彼女はそこで育てられた。

ヘレンの父は，ミネアポリス市のレストランで働いていた。1945年，ヘレンはマイケル・ガス・"マイク"・ボーサリズと結婚。夫のマイケルは，第二次世界大戦の復員軍人であり，ミネソタ大学を卒業している。3年後，夫妻には，娘のマリー・ベスが生まれた。その後1951年に，一家はネブラスカ州のリンカーン市に移った。夫のマイクがリンカーン市にある，ネブラスカ大に職を得た，からである(Beth Boosalis Davis, 2008)。

その後，ヘレンは1959年，リンカーン市の市会議員に立候補，現職議員に圧倒的大差をつけて当選，以後3期連続して市会議員を務めた。ヘレンはまた1975年，市長選に出馬し，最初の女性市長であった現職のサム・シュワルツコプ(Sam Schwarzkopf)に圧倒的票差で退けて，リンカーン市長に当選，さらに1981年から1982年の間，米国市長会で初めて女性議長に就任している。

ヘレンは1983年，市長として任務を終えた後に，ボブ・ケリー知事の下で「ネブラスカ州老齢省長官(Director of the Nebraska Department of Aging)」に任命され，その職に，1986年にネブラスカ州知事に立候補するまで3年余り留まった。ヘレンは1986年，知事選に名乗りをあげ，多数がひしめきあった民主党の予備選挙で投票者の43.8%を獲得，民主党の知事候補者となった。ヘレンは，予備選挙では，ネブラスカ州93の郡のうち77郡を制した。一方，対立候補のデビット・ドミナ(David Domina)は，州の北西部で16郡を手にしたにすぎなかった。

しかし，ヘレンは，1986年の知事選・本選挙において，共和党候補者で州財務長官のケイ・A・オアの前に敗退した。ヘレンは投票者の47.1%を獲得したのに対して，オアの方は53.9%を手にした。ヘレンは知事選で敗退した後，いくつかの州および全国組織で活動し，その中で，最も有名なのは，「アメリカ引退者連合委員会の女性議長(Chair of Board of Directors of the American Association of Retired Persons)」に就任したことだ。その後，ヘレンは2009年6月，脳腫瘍を患い89歳で死去した(*Ibid.*)。

(2) **ケイ・A・オア**

　1986 年のネブラスカ州の民主党予備選挙を制したのは，ケイ・A・オアである。既述のように，彼女は 1939 年 1 月 2 日，アイオワ州のバーリントン市で，ラルフ・ロバートとセディー・ルシィル・シュタルクの娘として生まれ，知事選に立候補したのは 49 歳の働き盛りの時であった。既に紹介したように，ケイは，1956 年から 1957 年の間，アイオワ大学で学び，1957 年 9 月 26 日，ウィリアム・ダイトン・オアと結婚した。夫のウィリアムは 1935 年 3 月 15 日，アイオワ州ワコンで，レスター・D とカロライン (デイトン)・オアの息子として出生している。彼もまた，オアと同じくアイオワ大学で学んでおり，そこで，学士号を取得した。夫とは同門である。1963 年，オア夫妻は，ネブラスカ州のリンカーン市に移り，ジョン・ウィリアム・オアとスーザン・ゲイジという 2 人の子供をもうけた。ケイは，1964 年，共和党の活動家として志願した時に，政治経歴を開始し，青年共和党および古参党組織の両方を含めて，多くの役職に就任した。実際，共和党に関わった最初の年および翌年に，ケイは，青年共和党ランチェスター郡選挙区の委員長となったし，また，その後，州中央および執行委員会の両方の事務局長，全国委員会女性委員会，および青年共和党の州副委員長といった要職を歴任，共和党内ではその名が浸透し，広く知れていった。彼女の政治的立場を一言で述べれば，「ワシントン D.C. における大きな政府を抑制し，地方政府への支持を増大する」，ことに尽きる ("Kay A. Orr", in *The Nebraska State Library and Archives*.)。

　政治経歴の初期段階でケイ・オアは，共和党のリチャード・ニクソン，カール・カーテス，ロマン・ヒルスカ，およびノービー・ティマンの知遇を得たことは既に述べた。次いで 1969 年に，ネブラスカ州において著名な青年共和党の (女性委員長) に任命されている。

　さらに 1976 年に，ケイは，ロナルド・レーガンのネブラスカ大統領予備選挙運動においてグランド・アイスランドのメリアン・ブッシュと共同委員長を務め，カンザス・シティで開催された共和党全国大会の代議員にも選出された。

ケイはまた，全国大会の綱領起草委員会でも働き，1984年に，共和党の歴史にその大きな名を刻むこむことになる。その時，彼女は，共和党・全国綱領起草委員会の共同委員長に指名されたのであった。この栄誉ある地位は通常，これまで連邦議会議員や州知事に与えられていたもので，女性として共和党内でのケイの立場は際立っていた。

政治的活動は続き，オアは1977年，ネブラスカ州第一選挙区の連邦下院議員として五期目の当選を目指した，共和党・チャールズ・ソン(Charles Thone)の選挙運動の総括責任者に就任した。そして翌年1978年には，ケイは，知事選に出馬したソンの選挙運動を取り仕切り，彼が当選した後に，最初の女性として知事・主席補佐官に任命された。このように，ケイの政治的力量を目にしたソン知事は1981年6月，彼女を空席だった州財務長官に据え，次いで1982年，この要職を引き継いだ時，ケイはネブラスカ州において州レベルの公職に選出された最初の女性となっていたのだ(*Ibid.*)。

最後に，再びケイ・オアの家族を紹介しておくと，夫のウィリアム・ディトン・オアは，既述のように，「ウッドマン災害および生命保険会社」の主席副社長の要職を務めていたし，また息子のジョンは，ネブラスカ州オマハの穀物商取引業者であり，娘のスーザン・ゲイジは，ヘースティング単科大学の入学選定代表者で，オマハ市に住んでいる。

(3) 知事選挙運動とその結果

ネブラスカ州において1986年に実施された知事選挙戦それ自体，極めて異例づくめであった。というのも，知事選挙は2人の女性，すなわち，前州財務長官のケイA・オアと前リンカーン市長のヘレン・ボーサリズが知事の座をねらって民主党および共和党の両党代表として激しく争った，米史上最初の出来事であったからに他ならない。しかも，お互いが女性候補ということで，それが，これまで一度も見られなかった伝統的に保守的な州＝ネブラスカで生じたからである。だから，全米のマスコミの目が一斉に，ネブラスカ州知事選の

行方に注がれたのは，自然の流れであった。

　知事選挙で勝利したケイ・オアに関する一つの貴重な見解は，『クリスチャンサイエンス・モニター』誌に掲載されたジョン・デロン(Jone Dillon)論稿が極めて有益である。以下ではデロンの論考に依りながら，知事選の経緯とその模様を伝えたい。デロンはその中で，冒頭で何故，米国の女性は男性をより好きになれないのかと，問うている。その疑問が共和党を苦しめているのだ，とも語る。というのも，1986年の選挙では，女性の投票者が民主党に8つの連邦上院議席を獲得させたからだ。デロンは，女性の有する力が全国を通じて，「ABCテレビ」が実施した出口調査に明確に現れた，と述べた。しかし最後に，その現象がネブラスカ州では全く異なった衝撃をもたらした，として以下の特色を指摘している(John Barette, ed., 1987)。

　ネブラスカ州において，共和党は知事候補として元州財務長官のケイ・オアを指名し，確かにケイは勝利を手にした。とはいっても，それは全く女性票のおかげだけではなかったという。というのも，ネブラスカ州の大多数の女性たちは，ケイの対立候補である，別の女性，つまり，民主党のヘレン・ボーサリズの方を支持し，彼女に圧倒的多数票(55%)を投じたからだ。もちろん，そこには「男女格差(ジェンダー・ギャップ)」という他の面も存在した。それは，男性に対する民主党の有する弱点でもある。デロンは，男性に訴えることで女性へのヘレンの弱さを埋め合わせ，ケイが勝利を確実にした，と指摘する。つまり，デロンの分析によれば，オアの勝利には，以下の7つの要因が重要である，という。以下にその概要を紹介しておく。

　第1に，イメージ作戦の成功が挙げられる。ケイは，自身の持つ強靭なイメージと女性らしい思いやりに基づいたイメージとのバランスを放棄することで，逆に「男女格差(ジェンダー・ギャップ)」を利用した。ケイは，有権者に対して，ヘレンよりも，男っぽさを生き生きと伝えた。しかし，ケイは思いやりについても十分に配慮した，という。彼女は時々自身の有するイメージを抑制したのである。だから，ケイは，猛女の評判やレーガン大統領との一体化を有権者に

伝えなかった。思いやりの精神は，公職の候補者にとって，重要な要件である。明確な男女格差は，共和党の候補者にとって，必ずしも困難なものでなかった，とくに共和党にとって，それはごく普通のことであった。だから，ケイの勝利はまさに女性としての勝利でなく，それは"強力な男性の支持を伴った，一人の女性の勝利"に他ならない(*Ibid.*)。

　第2に，増税に関する両者の立場の相違があった。オアは，自身の"いかなる増税もしない"という立場を利用，ボーサリズの課税目的を，圧倒的力をもつテレビ広告放送を通じて家庭内に叩き込んだ。その報道は，3つの税収入源，つまり，不動産税，売上税，および所得税から州と地域に収入をもたらすための基本原則に関するボーサリズの目標を巧みに利用したものだった。それを行うには，州段階での売上税および収入税率の増大もしくは財産税の急激な減額を要求することになる。しかし，それを州民の誰も望んでいなかったのだ。オア陣営はテレビの広告宣伝を通じて，課税についてボーサリズの立場を激しく批判，次にそれをオアが後押した。そのことはまた，一方でオアが年配の女性たちに配慮していたことを示している。2つの目的が，課税の趣旨を住民に知らしめ，ネブラスカ州で多くの年老いた投票者を抱える古い民主党にとって，不利に作用した。自分の立場を誤って伝えられたボーサリズは，テレビ宣伝で反撃したが，彼女が受けたダメージを覆すことまでに至らなかった(*Ibid.*)。

　第3に，メディアを制する点でオア陣営が優っていたことだ。多額の政治資金を要する広告部門における戦いで勝利しただけでない，オアはまた，争点およびこれらの争点に関してメディア分野でも勝利した。ボーサリズは，各々の課税源から州と地方の歳入の三分の一を目標にした，LB662として知られる「住民投票400」に賛成することを明らかにした。民主党陣営は，それが財産税の軽減をもたらすと述べた。だが，財産税の軽減は財産所有者が常に求めているものの，裕福な州民は，売上税および所得税の増大を望まなかった(*Ibid.*)。

　第4に，妊娠中絶に関する見解と立場である。今回の知事選の重要な争点の一つに，妊娠中絶問題があった。それは南オマハのローマ・カトリック信者と

民主党の拠点における投票者の動員に大きな影響を与えた。オアはダグラス郡で勝利した。そこは，ネブラスカ州で最も人口が多い地域で，西部郊外の保守的な共和党支持者のおかげで，市と郡を通じてオアの妊娠中絶に対する厳しい立場が功奏した。一方，ボーサリズは妊娠中絶に関して立場上断固たるローマ・カトリック信者との間で齟齬をきたしてしまったのが痛かった(*Ibid.*)。

第5に，選挙民対策が挙げられる。ボーサリズは，農村地域と小さな市のネブラスカ人たちの元来の傾向である，州都以外の「反・政府的感情」と戦う責任を負わされてしまった。オアはリンカーン市に住んでいたにも関わらず，リンカーン市以外の選挙民にも適切なメッセージを発した。これに対して，ボーサリズのメッセージは，教師，労働組合員，および政府職員のような，主として都市と政府の間の問題解決を望む選挙民に訴えるものであった。ボーサリズは，レーガン大統領の農業政策を批判し，しかも，ネブラスカ人に対して，レーガン＝トーネ＝オアの関係を連想させることで，オアのメッセージのいかがわしさを印象づけようとした。しかしそれは，有力な争点として表面化しなかった。その理由の一部は，「住民投票300」が崩壊，選挙運動の争点として失敗したからである。その他の理由としては，オアがレーガンを招いたこと，また，結果はどうあれ，政治資金に言及したことで弱点を克服したことであろう(*Ibid.*)。

第6に，政治資金の問題が指摘される。上で述べたように，政治資金に限るならば，共和党側はかなり潤沢であった。オアは，巨大な数のボランティア部門を抱えていたものの，スタッフとメディアに十分なカネを支払い，以前の州レベルでの選挙運動の経験から選挙の際に資金をいかに利用できるかをその術を知っていた。その際，オアは全ての面で積極的に動いた。政治資金とボランティアとを組み合わせることが出来た最も重要なことの一つは，支持者と不在投票者を目標に大量のチラシを準備して送付したことであり，それは民主党と比べた場合，選挙運動の大きな相違点でもある。ボランティア活動は，投票日に決定的に重要な要素，つまり，投票所に支持者が確実に出かけるように仕向

けて，棄権させないようにした(Ibid.)。

　第7に，挑戦する側のメリットの活用だ。民主党のロバート・ケリー前知事(1983年～1987年)は，2人の新人が知事選挙で対決した時に，民主党が共和党の利点を弱めるのは困難だと語った点で，正しかった。何故なら，一般的傾向として，民主党の挑戦者は，共和党の現職に対抗して戦った時こそ，勝利する機会を手にしてきたからだ。もちろん，そこには，当然批判される点もあり，現職が4年間政権を掌握している間に軽視したものを，失望した共和党に理解させる機会も存在する。ネブラスカ州で共和党を支持した7万5千人の有権者登録の増加は，共和党候補者が有する利点の一部に他ならず，その他のすべての条件が同じであると考えた場合，特に重要な得点であった(Ibid.)。

　ネブラスカ州知事選の予備選挙後に，『ロスアンゼルス・タイムズ』紙は，オアとボーサリズの2人の女性候補を取り上げている。タイムズ紙はテレビ・ニュースの報道について，次のように語った。社説の中では，"二人の候補者が発するニュアンスが—驚くべきことに—選挙運動に関連した政治的論議と争点がまるで，候補者が男性であったかのようであった"，と述べた。もちろん，候補者は女性であった。社説によれば，"民主党のボーサリズと共和党のオアは公職への候補者として適任であった"，という。その記事は，"ネブラスカ州の候補者の資格を引用し，その上で，これらの諸要因によって，ケリーが4年前に立候補した時よりも州政府内でより多くの経験を積んでいた"，と述べている。最後に，"男性と同じく争点を明示する女性の能力と統治する彼女たちの適正性という点で，何ら問題もなかった"，と結んだ(Ibid.)。

　なお，ここでは，オアが勝利した当時の政治的環境も無視してならないと，思われる。まず，民主党の前知事であるロバート・ケリーの存在が大きい。ケリーは，多くの女性たちを政権内に取り込んで，女性の政治的進出の足掛かりを築いたし，また，ネブラスカ州は，「人民党(ポピュリスト)」の伝統を有し，一院制議会への道を切り開いた極めて開明的な州の一つであったことを忘れてはいけない。さらに，西隣のワイオミング州は，米史上で最初に女性に参政

権を付与した州であったし，また，南に位置するカンザス州は，数年前に連邦上院に女性を送り込んでいた。最後に，ネブラスカ州の保守的な西部連邦選挙区は，著名なバージニア・スミスによって代表され，彼女は10年以上にわたり，農業局での経験を有し，有権者の信頼を得た「共和党」の女性であった。要するに，当時，保守的な中西部の州においては，女性たちが政治分野に進出する環境が十分に整っていたことである(*Ibid.*)。

4. ケイ・A・オア知事と政治活動

(1) 知事就任

1987年1月9日，共和党員として女性で全米最初となる，ケイ・A・オアが知事に就任，寒々とした大草原の町々に興奮のうねりを生み出した。宣誓の就任式会場で，ネブラスカ州務長官のアレン・J・ビーマンは，"今日は極めて特別な日である"，と述べ，そして"貴方たちが目撃したものは，何かとても異例で珍しい出来事である"，と語った(Thomas J. Knudson, 1987)。

そして，この出来事を目にしたリンカーン在住のゲイロード・L・ケルチは，次のように興奮してオアの知事就任の意義を語っている。"今回生じたようなことはネブラスカ州にとって極めて名誉なことである，と考えます。何故なら，オアは女性であって，女性も平等な権利を持つべきだし，将来に対する女性の道が開けた，といえるからです"。

知事の就任式場に出席していた，多くの共和党および民主党支持者にとって，オアの当選と就任式は，正に「女性の政治的進歩」のシンボルそのものであった，といってよかった。"私はヘレン・ボーサリズに投票した。だがしかし，女性が知事に就任したことは偉大なことである，と考えている"，とネブラスカのタイプライター会社のトルーディ・マリーズカル女史は語る。その上で，"これからは女性にも多くの(政治的)機会が用意されるべきであり，おそらくいつの日か，女性の大統領も誕生することでしょう"，と祝福の声をあげた(*Ibid.*)。

オア知事もまた，当選した時の記者会見で"私の当選は，政治的活動に期待し多くを望んでおりながら背後に押しやられてきた，個々の女性たちにとって素晴らしい力添えとなることが期待できるでしょう"と語った。

もちろん，現実には，この州に移ってきた開拓者たちと同じく，オア知事自身も厳しい多くの挑戦に直面していたのは否めない。たとえば，州歳入の低下，ネブラスカ経済の屋台骨である農業の低迷，および人口の減少，などがそれである。

しかし，オアはこのような問題を目の前にして，決して怖気づいたように見えなかった。それどころか，"我が州の歴史を通じて，ネブラスカ人は常に危険を冒してきた"，と就任式の挨拶でオアは述べ，そして，"我々は常に，新しい精神に到達し，高い目標，つまり，大統領の支持者たちを求めてきた"，と知事就任式で決意を披露した(*Ibid.*)。

知事に就任した当時オアは48歳の若さであり，誰にでも愛想がよくて，共和党政治の長い歴史でも極めて社交的な女性であった。オアは，1976年に，ネブラスカ州において大統領職を求めるレーガンの選挙運動を仕切り，そして，その他の農業州の共和党とは異なり，この年には，オア自身が大統領選挙に大きく関与していたのだ。

レーガンの代理補佐人のグウェン・キングによれば，レーガンはオアの就任式当日，リンカーン市に留まることを望んだ，という。そしてレーガンはキングに，"展望と勇気に満ちた指導者"であるオアを招待したいという声明文を送った。

就任式の挨拶の中で，オア新知事は自分の政権が，"現実主義を抑制し，楽観主義"によって特徴づけられるだろうと語り，その上で，オアは，さしあたり1987年の計画として，教育の改善，州の税制度の改革，および雇用の創設に焦点をあてることになるだろう，と指摘した(*Ibid.*)。ちなみに，宣誓就任式は，ネブラスカ首都にある東立法議院のドームの下で挙行され，その場所は，ネブラスカにおける最初の政治的会議を描いた煉瓦が天井に張られた，インディア

ン会議の場でもあった。

　もちろん，就任式には，オアの家族も彼女の脇に付き添っていた。オア知事の夫で「ウッドマン災害および生命保険会社」の主席副社長のウィリアム，夫妻の子供のジョンとスザンナ，オアの母親と継父のセディーとマックス・オア，並びにオアの夫の母であるキャロラインも一緒であった。

　しかし，オアは知事としてこの年，厳しい財政事情に直面，1986年の課税改革法に対応していた。州の財政制度は州民が支払った連邦税の総額に直接結びついていたので，オア知事は，州の歳入が今年だけで 2,400 万ドル，そして翌 1988 年には 3,600 万ドルも落ち込むであろう，と指摘せざるを得なかった (*Ibid.*)。

　オア知事は就任式の演説の中で"立法府が直面している最も緊迫した争点は，連邦議会が制定した抜本的な変化に適応するよう州の個人収入税を調整することである"，と宣言した。だから，いかなる増税も誓約できなかったのである。

　つい最近まで州財務長官であったオア知事にとっては，そのような課題に対して，どのようにして解決するのか詳細な考えを，当時必ずしも持ち合わせていなかった，ようである。ただオア知事は，そのような提案が1ヵ月以内に出されるだろうとだけ，語っただけだった。その他の西部の知事たちとは異なり，オア知事が増税を考えていなかったのは，間違いない (*Ibid.*)。

　オア知事の発言をさておくとして，州議会の目標の一つとして財政改革は当時，多くのネブラスカ州民にとって無視できない最大の関心事であった。だが，オア知事の就任式当日は，州都での虚飾に満ちた儀式の日に他ならなかった。というのもタキシードと正装，少量のパンチボウル，ビスケットとケーキが周りを飾り，新知事に挨拶するため待機している長い人々の流れが見られたからだ。だから，財政改革の方が後回しになったことは否めなかった (*Ibid.*)。

(2) 政治的活動

　オア知事時代の重要な出来事として，①LB775, すなわち，企業投資およ

び雇用成長税優遇措置　②ネブラスカ大学への最初の専用研究基金　③州税制改革，および　④デビット・カーネズの連邦上院議員への任命，などが挙げられる(Don Walton, 1988)。

　知事職は多忙であり，まるで砲火のような洗礼で始まった。オアが知事の宣誓した後の2週間後に，彼女はオマハの大企業から公然たる挑戦によって不意打ちをくわされた。それは州経済の将来について警報ベルを鳴らし，ネブラスカ州を企業税優遇の流れに進ませようとするものであった。

　さらにそれから，2ヵ月も立たないうちに，ネブラスカ州選出の連邦上院議員がオマハのペオニ公園の舞踏場の屋外で踊る最中，心臓発作で倒れた。そこで，突然降ってわいたように，新知事は新しく連邦上院議員を任命するという滅多にない試練に直面することになり，それは大きな政治的難題であり厳しい任務であった(Ibid.)。

　その後，オア政権の下で，税改革案が連邦税体制からネブラスカ州の所得税を分離することを目論み，企業税はネブラスカの企業にとって不利なものとなった。そのことは既成の路線からの脱線を意味した。つまり，そのような変化が，特定の人々の税金の値上げにつながり，減税の埋め合わせで元に戻さねばならなかったからだ。だから，オア知事にとってその頃受けた，政治的ダメージは極めて大きかった，といわねばならない。

　こうした状況の中で，ネブラスカ州に低レベル核貯蔵施設を設置するという計画が予期しなかった政治的課題として台頭してきた。放射能汚染という爆弾がオア知事の責任問題としてのしかかってきたのである(Ibid.)。

　すべての知事たちが，これまで多くの挑戦に直面してきた。しかし，今回のそれは金銭上の困難も伴っていた。だから，オアが1990年に再選を目指す頃までに，企業優遇発案，税改革の過失，および提案された核廃棄物の貯蔵設備はすべて，彼女に対して向けられた政治的攻撃材料となっていた。その上，オアが任命した上院議員候補者のデビット・カーネズは2年前，ボブ・ケリーに敗れていた。

もし誇れる僅かな成果といえば，オア知事の画期的創設案の一つで，ネブラスカ大学のため州が最初に特定の目的を持った研究基金を配布する構想である。それは，ネブラスカ大学リンカーン校とネブラスカ大学医学センターへの強力な研究計画を発展させる土台となった(*Ibid.*)。

(3) 1990年知事選挙

　1990年の時点において，ネブラスカ州の失業率は僅か2.1％に過ぎず，国中で最も低い数字であった。また，州の農業経済の動向も最近10年間で最も良好であったので，一般的な政治的論理（ロジック）——常識に従えば，オア知事が再選されて勝利するのは，ほぼ間違いなかった。

　しかし，この国では最初でかつ唯一の共和党の女性知事だったオアは，自身の政治生活の中において最も厳しい闘いを余儀なくされた。民主党の挑戦者でこれまで選挙公職についたことのなかった新人のベン・ネルソンとの間で，なりふり構わぬ壮絶な選挙運動を展開することになった，からである(William E・Schmidt, 1990)。

　再選を迎えた時に，オア知事は51歳になっていた。だが，オアはその他の共和党員，つまり，ブッシュ大統領のように，大きな影響を与えてきた同じ問題に最初の任期の大部分の間，悩まされていた。すなわち，大統領や州知事は選挙運動時の約束を反故にしないという有権者との間の約束である。だから，オアは4年間，州の税金を上げようとしなかったのだ。

　今日のような高い課税は，ネブラスカ州が1987年に州税法を成立させた以降のことであって，既述のように，オア知事は当初，いかなる増税も否定していた。にもかかわらず，オアが特定の人々の税を上げるという意向を示したので，この年に，彼女を当初支持していた有権者たちの間で怒りを増大させ——うかつにも，オアは（そう）言ってしまった——そしてその後，政治的ダメージを少なくしようと試み，公式に弁明したものの，世論の方は明らかに変化を示していた(*Ibid.*)。

1889年夏の世論調査では，オアの再選に何ら機会を与えていなかったように見られた。しかし，その週末に公表された調査結果では，二人の候補者は互角の支持率であった。

オマハにあるネブラスカ大学の政治学教授，ジェムズ・E・ジョンソン(Jemes E. Johnson)はいう。私は，オア知事が自身の過ち素直を認めることによって，失地を回復させ，その上で，税を引き下げる計画を提案して，オア知事への支持を増大させていくべきだ，と考えたと。

"しかし，そこには残された(影の)部分も存在する"と，ジョンソンは語る。"投票者たちは，オアが単に増税しただけでなく，その後，オアが(任期中に)実現出来なかった事実について，うそをついたと，考えていた"ことだ(Ibid.)。

ネブラスカ州の論争は全国的に見ても，共和党にとって特別に重要な意味を持っていた。それは何もオア知事が女性だったからでなく，全国政党内のオアが占めているその地位の故でもあった。既述のように，当時のブッシュ大統領支持者たちの支援もあって，1988年共和党全国大会における綱領起草委員会では，オア知事はかなり名の知れた女性委員長となっていたし，またオアはネブラスカ州の共和党ではそれ以上に有名な存在であった(Ibid.)。

これまで，ネブラスカ州では登録した共和党員が民主党員を数で大きく優り，さらに州は伝統的に大統領選挙では圧倒的に共和党が強かった。にもかかわらず，いかなる共和党知事といえども，1957年以来，ネブラスカ州では二期続けて再選された者はいなかったのだ。

対立候補のネルソンは当時41歳で，票の数え直しにより41票という僅かな差で支持された後，春の民主党予備選挙で勝利を手にした。たとえ，そうだとしても，党の主流派はネルソンの選挙運動を支持して強固にまとまっていたし，また，保険会社の社長としての彼の経歴が多くの共和党支持者たちに受け入れられるように思われた。そこに突然，課税問題が，争点として浮上してきたのである。

そこで，民主党側の選挙戦術は，課税問題でオアに強い圧力をかけ，その上

で，オアを信用のおけない"大浪費家"として，描こうと試みることであった。それに対して共和党の方は，ネルソン陣営から発せられた非難に反撃を開始，彼の金融および企業取引について疑問点を提示することだった。そしてネルソンを，自身の所得税を公的に申告することを拒否したと，批判した(*Ibid.*)。

　オアを支援するジョンソン教授とその他の人々は，選挙当日の高い投票率に期待をかけた。その理由の一部には，広範な住民の関心を引くいくつかの住民発案の故であり，それには州の支出の増大額を年2%に抑える住民投票も含まれていた。だがその一方で，核廃棄物の捨て場をめぐって，住民の間に大きな怒りが生じていた事実を忘れてはいけない。オア知事の選挙運動が，田舎の北東ネブラスカにおける乱気流に巻き込まれてしまったのだ。彼女はネブラスカ州とその周辺州に供給された低レベルの核廃棄場を設置する計画を支持していた。ボード郡の共和党組織の中で，計画されたごみ捨て場用地では，ネルソンが批判したこともあって，オアの支持者には強い不満が存在していた(*Ibid.*)。

　選挙運動の最終日，ネルソンは，人気のある前知事のボブ・ケリーの陣営内でその週に遊説していた。一方，オアは，民主党候補よりも2対1の割合で多額の資金を注ぎ込み，州内6都市のツアーでも有力な人物を同行させていた。オア陣営には，ネブラスカ大学の運動部の監督である，ボブ・デバニーが付き添い，彼は，ネブラスカ大学のフットボール・チームを全国的な強力チームに作り上げ，多くの州民から尊敬されていた人物であった。

　オマハに留まっていた時に，デバニーはオア知事と大きな握手を交わした。その時，彼は最近，ネブラスカ人たちが試合で負けたことがなく，しかも全米で第三位に位置しており，オア知事の支持なしでは成功しなかったのだ，との確信を表明した(*Ibid.*)。

　さらに，信じられないことに，オアの選挙運動を担当していたコンサルティング会社が，予定した全てのテレビ・メディアを買収することに失敗，それはオア陣営の選挙運動を計画通りに利用できる時間を，テレビ・スポットの購入に終日，走らせる結果となった。

この時，オア陣営の選挙運動を取り仕切っていたのが，ダグ・パロットで，彼は情報宣伝関係の責任者であった。パロットは"テレビ広告がなされるべきだと考えられた時間帯に，全く行われず，しかもメディアによる有権者調査一覧も極めてすくなかったので，手にすることのできる全てを買うことができなかった"，と後に告白している(Ibid.)。

　パロットが言うには，オア陣営の選挙運動はそれが最も有効的方法で，適切な時間帯にTV広告を流すことができなかった。その結果，選挙当日，オアは民主党の候補者ベン・ネルソンに29万2,771票対28万8,741票とわずか4,030票の僅差で敗れてしまい，それは四代も続いた共和党知事が再選に失敗することにつながった。

　しかし，それから22年経過した今日，ようやくオア元知事はそのことについて落ついて話す準備ができた。オアの方からインタビューを受けると言ってきたのである。家族，特に孫たちに励まされたのに勇気づけられて，彼女は知事時代の問題に答える準備が整ったのである。

　オアは知事時代について，州民がどのように私のことを考えていたのかとても心配していたのだ。オアは言う。"そうなのです，私は非常に心配していました。私が望んだことは，知事としての4年間について正しい理解が存在することです。人々は他人の履歴を評価することについて自身で決定をなすことが出来ます。しかし，彼らはもし十分に情報を持ち合わせていなかったとしたなら，私について建設的な意見を持つことができません"。

　1990年10月26日，オアの宣伝車が再選選挙運動の最終日，オマハへの途中，州間高速道路80で転がり落ちた時のことを回想しながら，オアは自身に与えられた評価を語った。つまり，"私は良き知事であったと思っていましたが，しかし私は(有権者が望むような)極めて良きタイプの政治家ではなかったわ"と，オアはインタビューの最後に告白した(Ibid.)。

5. おわりに

　オアの再選を阻んだ要因として，2つの問題へ対応をあげることができる。一つは，増税であり，もう一つは，放射能廃棄物の受け入れである。

　オア知事は，選挙中から増税はしないと公約していた。そのため州内の困難な課題に対しても，保守的な解決策を提案，また州議会もオア知事のリーダーシップに積極的に対応した。だが，オア知事は1987年，大きな難問に直面した。それは，オハマ市に本社がある複合企業のコナグラ（ConAgra）が，州議会が企業側に有利なように州の所得税法を改正しないならば，テネシー州に新たな本社を設けてネブラスカ州から撤退する，と発表したからである。企業による州政府に対する，一種の脅しである。

　ネブラスカ州は，50州の中でも，企業税と個人税の税負担が低いほうである。州議会はオア知事の要請に応じて，企業に対する実質的な減税を規定した法案を2対1の票差で可決した。当該法案にはまた，ネブラスカ州への大きな投資に関する信用貸付け，特定の財産および設備に関する控除，並びに州内での事業所得に関する課税基準の制限も含まれていた。その他に，最高所得者への個人所得税の減税を規定した法案も成立した。これらの措置は，企業側に最大の配慮を示したものであった。

　州政府はその他の税金をあげることで，財源不足を賄うことになった。だから，1998年の州知事選を迎える頃には，州の多くの有権者たちは，所得税の増税を促進したのが，州議会ではなくて，オア知事自身だと確信するに至った（Frederick C. Luebke, 2005）。

　しかも一方でオア知事は，州北部の人口のまばらなボイド郡に，5つの州から排された原子力発電所が出す「放射能廃棄物」を受け入れる計画に率先して賛成，この計画を促進することを手助けした。当然のことながら，その計画に対して，ボイド郡から大きな反対に出会い，また州内の他の地域からも強い反対を受けた。その課題こそ，11月の知事選で再選をねらうオア陣営にとって，

大きな難問として浮上してきた課題に他ならない。

連邦議会は1980年に，「低レベル放射能廃棄物政策法」を制定した。それは各州に対して，州自身が保管所を建設するかまたは用地を共同で見つけて建設するかのいずれかにより，州自身で低レベルの放射能廃棄物を処理する方法を探す，ことを求めていた。

カリフォルニア州とネブラスカ州のみは，核廃棄物保管施設を建設し運用する認可書を選びこれを申請した。その保管施設となったのが，ボイド郡に他ならず，予備選挙では，オア知事はボイド郡で大きな票を失っただけではない。保管施設の建設を検討したその他の郡でも敗退するはめになり，本選挙において，民主党のベン・ネルソンに惜敗する大きな要因となった(William Robbins, 1990)。

最後に，オア知事が「ジェンダー・ギャップ」にどのように対処してきたかを検討する。"そのことを貴方はどのように考えているのですか"。その言葉は，20年前にネブラスカの最初の女性知事に，男女の性差別による偏見を経験したことがあるかを尋ねた時のオア自身の答えであった。

後にオアはそのことについて，インタビューの中でこのように回答している。多くの場合，オアは知事として4年間彼女が無視してきたように，"差別"をはねのけてきたのだ。オアはいう。"そうですね。そこには，2つの重要な消息が想起されます。それは，はっきりとしており，しかも時々，それは耳ざわりでありました"と指摘する。

まず，"オアに向けられた軽蔑的な批評が見られた，という。とくに，企業のエリートたちからいくつかあった"，とオアは証言した。さらにそれは，オア知事がデビット・カーネズを上院議員に任命した時に，より明確となってきた。"それは公然たるものでなかった。だが，企業のエリートたちは，オアを女性知事として全く無視したやり方で冷淡に扱った"，と回想する。何故なら，オア知事が連邦上院議員の空席にカーネズを任命したことは，ネブラスカ州，とりわけオマハの企業界メンバーの思惑を無視することになった，からだ。

また州の議員集団との会合に出席した時，オアは数少ない女性の一人であった。ちょうどその時，彼女は美しいドレスをまとっており，出席していた何人かの男性は彼女をじっと見ていた。

　オアは5フィート5インチの背丈である。だが，"彼女は強靭（タフ）であった。その当時，その場所にいることは，女性にとって勇気のいることであった"，とオアは告白する。オアはその部屋にいた唯一の女性であったからだ。オアはまた，当時，州財務長官の要職に就任，それ以前は，知事チャールズ・ソンの主席秘書官であった。しかし，今度は全く立場が異なっていた。オアは，知事として州の最上位に位置していたものの，男性によるいくつかの差別的傾向や不快な態度が見られた。先に紹介したコンアグラ社の社長"マイク・ハーパーはそのいくつかの事例の典型的人物だった"。しかしオアはいう。"私はそれを無視したわ"，と。

　"女性は真剣で，しかも強力でもしくは強靭であるように思われた時，男性の間には，明らかに困惑の表情が見られた"，とオアと語る。彼女の外観に関して，"私の洋服と髪に多くの人々の注目が集まった"，とオアは述べる。だから，そのような公式の席上では，オアはめったに笑顔を見せなかった，という。

　オアが州外の行事に出席した時，夫のウイリアムと一緒だったことが何度かある。彼女は言うには，初めに，"知事"に近づきそして話しかける相手は夫の方であったと。企業界の何人かの責任者がオアに近づいてきたことについて，彼女は"間接的な評判と不快な論評"を十分に承知していた。"そして結局，オアは彼らのために尽力したが，彼らは1980年の知事選挙の時には，オアを無視して全く支援しなかった"（Don Walton，1988）。

　オアは知事時代の1988年8月29日，"オア象に乗る"といった新聞記事に象徴されるように，肝の据わった度胸のある女性である。リンカーン市において，キリンキング・ブラザーズ・バーバム・アンド・ベリー・サーカス団所有の象の上に乗って群衆に手を振って見せたし，また，ジェット機にものりこみ勇ましい姿を披露するなどして，州民たちを驚かせている。夫のウィリアムは，「フ

ァースト・ジェントルマン」としてオアを側面からいろいろと援助した。彼はまた料理人としても有名で，料理に関する本を公刊しているほどである。

　以上，中西部の極めて保守的な州の一つであるネブラスカ州において女性同士の戦いを制して知事に就任した，オアの政治行動および州政治への対応，並びにオア知事に対する男性サイドからの差別的といえる態度の一部とその対応ぶりを紹介してきた。オアが知事に当選して残したものは，何か？　それは女性といえども，男性社会に屈することなく立派に政治的課題を処理できるという事実に他ならない。オアは，「男性中心」の政治の世界にあって，ネブラスカ州の女性知事として，立派にその役目を果たした，のである。

　結論をいえば，ケイ・A・オアはまぎれもなく「保守的政治家」であった。しかし，単なる"マドンナ"の役割に終わることなく，男性支配下の「共和党」の中軸にあって，しだいにその能力で注目を集め，困難な政策を果断に遂行した女性「政治家」の一人であった。しかもオアは業務が多忙であったにも関わらず，一貫して「主婦」としても務めあげ，完全に献身的な妻であって，かつ母親であった，と夫のウイリアムズが証言している。それは驚嘆に値する，といってよい。

参考文献

Thomas J. Knudson, "Nebraska, in New Page To History, Instalis Woman," in *The New York Times,* January 9, 1987.

John Barette, ed., *Prairie Politics: Kay Orr vs. Helen Boosalis —The Historic 1986 Gubernatorial Race,* Media Publishing & Marketing, Inc., 1987.

Don Walton, "Opening the History Books on Kay Orr's legacy," in *The Lincon Journal Star,* Aug. 29, 1988.

Nebraska Blue Book, 1988～1989.

William E. Schmidt, "Nebraska Governor in Fight To Save Her Political Career," in *The New York Times,* Nov. 3, 1990.

William Robbins, "Politics Overtake Selecting Nuclear Dump Sites," in *The New York Times,* Sep. 30, 1990.

"Nebraska Poltics, 1970～2005," in Frederick C. Luebke, *An Illustrated History-Nebraska,* Univ. of Nebraska Press, 2005.

Beth Boosalis Davis, *Mayor Helen Boosalis: My Mathers Life in Politics*, Univ of Nebraska Press, 2008.
"Kay A. Orr", in *The Nebraska State Library and Archives*.
藤本一美『ネブラスカ州の一院制議会』東信堂，2007年。

第8章
ジェニファー・M・グランホルム ミシガン州知事

(1959年2月5日～)

1. はじめに

　米国のミシガン州において第47代の知事に就任したジェニファー・M・グランホルムは，1959年2月5日，カナダのバンクーバーで生まれている。カリフォルニア州のサンフランシスコ・ベイ・エリアのサン・カルロス市で成長期を過ごし，カリフォルニア大学バークレー校卒業後，ハーバード大学法科大学院で法学を学んだ。彼女は，ミシガン州第6上告巡回裁判所の法務職員として公共サービス分野における経歴をスタートした。グランホルムは，1974年に，ミシガン州ウェイン・カウンティー・コーポレーション（Wayne County Corporation）の法律顧問となり，1990年に，ミシガン州デトロイトの連邦検察官となった。彼女は，1998年には，ミシガン州における最初の女性の最高行政官（Attorney General）に選出され，その後，2002年11月にミシガン州第47代知事に選出され，2006年11月に再選を果たし，2011年1月までの2期8年にわたって，ミシガン州知事を勤めた。

　因みに，ミシガン州といえば，アメリカの中西部地域の北に位置しており，周囲はスーペリア湖，ミシガン湖，ヒューロン湖に囲まれ，陸地はウィスコンシン州，インディアナ州，オハイオ州に接し，陸地面積は約25万平方キロ・メートルで全米第8位，人口は約989万で全米第11位，主要産業はデトロイトの自動車メーカーの"ビッグ・スリー"で知られる自動車および自動車関連産業である。なお，ミシガン州の政治風土は，近年，共和党と民主党が拮抗しているものの，州議会は両院とも共和党が多数派を占めており，共和党の大統領候補のロナルド・レーガンやジョージ・H・W・ブッシュを支持してきた。現職知事のリック・スナイダーもまた，共和党員である。因みに，州名の「ミシガン」は，この地に先住したインディアン部族，チッペワ族の言葉で「大きな湖」を意味する mishigamaa がフランス語で訛ったものだ。州都はランシング市であるが，経済の中心デトロイト市は，五大湖メガロポリスの中央に位置しており，国内第2位の大都市圏になっている。

第8章　ジェニファー・M・グランホルム　ミシガン州知事

　本章では，ジェニファー・M・グランホルムのミシガン州知事選出当初から2期8年間の任期を終えるまでの8年間にわたって，州知事としての活動を簡潔にまとめたものである。ミシガン州は，UAW (United Automobile Workers＝全米自動車労働組合) などユニオンによって，もっとも経済的に疲弊した州の一つであったが，グランホルム知事のリーダーシップによって，最終的には40億ドルの財政赤字を解消，アメリカの全州を通じて，最高の職場創出に成功した。

　2002年11月の選挙で，グランホルムがミシガン州知事に就任した当初は，アメリカ国内の全州が，"失業の解消"を合言葉に，経済の回復を目指して奮闘していた。そこには，慢性的なエネルギー不足，破壊されたインフラストラクチャー，健康保険および教育の不平等なシステムが蔓延し，その上，容赦のない財政赤字があり，ミシガン州は，これらすべての問題を抱えたいわゆる"グラウンド・ゼロ"の状態が続いていた。

　アメリカのすべての都市，州は，税収不足に陥っていたものの，とくに，ミシガン州では，巨額の予算不足の状態が過去連続8年間も続いており，国内のいずれの州よりも大きな割合で予算を切り詰め，しかも毎年，予算のバランスを維持することに努力していた。

　なお，ミシガン州においては，"ビッグ・スリー"といわれるアメリカ3大自動車メーカーを含むその他の多数の自動車メーカーと自動車部品メーカーがUAWに加盟していた。"ビッグ・スリー"のうち，クライスラー社が2009年4月30日に経営破綻，続いてゼネラル・モーターズ社が同年6月1日に経営破綻した。なお，フォード・モーター社は，連邦政府から財政支援こそ受けなかったものの，しかし経営状態は厳しかった。クライスラー社およびゼネラル・モーターズ社の2社は，いずれも地元の裁判所に対して，いわゆる日本の会社更生法に当たるアメリカ合衆国連邦破産法 (Title 11 of the U. S. Code-Bankruptcy) の第11条 (Chapter 11, Reorganization) の適用を申請した。

　このような状態にあったミシガン州は，根底から変わらなければならなかっ

た。否，アメリカ全体が，変わらなければならなかった。ここでもっとも重要なことは，成長に関する知識を一度打ち破るマインド・セットのシフト・チェンジの必要性であった。過去 30 年間にわたる保守主導の後，世界的な競争は，今や機能しなくなり，純粋なレッセフェールと自由市場主義という難関に直面していた。当時の経験値では，税金の引下げ，規制緩和，そして，政府に対する手渡しのアプローチは，仕事や利益や繁栄のための魔法の公式とはなり得なかった。各州政府もまた優遇税制をはじめ，信用貸与や規制緩和で企業誘致に奔走した。しかし，結果は，国際競争力に打ち勝つ努力よりも州対州の競争に帰着した。

2000 年以降，ミシガン州の自動車産業は，にわかに地球の環境変化に対応したクリーン・エネルギーへの需要に対応するようになり，利益を追究し，労働力を拡大するようになった。UAW は，指導力を発揮して，さらに創造的で，柔軟性のある，そして，競争力のある労働力を新たな協力的アプローチへ仕向けるようになった。多数のクリーン・テックを目指す企業が，ミシガン州に本社機能を置くようになり，持続可能なエネルギーと環境的破壊をもたらす化石燃料への依存をより少なくするアメリカを目指して前進するようになった。多くの企業は，自信に満ちた，想像力に富んだ，確固たる決断を抱いて，新しい，未知の未来へ向かって大胆に前進しようとするようになった。

本章の執筆に際しては，ジェニファー・グランホルム知事自身および夫のダン・マルハーン(Dan Mulhern)氏との共著『*A Governor's Story - The Fight for Jobs and America's Economic Future*』(New York：Public Affairs, 2011)に大きく依拠していることをお断りしておきたい。また，巻末に掲載した複数の著書やウェブ・ページも大いに参考にさせて戴いた。さらに，グランホルム知事の在任中，毎年 9 月，日本とアメリカとの間で交互に開催されていた「日米中西部会合同会議」におけるグランホルム知事の講演やレセプションなどの場を通じて，筆者が直接知り得た情報も，本章の各部分に反映されている。

2. 家族関係と家庭環境

(1) 生い立ち

　ジェニファー・M・グランホルムの父ビクター・アイバー・グランホルム (Victor Ivar Granholm) は，スウェーデンに祖先をもち，一度も声を荒げることもなかった優しい紳士であり，熱烈な共和党支持派であった。ジェニファーは，父から他人の悪口や虚言や不平を一度も聴かされたことはなかった。ジェニファーの母シャーリー・ダウデン・グランホルム (Shirley Dowden Granholm) は，カナダのニューファウンドランド出身の素朴な人柄の女性であった。

　ジェニファーが幼少のころ，母親シャーリーから，"翼を広げて飛び立ちなさい!!"とよく言われていた。その上，さらに次の3つのアドバイスを与えてくれた。① 自分のことを第三者にしゃべりすぎてはいけない。誰もそんなことを聞きたいとは思わない。② 第三者にお金を無心してはいけない。そして，③ いつでもオシャレ着ばかりを着ていてはいけない。

　19歳になったジェニファーは，一人でサン・カルロス市の自宅を出て，車を駆ってロサンゼルスへ向かった。なぜなら，彼女は，ハリウッドに憧れる若い何千人ものブロンド女性の一人であったからだ。ジェニファーは，有名なアメリカン・アカデミー・オブ・ドラマティック・アーツ (American Academy of Dramatic Arts) で女優を目指して本格的に授業を受け，ローレンス・オリビエの女性版を目指した。

　しかし，そこにあったのは，多くの可愛い女性たちのための集団オーディションの連続であり，つまらないエージェントとプロデューサーによる活気のない遭遇戦だけであった。こうしたことが，若いジェニファーを憤慨させ，怒らせてしまった。

　その後，ジェニファーは，自らの生活を維持するため，ロサンゼルス・タイムス紙のカスタマー・サービス部門で平凡な秘書として働いたほか，ユニバーサル・スタジオでツアー・ガイドとして働いた。

1980年の夏，ジェニファーは，ユニバーサル・スタジオの裏のパティオで過ごしていたころ，ツアー・ガイドの傍ら，政治哲学と市民権の歴史の本を読み，1980年大統領選挙で独立派の大統領候補ジョン・B・アンダーソン(John Bayard Anderson)の大統領選挙運動を手伝った。因みに，ジョン・アンダーソンは，1922年2月15日生まれで，1961年から1981年までの10年間にわたって，イリノイ州第16下院議員選挙区から選出されていた元共和党下院議員であり，1980年の大統領選挙に独立派から立候補した。彼は，フェア・ヴォート(Fair-Vote)委員会の委員長として12年間勤めたことのある政治指導者であった。

(2) 再び学びの場へ

　この年，ジェニファーは，アメリカ市民として帰化した。しかし，彼女には，大学の学位もなければ，信用もなかった。そこで，20歳を迎えた彼女は，ロサンゼルスを離れて，大学教育を受けることを決断した。

　ジェニファーは，カリフォルニア大学バークレー校へ進学，生まれ変わった気持ちで，政治学と市民権法を学んだ。その結果，1984年，彼女は，政治学ならびにフランス語のダブル学位を修め，家族のなかで大学を卒業した最初の女性となった。

　その後，ジェニファーは，ハーバード大学法科大学院へ進学した。そこにおいて，現在の夫ダン・マルハーンと知り会い，2人は結婚する。彼女が，同法科大学院の3回生になったとき，『Harvard Civil Rights - Civil Liberties Law Review』紙の編集長に選出された。当時，ジェニファーは，将来の夢として，市民権弁護士か，大学教授か，判事を目指すようになっていた。

　ハーバード大学法科大学院を修了(JD=Juris Doctor)したジェニファーは，連邦検察官として働き始めたが，その後1994年初めに，夫ダンが働くミシガン州ウェイン・カウンティー・コーポレーションで，法律顧問として働くことになった。彼女は，ミシガン州最大の郡の法律部門をリードする立場に立った。

第8章　ジェニファー・M・グランホルム　ミシガン州知事　*191*

　1998年，ミシガン州の最高行政官フランク・ケリー(Frank Kelley)が，37年間にわたって在職した後，辞任を発表した。これを受けて，グランホルムは民主党の指名を獲得，最高行政官に選出された。

　グランホルムは2002年，ミシガン州の共和党知事ジョン・エングラー(John Engler)が，任期満了，その後釜として，民主党から州知事候補として立候補，同年11月5日(火曜日)，ミシガン州にとっては女性初の知事として見事に選出された。

3.　グランド・ゼロからの出発

(1)　2002年のミシガン州知事選挙へ初出馬

　2002年の州知事選挙戦を目前にして，ミシガン州の経済は，グローバリゼーションや進歩的な生産性や技術的な変化の波にさらされ，多くの製造業が，人員削減を迫られ，賃金の安い低開発国へ進出していった。その結果，ミシガン州の失業率は，1990年の時点で3.2％であったものが，2002年の末に6％に達した。しかも景気後退によって，州の税収は落ち込み，州の予算は大きく均衡を欠くようになった。エングラー前政権による減税政策は，奏功するどころか，かえって悪化の道を辿っていったのだ。

　ミシガン州における2002年の民主党の予備選挙では，ジェニファー・グランホルムをはじめ，デイビッド・ボニアー(David Bonior)，ジェームス・ブランチャード(James Blanchard)の3人が立候補。結果は，グランホルム499,129票(得票率47.69％)，ボニアー292,958票(同27.99％)，ブランチャード254,586票(同24.32％)で，結局，グランホルムが民主党の代表指名を獲得した。

　一方，2002年の共和党の予備選挙では，現職副知事のディック・ポストヒュームズ(Dick Posthumus)をはじめ，ジョー・シュワルツ(Joe Schwarz)，ジム・ムーディー(Jim Moody)の3人が立候補した結果，ポストヒュームズ474,804票(得票率81.39％)，シュワルツ108,581票(同18.61％)，ムーディー0票

(同0％)で，ポストヒュームズが共和党の代表指名を獲得した。

　結局，2002年のミシガン州における知事選挙では，民主党から知事候補グランホルムが立候補し，共和党から知事候補ポストヒュームズが立候補したほか，第3の政党であるグリーン党からダグラス・キャンベル(Douglas Campbell)，そして，憲法党からジョセフ・M・ピルチャク(Joseph M. Pilchak)の4人による知事選挙戦が展開された。

　選挙戦において，共和党のポストヒュームズ候補の主張は，エングラー政権がそれまで掲げてきた税金減額政策を今後も引き続いて実施し，その結果，景気の回復を図るというものであったが，これは州民にとって陳腐にしか思えなかった。

　これに対して，民主党のグランホルムは，ミシガン州における教育改革を強力に訴え続けた。それは，教育改革によって住民が高給を得られる職業に就き，結果として，州における経済成長を再出発させることができるという基本的考え方に基づいていた。2002年州知事選挙キャンペーンにおけるグランホルムの主張は，すべての児童を対象とした素晴らしい教育制度の創造に焦点を当てた。その内容は，①予算を割り当て，その上で，早期児童教育に投資する。②クラスの児童数を縮小する。③都市部における学校を新たな，より高度な水準に合わせる。④教授法の専門性を高める。⑤すべての児童が大学教育を受けられるようにする。⑥大学の授業料を引き下げる。⑦上を目指すすべての児童のために，奨学金を支給できるようにする。

　ポストヒュームズは，自らの保守的な信任とともにミシガン州におけるルーツを強調し続けた。そのことは，グランホルムの"バークレー"や"ハリウッド"や"ハーバード"といった匂いのする新入りの若者に比較して，ポストヒュームズの方がミシガン州にとってよりよい政治をおこなうことができる，ということを暗に主張していた。

　一方，グランホルムの選挙キャンペーンは，大学卒業のクラスをはじめ，労働者，中小企業経営者，起業家，独立派の人々，共和党のリベラル派の人々な

第8章　ジェニファー・M・グランホルム　ミシガン州知事　193

ど幅広い層を魅了した。

　選挙戦の結果は，民主党のグランホルムが1,631,276票（得票率51.4％），共和党のポストヒュームズが1,504,755票（同47.4％）で，グランホルムが競り勝ち，ミシガン州で初めての女性知事が実現した。

(2) 女性初のミシガン州知事誕生

　2002年11月5日（火曜日）。それは，米国では中間選挙の日であり，同時に，ジェニファー・グランホルムにとって，州知事選挙の日でもあった。その日は，グランホルムと彼女の選挙キャンペーン・チームは，いよいよ選挙運動の最終日ということで，ミシガン州内を終日，キャンペーン・カーで駆け巡り，疲れ果てて，ホテルの部屋に倒れ込むようにして寝込んでしまった。

　2002年11月6日（水曜日）早朝，夫のダンが，いちばんにグランホルムに当選を知らせてくれた。投宿中のホテルのドアを開けると，『デトロイト・フリー・プレス』紙の第1面トップに"彼女がボスだ"(SHE'S THE BOSS)という見出しが目に飛び込んできた。もちろん，グランホルムには，州知事として働く準備ができていた。

　同日午前10時47分に，選挙チームの主要なメンバーであるデイブ・カッツ(Dave Katz)，ジル・アルパー(Jill Alper)，リック・ウィーナー(Rick Wiener)が，グランホルムを取り囲み，"ジェニファー，当選，おめでとう‼"という声とともに，一同は喜びに沸き立った。

　グランホルムは，ファースト・レディーのヒラリー・ロダム・クリントン(Hillary Rodham Clinton)が，デトロイトのコボ・センター(Cobo Center)へ選挙応援演説に駆けつけてくれた時のことを想い出して，ヒラリーに対する感謝の気持ちでいっぱいであった。

(3) ミシガン州知事として始動

　2003年1月1日，ミシガン州議会議事堂において，ジェニファー・グラン

ホルムの知事の就任式が厳かに執りおこなわれた。そこには，選挙戦をともに戦ったランニング・メイトのジョン・チェリー (John Cherry) をはじめ，カリフォルニア州のサン・カルロスから駆けつけてくれた両親，夫のダンと子供たち，友人たち，選挙キャンペーンの協力者たち，そして，州政府のスタッフたちや多数のゲストが参列した。

就任の式典が終わると，州会議事堂から4分の1マイル（約400メートル）ほど離れたコンベンション・センターまで黒塗りのマスタングのオープンカーに乗って移動し，そこで初めてミシガン州民にあいさつの言葉を述べた。引き続いて，来賓のスピーチの後，ミシガン州出身の"ソウル・ミュージックの女王"と呼ばれているアレサ・フランクリン (Aretha Franklin) によるアメリカ合衆国国歌"星条旗よ，永遠なれ"(Star-Spangled Banner) の素晴らしい歌声が会場いっぱいに響き渡り，盛り沢山のイベントの後，盛大なレセプションが繰り広げられた。

ミシガン州の州都ランシングの州議会議事堂へ辿り着いたグランホルムは，自分の心のなかのヒーローによって著わされた本や芸術作品で執務室を装飾した。それらのなかには，マザー・テレサ (Mother Teresa) やキース判事 (Judge Keith) の写真立て，マハトマ・ガンディー (Mahatma Gandhi) やマーティン・ルーサー・キング博士 (Dr. Martin Luther King) の顔の彫刻，ジョン・F・ケネディーの著書 *Profiles in Courage*（邦訳『勇気ある人々』），ベンジャミン・トーマス (Benjamin Thomas) の著書 *Abe Lincoln : A Biography*（『エイブ・リンカーン伝記』），ヒラリー・クリントン (Hilary Clinton) の著書 *It Takes Village* などが含まれていた。

通常，米国でも1月1日は祭日のため，職場は休みとなる。だが，この年は新州知事の就任式がおこなわれるため，一部の州政府関係者にとっては休みを取ることができなかった。

グランホルム新知事は，早速，最初の公式な会合を開催，州の予算について協議した。彼女は，知事として，最初に困難な問題に取り組みたいと考えてい

て，問題に対して十分な創造性と知性と決断力を投入しさえすれば，赤字の削減は克服できるという自信があった。しかし，それは簡単ではなかった。

エングラー前政権時代から予算局長を勤めていたマリー・ラノイエ(Mary Lannoye)は，それ以前に2つの郡において，やはりそれぞれ予算局長を勤めていた。彼女は，州都ランシングにおいて，420億ドルのミシガン州の全予算のうちのペニーにいたるまで探し出すことができたし，ミシガン州内の5万5,000のすべての企業について把握していた。彼女の下で働く予算局次長のナンシー・ダンカン(Nancy Dancan)もマリーと同様に広範にわたる深い知識があった。幸いなことに，2人ともグランホルム政権に留まることを了承してくれた。2人は，厳格な目をもった専門家であった。マリーとナンシーは，収支のスプレッド・シートを準備して，予算の削除ができる項目の推薦文を付け足してくれた。

グランホルムは，州の財務局長にジェイ・ライジング(Jay Rising)を指名した。ライジングは，弁護士で，民主党の元ミシガン州知事ジェームス・ブランチャード(James Blanchard)の下で財務局次長として働いたことがある財務の専門家であり，後を手繰れない問題に対して，革新的な方法で解決を見出す能力があった。

ミシガン州予算の混乱は，もはや驚くようなことではなかった。エングラー前政権下のとくに最後の2年間(2001年～2002年)に，州の経済は恐ろしいほど周期的な変化を繰り返していた。ミシガン州は，過去100年間にわたって，自動車産業によって支えられてきた。アメリカが活気を呈していたころ，多くの人々が自動車を購入，ミシガン州の自動車産業は繁栄に拍車がかかっていた。

そこへ避け難い不況の波が押し寄せたのだ。国家経済は落ち込み，自動車需要は下降線を辿り，とくにコンチネンタル，キャデラック，チャレンジャーなどデトロイトの利益に繋がる大型で高価格車の需要が大きく落ち込んだ。その結果，自動車産業に携わる従業員は解雇され，その波及効果は全米全体に及んだ。2003年1月のミシガン州の失業率は6.5％に達し，その年の夏までに失業

率は7％に達する勢いであった。ことに，ミシガン州の2003会計年度の税収落ち込みは激しく，この傾向は，2004会計年度も継続する見通しとなった。

(4) 緊急事態のオン・パレード

こうした事態の中で，グランホルム知事は，2003年の初め，共和党が多数を占める州議会と張りつめた予算の交渉を始めなければならなかった。エングラー前政権は，われわれが望まない負の遺産を遺して去っていった。

デトロイト・メディカル・センター(DMC)は，ミシガン州内で最大のヘルスケア・センターで，もっとも貧困な世帯の患者を対象として運営され，セイフティー・ネットを有する9つの病院群から成る。その施設は，婦人科病院，小児科病院のほか，米国全体でもっとも活発なトラウマ・センターがあるが，いずれも多額の赤字運営が続いていた。同センターのドクター・アーサー・ポーター(Dr. Arthur Porter)最高経営責任者は，病院の閉鎖か大幅な解雇を公表，州の基金による救済を要請していた。同センターの救済には5,000万ドルが必要であった。

グランホルム知事は2003年6月16日，DMC救済のため，デトロイト市長のクウェイム・キルパトリック(Kwame Kilpatrick)とウェイン・カウンティー・エグゼクティブのボブ・ファイカノ(Bob Ficano)と話し合った。その結果，DMCの救済が決まり，病院の理事会は，大幅な改選がおこなわれた。最高経営責任者には，タフな管理で知られるマイク・デュガン(Mike Duggan)の就任が決まり，新規体制による運営が始まった。結局，州政府によるDMCの救済および再改革の後の1年で，DMCは数百万ドルの黒字運営に転じた。

そのような情況のなかで，ある夏の夜，ベントン・ハーバー(Benton Harbor)において，暴動が発生した。暴徒によって，家屋が焼かれ，ミシガン州警察の車両までもが燃やされた。ベントン・ハーバーは，ミシガン湖の東岸に位置する人口わずか1万2,000人の黒人で構成された市である。しかし，労働人口の25％が失業者で占められたもっとも貧しい市でもあった。市民の間には，

経済的な不満の声が充満していた。

　ベントン市の市長チャールズ・ヤーブロウ (Charles Yarbrough) は，市民に対して，"放火は止めなければならない。投石は止めなければならない。市民は傷つけ合うことを止めなければならない"と訴えた。人種問題，警察の銃撃，そして，烏合の衆の車両などの火の付きやすい要素の絡み合いによって，ここでの暴動のニュースは，"ミシガン州における人種問題による暴動"として，瞬くうちにアメリカ全土へ拡大していった。

　グランホルム知事は，直ちに午後10時以降の16歳以下の子供たちの外出禁止令を発令した。それと同時に，彼女は，現地ベントン・ハーバーを訪問して，地域社会のリーダーである宗教指導者に会って，政権による支援を約束した。そして，"知事のベントン・ハーバー・タスク・フォース"が設置され，4ヵ月後に報告書がまとめられた。報告書によると，ベントン・ハーバーの再生に必要なものは，さらなる職業訓練，よりよい教育機会，よい住居，安いヘルスケア，治安維持，そして，若者に対するレクリエーション・プログラムであった。これらの要請に応えて，積極的にベントン・ハーバー・プロジェクトに取り組み，比較的早期にベントン・ハーバー暴動の完全鎮圧に成功した。

　この夏，東部の広大な範囲において，大規模な停電が発生した。停電の原因は，後になって判明したことであるが，夏の猛烈な暑さによって引き起こされた電力需要の急激な増大による電力不足によるものであった。ミシガン州もこの停電の余波を受け，大きな悪影響に見舞われた。

　2004年7月15日，州の予算編成はうまくいった。それは，グランホルムが知事に就任して，ちょうど1年半が経過していた。ミシガン州は，すでに3つの大きな危機—予算，DMCの運営，ベントン・ハーバーの暴動—から首尾よく生還することができた。

　グランホルム知事は，毎日，自宅から手弁当を持参して出勤，州政府の航空機を売却し，各種の委員会および部局を統廃合し，新規の雇用を控え，しかも，自らの給与の10%を，毎月，州財政へ返納する旨を公表した。

2003年の秋までに，ミシガン州の経済と予算は，ますます悪化しつつあることが判明した。ミシガン州の税収は，急速に落ち込んでいった。グランホルム知事は，9月の局長会議の席上，経済の専門家に対して，"経済の回復基調はどこにあるのだろうか"と尋ねたが，誰一人として応えるものはいなかった。知事が署名した予算案は，棚上げにされたまましばらくの間放置された。彼女は，州民の支持なしには，基本的な州のサービスまで削減することには抵抗があった。

2003年10月には，新たな予算削減のために，州民の意見を直接聴取しようとグランホルム知事自身で州内の巡回に出かけた。彼女が訪問したのは，州内の11の市で，各訪問先において，コミュニティー・グループやメディア・グループをはじめ，党派を問わず，地域の議員を含む市民のなかから約40名から75名が参加して，それぞれおよそ1時間のテレビ放映をおこなった。

すべての参加者には，選択肢のリストのなかから選択できる携帯用の電子クリッカーが手渡された。そして，グランホルム知事自身が，直面している問題点のリストのガイドに当たった。それらのリストは，次のようなものであった。① 12年間の義務教育の基金を削除してもよいか，あるいは成人の教育費を削除してもよいか，あるいは受刑者を30日間早めに釈放してもよいか。② 芸術団体に対する助成金を削減してもよいか，高齢者に対するヘルスケア・オプションを削減してもよいか，私立大学への奨学金を削減してもよいか。③ 刑務所の見張台を除去してもよいか，あるいは精神的ヘルス・サービスをカットしてもよいか，④ 地方のコミュニティーにおける警察官の数を削減してもよいか，あるいは職場を創出するための経済開発資金を削減してもよいか。

各地域の市民が，いくつかの特別な重要問題に関する選択肢に対して"同意"を表明したことは驚くべきことでる。彼らは，ヘルスケアのための基金や12年間の義務教育の基金を維持したいと望んだ。もし，それらをカットしなければならなかったとしたら，彼らは，むしろ高等教育，私学奨学金，刑務所，成人教育，そして，芸術関連のカットを希望したであろう。そこで，グランホル

第8章　ジェニファー・M・グランホルム　ミシガン州知事

ム知事は，彼らの助言を率直に受け容れることにした。

　ミシガン州にとって，悪い経済関連ニュースは，次々に発生して，止むところを知らなかった。毎年1月になると，ミシガン州が自慢できる恒例のフェスティバルである"北米国際オート・ショー"が，デトロイトで開催される。各自動車メーカーのエンジニアやモーター・ファンにとって，自慢の新車モデルやコンセプト・カーが揃って出展される。自動車メーカーのビッグ・スリーであるゼネラル・モーターズ，クライスラー，フォードの最高経営責任者たちをはじめ，彼らの主要な販売員たちは，公式な大祝賀会のために巨大なコボ・センター(Cobo Center)における大勢のVIPたちとともに勢揃いする。

　2004年1月のオート・ショーにおいて，グランホルム夫妻は，トヨタの展示ブースの前を素通りした。そこには，モーター・トレンド・マガジン誌がカバーしている"カー・オブ・ザ・イヤー賞"に輝くプリウスが展示されていた。その超高度に進歩したハイブリッド・エンジンを搭載したプリウスは，市中において1ガロン当たり60マイル走行できる驚くべき燃料経済効率のよさを誇っていた。リック・ウィーナーは，プリウスを一目見て，ひとことだけ「何て恐ろしい車だ」と驚嘆して呟いた後，それ以上は言葉が続かなかった。グランホルム知事の一行は，ようやくゼネラル・モーターズのVIPエリアに辿り着いた。同社の最高経営責任者であるリック・ワゴナー(Rick Wagoner)は，2000年以来，荒波を渡って会社を先導してきた。彼は，グランホルム知事の一団を出迎えて，あいさつを交わしたのに続いて，タキシードを着た彼の同僚たちが次々にあいさつを交わした。彼らは，「最悪の時期は通り過ぎた。将来は競争力をつけて出直す。しかし，われわれにはすでに準備ができている」と発言していた。そこで，グランホルム知事は，「グリーン・カーを生産して，われわれがトヨタを凌駕するまでにはどのくらいの期間がかかるのか」と尋ねた。

　リック・ワゴナー最高経営責任者は，「知事閣下，あなたには，われわれの技術をよく見て戴きたい」と応えた。彼とUAWの副会長であるリチャード・シューメーカー(Richard Shoemaker)は，ゼネラル・モーターズの環境的に優れ

た技術の粋を見せてくれた。そこには，ハイブリッド・エンジンおよび水素燃料電池の高度な技術の粋があった。これらの計画に注入された知性とエネルギーは明白であり，グランホルム知事は，さらなる希望を感じ取った。

続いて，グランホルム知事一行は，フォード車の展示ブースへ歩を進めた。そこでは，フォード社の最高経営責任者ビル・フォードが出迎えてくれて，「ハイブリッドのエスケープは，来シーズンからお目見えする。それこそ本当の車だ」と語った。このオート・ショーこそ，ミシガン州の産業のなかのもっとも希望に満ちた顔を自然に覗かせてくれる。

2004年1月末，各メディアは，2つの面を取り上げていた。一つは，グランホルム政権に対する支持率が，驚くほど高率で77％と評価されたことであった。もう一つは，自動車販売台数が急激に落ち込み，ミシガン州の失業率が急速に落ち込んだことであった。2003年の失業者数は，何と3万人に達していた。

ミシガン州の景気後退は，急速に州全体に拡大していった。2004年1月のある朝，グランホルム知事は，ミシガン経済開発公社(Michigan Economic Development Corporation)の副理事長ジム・ドナルドソン(Jim Donaldson)から，不吉な電話を受けた。スウェーデン系の家電メーカーであるエレクトロラックス(Electrolux)社が，ミシガン州グリーンビル(Greenville)から撤退して，メキシコへ移転するというのである。ここで働いていた従業員2,700人は全員解雇されることになる。

2005年4月，ミシガン州アナーバー(Ann Arbor)のトヨタ・テクニカル・センター(TTC)は，工場施設の拡張を発表した。TTCは，1972年にアナーバーに設立され，日本以外におけるトヨタの研究開発センターとして次第に大きく成長してきた。グランホルム知事は，ミシガン企業が相次いで撤退，破綻していくなかで，TTCの拡張を心から歓迎し，喜んだ。しかし，その陰で，現地の自動車メーカーの幹部のなかには，外国自動車メーカーの進出を脅威とみて，その活躍ぶりを喜ぶどころか，阻止に回る者さえ見られた。

2005年7月に，グランホルム知事が自ら日本を訪問するスケジュールを設

第8章　ジェニファー・M・グランホルム　ミシガン州知事　201

定した。彼女は，トヨタとの間で協定を締結，ほかの自動車部品メーカーのミシガン州への工場進出を促進するための記者発表をおこなうことにした。

　グランホルム知事の日本訪問には，ミシガン経済開発公社のメンバー企業である26社の代表が同行，一行は名古屋，東京，大阪の各都市を訪問した。一行の最大の訪問先は，トヨタ自動車の本社(愛知県豊田市)であった。

　グランホルム知事一行が，日本訪問から帰国して間もなく，日本の自動車関連メーカーの10社が，ミシガン州への投資を発表した。それは，日立オートモティブ，積水化学，日本アンテナ，日本ピストンリング，アドバンスド・スペシャル・ツールズ，中川特殊鋼，タイコ──デバイス・テクノロジーズ，A&D，デンソー，東海理化で，合計1億1,600万ドルを投資して，630人の新規雇用を生み出すといものであった。知事一行の日本訪問は大成功であった。

　2005年10月7日の夕刻，グランホルム知事は，政策ディレクターのリンダ・ロッシからの電話を受けた。「明日，デルファイ・コーポレーション(Delphi Corporation)が経営破綻して，裁判所へアメリカ合衆国連邦破産法(Title 11 of the U. S. Code – Bankruptcy)の第11条(Chapter 11: Reorganization)の適用を申請する」と知らせてきたのである。グランホルム知事は，リンダ・ロッシに対して，「シートベルトをしっかり締めて……」と，あたかもハリケーンのなかで航空機が着陸するときのアナウンスのように言った。

　デルファイ・コーポレーションは，1994年にゼネラル・モーターズ社内に設立された自動車部品グループ(ACG = Automotive Components Group)で，翌1995年にデルファイ・オートモティブ・システムズ(Delphi Automotive Systems)へ社名変更，1999年に完全なパブリック・コーポレーションとして分社化された。その後，2002年にデルファイ・コーポレーションに社名変更された総合的な自動車部品メーカーであり，2005年10月に経営破綻，親会社のゼネラル・モーターズの支援を得て，経営立て直しを図っていた。

　デルファイ・コーポレーションは，経営破綻の前，新人従業員に対して，1時間当たり26ドルの労働賃金を支払っており，そのうちの10ドルをUAW

が受け取る仕組みであった。つまり，デルファイ・コーポレーションは，UAWによって搾取された結果，経営破綻せざるを得なかったものだ，と言えよう。

　一般的に，アメリカ国内の自動車および自動車部品製造業は，UAWに加盟しており，これらの全加盟企業が，法外な加盟料をUAWによって搾取されている。したがって，景気後退によって，これら自動車ならびに自動車部品製造業が打撃を受けて，自然発生的に経営破綻に追い込まれる企業が増加するシステムである。

　2005年10月13日，デルファイ・コーポレーションの経営破綻からわずか5日後，グランホルム知事は，アナーバー近郊にある韓国の現代自動車のノース・アメリカン研究開発センターの開所式に出席した。ミシガン州は，韓国の自動車メーカーに対するきわめて魅力的な奨励金を提供することによって，遂にミシガン州が誘致に成功したのである。ミシガン経済開発公社は，数ヵ月間にわたって，このプロジェクトの誘致のために懸命に働いた。ミシガン州は現代自動車の投資を心より祝ったが，アメリカとしては，韓国がもっとも悪い貿易相手国の一つであった。2005年，韓国は，アメリカからの輸入車に対する貿易障壁があり，アメリカから3,811台の自動車を輸入したが，一方，73万台の韓国車がアメリカへ輸出された。これは，アメリカの商品価値が正しく反映されていたのであろうか。アメリカの工業技術の質が正しく反映されていたのであろうか。

　グランホルム知事は2005年11月1日，センター・フォー・オートモティブ・リサーチ(CAR = Center for Automotive Research)社のトップ・リサーチャーであるショーン・マカリンデン(Sean McAlinden)氏をミシガン州政府へ呼んで，48点に及ぶスライド・ショウを依頼した。会議室では，グランホルム知事のほか，リック・ウィーナー，リンダ・ロッシ，ケリー・キーナン(Kelly Keenan)，ジェナ・ジェントが，マカリンデン氏の入室を待ちかまえていた。

　CAR社のスライドによると，次の24ヵ月に，ゼネラル・モーターズ，フォ

ード・モータース，デルファイ・コーポレーションの3社だけで3万5,000人の失業者がでると予測した。これは，ミシガン州が2000年以降，19万5,000人の失業者を出すということである。もう一つのスライドは，閉鎖される工場および悪影響を受ける地域社会のリストが羅列されていた。

4. 州知事2期目も財政赤字との闘い続く

(1) 州財政の赤字削減へ向けて

　2005年6月2日，次の知事選挙までには，まだ1年6ヵ月も残されているというのに，早くも億万長者で共和党のディック・デボス(Dick DeVos)が，グランホルム知事を追い落とすための知事選挙立候補を表明した。デボスの信頼度は，印象的であった。彼の父リチャード・デボス(Richard De Vos)は，友人のリチャード・ヴァン・アンデル(Richard Van Andel)とともに，ミシガン州グランド・ラピッズ(Grand Rapids)に一般消費者向け商品メーカーのアムウェイ(Amway)を設立して，成功を収めていた。リチャード・デボスの長男であるディック・デボスは，19歳のときからアムウェイで働き始め，"オーランド・マジック"(Orlando Magic)と呼ばれるデボス家によるNBA(National Basketball Association)のフランチャイズの会長を含む執行部の役員を勤めていた。ディック・デボスは，1993年に，本社の社長としてグランド・ラピッズへ戻ってきて，執行部役員として10年間勤務した後，50歳のときに，アムウェイを退職，選挙運動のために，1,000万ドルを費やす準備ができていた。

　2005年のミシガン州の失業率は，6.7％に達し，全国平均よりおよそ2パーセント高くなっていた。グランホルム知事は，最初自らの政治ボスであるエド・マクナマラ(Ed McNamara)に助言を求めた。彼から帰って来た言葉は，「一生懸命に働け。正しいことをやれ。政治は自ら面倒をみる」であった。

　知事選挙の年である2006年の1月初旬，ミシガン州の世論調査員マーク・メルマン(Mark Mellman)によると，グランホルム知事に対する支持率は40％で，

反対が58％を占めていた。このうち，わずか29％が，「正しい道を進んでいる」と回答していた。

　ミシガン州における経済は，一貫して思わしくなかった。ゼネラル・モーターズは，わずか数ヵ月前に，2万5,000人の従業員の解雇を発表していた。グランホルム知事のスピーチより，わずか2日前の2006年1月26日に，フォード・モータースが3万人の労働者の解雇を発表したばかりであった。

　2006年4月，ガバナンス・サイドにおいては，有意義な業績を積み重ねられていた。グランホルム知事は，新たな学校カリキュラムの基準立法を目指す法案に署名し，そして，春の間に連日，ミシガン州への企業誘致を成功へ導いたのだ。しかし，デボスの広告は，否定的な反応を与え続けていた。2006年5月になると，グランホルム知事に対する支持率は次第に低下し，逆にデボスへの支持率が上昇していった。

　ミシガン州における選挙キャンペーン財務法によれば，"一人の個人が一人の立候補者に対する献金の最高限度額は3,400ドルで，すべて小切手でなければならず，また，企業振り出しの小切手であってはならない"と規定されている。献金の限度額に関する唯一の例外は，立候補者自身が，自らのキャンペーンのために献金してもよいことである。しかも，その場合の献金限度額には制限がないことである。

　2000年の春までに，デボスが自らの選挙キャンペーンのために2,000万ドルを献金したものと推測しており，彼は選挙戦が終わるまであらゆる広告を買えるだけの資金を積み立てていたものとみられていた。グランホルム知事の選挙資金は，それにははるかに及ばなかった。

　そこでグランホルム知事は，2006年6月，資金集めのため，フィラデルフィアへ旅行，民主党トップの資金提供者と会った。彼は，50万ドルの資金協力を約束してくれた。次に，グランホルム知事は，フィラデルフィアからワシントンD.C.へ行き，プロチョイスを選択する女性民主党のリーダーと会って，50万ドルの資金協力の約束を取り付けた。さらに，アメリカ労働総同盟産業

別会議(AFL-CIO = American Federation of Labor and Congress of Industrial Organization)は，グランホルム知事に対して，それ以上の資金提供を約束してくれた。ビル・クリントン元大統領は，7月中に2つの資金集めのイベントに参加してくれることになった。

2006年10月2日，民主党知事候補ジェニファー・グランホルムと共和党知事候補ディック・デボスとの間で，3回の公開討論会が始まった。

2006年11月，グランホルムは，有効投票数の56％を獲得，ディック・デボスを下して，見事ミシガン州知事選挙で再選を果たしたのである。

グランホルム知事の第2期目は，新たな危機から始まった。2007年度の予算編成のため，州議会議員との闘いが待っていたからである。ミシガン州は，フルタイムの議員を擁する全米10州のうちの1州である。フルタイムの議員は，時として，知事が提議する議案に対して，フルタイムで反対する議員でもある。

過去5年間にわたって，ミシガン州政府は，すべてのものを切り詰めてきたが，自動車産業とその他の製造業の崩壊で，2007年度は17億ドルの赤字に陥っていた。予算成立の日が迫るなかで，州議員たちは，「さらに支出を減らすべきであるとか，一方では税収を増やすべきである」といった意見が交錯していた。これら両方が必要なことは当然である。しかし，税金への反発は，米国の長い歴史的な流れでもある。

1983年のミシガン州の赤字額は，1億8,500万ドルであった。当時，ミシガン州知事として選出された民主党のジム・ブランチャード(Jim Blanchard)は，この赤字財政の解消に取り組む決意を表明していた。ミシガン州の州憲法は，税収と支出は均衡させることになっている。このため，ブランチャード知事は，州憲法の規定に基づいて，所得税を暫定的に38％へ引き上げた。

2002年1月，グランホルム知事は，就任以来の第1期目に，はっきりと，頻繁に，大きな声で，政府の支出削減を訴え，その通りに実行してきた。この年，グランホルム知事は，2億8,000万ドルの赤字削減に成功した。翌年の2003年には，さらに28億ドルの赤字削減に成功している。グランホルム知事は，

2004年に大幅な赤字削減に努力，2005年には前年を上回る赤字削減を断行，さらに2006年には前年を大幅に上回る赤字削減を敢行した。

　2007年を通じて，グランホルム知事は，99の異なる種類の事業者向けの税払戻し，税控除，免税に関する法案，さらに個人向けの17の異なる免税に関する法案に署名した。これら法案立法化の効果は，実際の税収が1960年代のレベルに達したことである。

　2007～2008年のミシガン州政府の予算編成に当たっていたとき，さらなる予算不足が発覚した。そこで，グランホルム知事は，新たに法律を制定して，児童一人当たり122ドルに相当する学校基金の一部を削減せざるを得なくなった。

　グランホルム知事が，17億ドルの州政府の赤字を解消するため，このうち14億ドルの新たな歳入を州議会に提案したが，州議会はそのうちの12億ドルしか承認しなかった。州政府の赤字解消のため，その後も州知事と議会との間の厳しい闘争は続いた。

(2) アメリカで成長している場所は何処か

　2007年1月22日，医薬品メーカーのファイザー社の最高経営責任者であるジェフリー・キンドラー(Jeffrey Kindler)が，ニューヨークからグランホルム知事へ電話を入れてきた。キンドラーは，グランホルム知事のハーバード大学での同窓生で，2期目のミシガン州知事を目指すグランホルムの資金提供者でもあった。

　キンドラーによると，ミシガン州のアナーバー(Ann Arbor)およびカラマズー(Kalamazoo)にある2つのファイザー社の工場をともに閉鎖することになった，という。アナーバー工場の従業員の約3,000人とカラマズー工場の従業員の約2,000人が路頭に迷うことになる。これら工場閉鎖の発表は，住民のパニックを抑えるために控えるという。キンドラーは，グランホルム知事に対して，この措置に関して，電話口で何度も謝っていた。グランホルム知事は，これらの

措置は，キンドラーと自分がコントロールできる範囲を超えていると述べて，キンドラーを慰めた。

　グランホルム知事は，キンドラーからの電話を切った直後に，アナーバーにおけるファイザーの多くの研究施設のトップであるデイビッド・カンター（David Cantor）へ電話を入れた。カンターは，ミシガン州がライフ・サイエンスのセンターであるとして外部へ企業誘致を呼びかけているスポークスマンであり，また，ミシガン州の中心的な再活性化戦略の支持者でもあった。アナーバーおよびカアラマズーの2つの市は，ともにミシガン州のライフ・サイエンス・コリドーの支柱をなすところであった。グランホルム知事は，カンターに対して，ミシガン州における2つの工場閉鎖措置に関して，詳細を問い質した。しかし，この措置は，ファイザー社の「世界的再建策」の一環であることが判明した。

　事態は，そればかりでは収まらなかった。2007年2月14日，今度は，ビッグ・スリーの一つであるクライスラー社が，16億ドルの負債を抱えて，1万3,000人のレイオフを発表した。そのうちの約半数に相当する従業員がミシガン州民に他ならなかった。

　それから3週間後の2007年3月4日，デトロイト・ルネッサンス（Detroit Renaissance）社の会長であるラルフ・バッブ（Ralf Babb）からグランホルム知事公邸へ電話が入った。バッブは，マニュファクチャラーズ・ナショナル・バンクとしてミシガン州において設立され，158年間にわたってミシガン州に本店を置いていた銀行"コメリカ"（Comerica）の最高経営責任者であった。

　バッブによると，"コメリカ"がデトロイトからテキサスへ本社を移転するというのである。この決定は，ミシガン州をはじめ，デトロイト市，そして，州財政のよりどころとしての歴史さえも覆すものであった。グランホルム知事は，この決定に怒りを顕わにして，何とかこれを引き戻そうと試みた。グランホルム知事は，バッブに対して，「カム・オン，ラルフ!!　コメリカ」の名称は，ピート・ローズを英雄にしたタイガー・スタジアムの代名詞となっている。あなたは，デトロイト・ルネッサンス社のトップである。"コメリカ"は，ミシガ

ン州のメイン・バンクである。"コメリカ"がミシガン州にとどまるために，われわれに何か出来ることはないのか」と食い下がった。しかし，それこそ無駄な抵抗でしかなかった。バップは，グランホルム知事に対して，「それは，簡単な決定ではなかった。その決定は，単なる事業税とか，その種の問題ではなかった。それは，すべて"アメリカで成長しているのは何処か"ということである」と返答した。

ときが経つにつれて，ミシガン州の経済は，転落の一途をたどり，それはまさにボディー・ブローのように後から悪影響が出てきた。そのほかの中堅企業も閉鎖，再建，経営縮小，合併，倒産申請などが相次いだ。キンボール・エレクトロニクス(Kimball Electronics)は，ミシガン州北部の製造工場の閉鎖を発表した。「それは，すべて低賃金の中国のせいである。われわれが感じている価格圧力はひどいものである。われわれは，海外へ逃避せざるを得ない」と最高経営責任者のドン・シャロン(Don Sharon)は指摘した。

さらに，州は最大の激変を聴かされることになる。ダイムラー・クライスラー(Daimler-Chrysler)社は，スティーブ・フェインバーグ(Steve Feinberg)が経営に当たり，前ブッシュ政権で財務長官を勤めたジョン・スノウ(John Snow)が会長を勤める個人持ち株会社サーベラス(Cerberus)へ74億ドルでクライスラー部門を売り渡すと発表したのだ。サーベラスは，ジョージ・H・W・ブッシュ政権で副大統領を勤めたダン・クェール(Dan Quayle)をグローバル・インベストメント部門の会長に据えていた。

2008年末の荒廃のなかで，とくに自動車産業の混乱は，大海の大波のようにミシガン州全体に際限なく波及した。10月は，ミシガン州の会計年度の最初の月であったが，州財務局長のボブ・クレイン(Bob Klein)は，6億ドルの赤字財政に苦心していた。ゼネラル・モーターズの破綻で，ミシガン州は，さらに40％の歳入減少に陥った。

ミシガン州にとって，もっとも大きな恐怖は，"タイミング"であった。もし，いますぐに連邦議会が何らかの手を打ってくれなければ，州の自動車産業は，

2009年1月20日のバラク・オバマ大統領の就任式まで持ちこたえることはできないかも知れなかった。

2008年12月2日，11月度の自動車販売実績が発表された。その結果は，ショッキングな数値であった。ゼネラル・モーターズの自動車販売数は，前月比41.3％もの大幅な落ち込みであった。同社は，180億ドルの借り入れを必要としており，越年資金として40億ドルが必要であった。また，クライスラー社の販売実績は，47％の落ち込みで，浮上するには70億ドルの"つなぎ貸付"(ブリッジ・ローン)が必要であった。さらに，フォード・モーターの販売実績は，31％の落ち込みで，やはり，連邦政府からの支援を希望していた。

連邦政府からビッグ・スリーに対する政府支援の決定が待たれるなかで，クライスラーは，遂に2008年12月19日から2009年1月19日までの1ヵ月間にわたって，すべてのアメリカ国内の30工場の閉鎖を発表した。また，ゼネラル・モーターズでは，プラグ・イン・ヴォルトの生産計画から撤退すると発表した。連邦政府が，何らかの手を打ってくれないことは，州を死へ追い込みつつあるのと同じことであった。

2008年12月19日(金曜日)午前9時，遂にブッシュ政権は，クライスラーおよびゼネラル・モーターズに対して，174億ドルのつなぎ貸付を承認した。フォード・モータースは，この申請を取り下げた。ジョージ・W・ブッシュ大統領は，最後の仕事として，米国の自動車メーカーを救ったのである。

(3) 倒産した自動車メーカーの車を買うユーザーはいない

グランホルム知事は，夫のダンとともに連邦議会におけるバラク・オバマの大統領就任祝賀会の席上，グランホルム知事は，オバマ新大統領の首席経済顧問となるラリー・サマーズ(Larry Summers)に対して，「ミシガン州では毎日80万人が失業保険を求めて電話してくる」と伝えた。グランホルム知事は，サマーズの仕事が一段落したら，このことを話し合うため，電話を貰うことにしたものの，ミシガン州にはそれほどの余裕

はなく，すでに緊急事態に陥っていた。

　グランホルム知事は，祝賀会に席上，場所を変えて，友人のヒラリー・クリントン国務長官の傍へ近寄って行った。2人は，お祝いのための温かい抱擁を交わした後，お互いに顔を見合った。クリントン国務長官は，グランホルム知事を気遣って，「ミシガンはどうなっているのか」と尋ねた後，「今度の政権は必ずあなたをヘルプする」と述べた。

　2009年2月17日，ゼネラル・モーターズのリック・ワゴナー最高経営責任者が，グランホルム知事に対して，同社が倒産を回避する希望をもって，オバマ新政権に政府資金を申請するための最終的な再生計画案の概要について電話を入れてきた。同社は，UAWとの間でさらに柔軟な労働条件に関して合意に達していた。そこには，5つの工場閉鎖，いくつかの車種の分離売却，そして，さらに5万人の従業員の解雇が含まれていた。

　オバマ新政権のスタッフ選任は，グランホルム知事に取って大変有意義なものであった。グランホルム知事とハーバード大学法科大学院のときの同級生であったロン・クレーン(Ron Klain)は，ジョー・バイデン(Joe Biden)副大統領の首席補佐官に任命された。ジーン・スパーリング(Gene Spering)財務次官は，ミシガン州出身でグランホルム知事の友人である。バイデン副大統領と彼女は，2008年9月にデトロイトにおける選挙キャンペーン以来の友人である。保険福祉省長官のキャスリーン・セベリウス(Kathleen Sebelius)，国土安全保障省長官のジャネット・ナポリターノ(Janet Napolitano)，商務長官のゲイリー・ロック(Gary Locke)，そして，農務長官のトム・ビルサック(Tom Vilsack)は，グランホルム知事がともに働いたことのある友人同士である。内務長官のケン・サラザール(Ken Salazar)とグランホルム知事は，ともに州行政長官であった。ホワイト・ハウス付きの州知事連絡担当官のセシリア・ムノス(Cecilia Munoz)は，ミシガン州出身である。これらすべてのメンバーは，ミシガン州に好意的であった。

　グランホルム知事は，2009年3月29日，オバマ政権に政府資金の提供を求

めるクライスラーとゼネラル・モーターズの再生計画案について協議するため，直接，オバマ大統領と電話会談した。オバマ大統領が発した言葉は，「再生計画案は受理できない」ということであった。

次の日（2009年3月30日），オバマ大統領は，両社の再生計画案に関し，「クライスラーに対して30日間，ゼネラル・モーターズに対して60日間のうちに，再生計画案を厳しく見直し，新たに提出し直すよう求める」旨を発表した。もし，両社がその通りに新たな再生計画案を提出しなければ，オバマ政権としては，両社の倒産はやむを得ない。そして，オバマ大統領は，最後に，「リック・ワゴナーがゼネラル・モーターズの最高経営責任者の地位から責任を取って退任すること」という条件も付け加えた。

2009年4月30日，クライスラーが経営破綻，裁判所へ連邦破産法第11条の申請をおこなった。これに引き続いて，2009年6月1日，ゼネラル・モーターズも裁判所へ経営破綻の申請をおこなった。

2010年7月までに，ミシガン州は，米国の全州を通じて，職場創出のトップに躍り出た。2010年7月度の新規の雇用者数は2万7,800人で，全州の第1位に輝いた。第2位は，マサチューセッツ州の1万7,000人であった。とくにミシガン州では，製造業における雇用の増加が多数を占めて，2万人に達した。これは，2000年以来，初めての出来事であった。

同時に，ミシガン州の一部においては，製造業のグローバリゼーションの影響による副産物に悩まされていた。オントナゴン・カウンティー（Ontonagon County）のスマーフィット・ストーン（Smurfit Stone）社の製紙工場は，中国からの安値製品の市場侵略によって，遂に工場閉鎖に追い込まれ，全従業員が解雇された。職を失った人々は，その周辺で新たな職場を探し出すことはできず，路頭に迷っていた。このため，オントナゴン郡の失業率は17.4％という高率に達した。

2010年の夏は，いろいろな良い出来事が生じた時期であった。ミシガン州の2000年9月の失業率は，14.1％であったのが，2010年8月は12.2％にまで

下がったのだ。そして，12月までには11.1％に下がった。失業率としては，未だに高かったものの，それは正しい方向へ動いていたのは間違いなかった。

2010年4月，ゼネラル・モーターズは，返済計画より5年も早く連邦政府ローン（500億ドル）の一部である89億ドルを取りあえず返済，世間を驚かせた。同社は，経営破綻から這い上がり，完全に復活を果たしつつあり，強力な財政位置に戻ってきた。ゼネラル・モーターズは，新たな最高経営責任者のダン・エイカーソン（Dan Akerson）を迎えて，2010年の第3四半期に，40億ドル以上の売り上げを達成，2004年以来，最初の均衡財政に戻った。

共和党と民主党の間において，いろいろな議論がなされてきたが，今では，すべての人々が"小さな政府"をつくることに同意している。フランクリン・デラノ・ローズベルト（Franklin Delano Roosevelt）が目指したように，革新的な政府プログラムが経済大恐慌から救済してくれた。新しい世紀に入って最初の6年間，ミシガン州は，成長のための標準的なレッセフェールの処方箋に従った。つまり，減税と政府の小型化であった。2010年に，ミシガン州の失業率は，全国よりも6倍速く落ち込んで行った。2010年の末までに，ミシガン州の製造業の職場消失は，この10年間に初めてどん底にまで落ち込んだ。それから，ミシガン州は，プライベート・セクターにおける職場創出が始まった。デトロイトの経済圏は，全国の7倍の速さで地域経済が成長している。2011年2月に，『ギャラップ』世論調は，2009年から2010年に比べて，ミシガン州をもっとも職場創出が進んだ州として挙げている。要するに，グランホルム知事の主導による努力した結果が，現われたのである。

行政管理予算局は，2020年までにアメリカの負債額は，GDPの90パーセントまで膨れ上がると見ている。2035年までに，負債額は，すべての米国経済規模より大きくなり，GDPの185％に達する見込みである。グランホルム知事が退任する2010年末までに，ミシガン州は均衡の取れた予算と6億ドルの余剰金を学校支援基金として後任へ引き継ぐことができる。そして，『ピュー・センター』世論調査は，2006年から2008年までのもっとも管理が行き届

いた州として，米全州のなかからミシガン州をあげている。もっとも重要なことは，よりよい財政条件を次期政権へ引き渡すことができることである。これは，政府支出を可能な限り削減し，投資すべきところに投資してきた結果である。

5. おわりに

　ジェニファー・M・グランホルムは，2003年1月1日から2011年1月1日までの2期8年間にわたって，第47代ミシガン州知事として，また初めての女性知事として，ミシガン州にとってもっとも経済的に疲弊したいわば危機の時期をうまく克服してきた。それは，まさに21世紀におけるミシガン州の"ジャンヌ・ダルク"と言えるであろう。

　2009年には，ミシガンの経済を過去100年余にわたって支え，世界の自動車産業の頂点に君臨していたゼネラル・モーターズをはじめ，クライスラーやフォード・モータース社のいわゆる"ビッグ・スリー"の経営破綻が明らかとなり，ミシガンの経済は最悪の事態に陥った。

　これによって，ミシガン州の失業率は，2010年12月の時点で11.1％にまで下落し，州経済は悪夢を見た。その後，目を見張る回復基調へ転じたのは，大きな経済のうねりもさることながら，はやりグランホルム知事による強力なリーダーシップがあったからこそ成就できたものである。その功績は，高く評価されるべきであろう。

　グランホルム知事は，2011年1月に退任したが，ヒラリー・クリントン女史との関係は，同じ民主党に所属するというだけでなく，個人的に非常に深い絆に結ばれていることを勘案すると，もし，クリントン女史が，2016年11月の大統領選挙において，米国政治史上，初めての女性大統領に選出された場合，閣僚のポジションを狙って，クリントン女史への支援を続けるものと見られている。

ともあれ，ジェニファー・グランホルム前知事が，優秀な女性政治家であることは，当時のミシガン州の経済再生シナリオのなかに見たとおりである。彼女の力量は，共和党はもとより，男性知事に対してひるむことなく，素晴らしい業績を遺した。ミシガン州は，ジェニファー・グランホルムにより新たに甦ったのである。

参考文献

David R. Berman, *"State and Local Politics - Ninth Edition"*, Armonk, New York: M. E. Sharpe, 2000.

Thad L. Beyle, *"State and Local Government - 2003-2004 - Politics, Legislatures, Governors, Media, Courts, Bureaucracies"*, Washington: Congressional Quarterly, Inc., 2003.

Paul Brace, *"State Government & Economic Performance"*, Baltimore: The Johns Hopkins University Press, 1993.

Bureau of International Information Programs, U. S. Department of State, *"Outline of U. S. History"*, 2005.

Bureau of International Information Program, U. S. Department of State, *"Outline of the U. S. Legal System"*, 2004.

James MacGregor Burns et al., *"State and Local Politics - Government by The People"*, Upper Saddle Drive, New Jersey: Prentice Hall, 2001.

Frank J. Coppa, *"County Government - A Guide to Efficient and Accountable Government"*, Westport, Connecticut: Praeger, Publishers, 2000.

Thomas R. Dye, *"Politics In States And Communities - Tenth Edition"*, Upper Saddle River, New Jersey: Prentice Hall, 2000.

Michael Engel, *"State & Local Government - Fundamentals & Perspectives"*, New York: Peter Lang, 1999.

Earl H. Fry, *"The Expanding Role of State and Local Governments in U. S. Foreign Affairs"*, New York: Council on Foreign Relations Press, 1998.

Jennifer M. Granholm, and Dan Mulhern, *"A Governor's Story - The Fight for Jobs and America's Economic Future"*, New York: Public Affairs, 2011.

Robert A. Heineman, Steven A. Peterson and Thomas H. Rasmussen, *"American Government"*, New York: McGraw Hill, Inc., 1995.

Robert S. Lorch, *"State & Local Politics"*, Upper Saddle River, New Jersey: Prentice Hall, Upper Saddle River, New Jersey: Prentice Hall, 2001.

David C. Saffell and Harry Basehart, *"State and Local Government - Politics and Public Policies - Seven Edition"*, Boston: McGraw Hill, 2001.

G. Alan Tarr, *"Understanding State Constitutions"*, Princeton, New Jersey: Princeton University Press, 1998.

Matt Weiland and Sean Wilsey, *"State by State – A Panoramic Portrait of America"*, New York: Harper Collins Publishers, 2009.

アメリカンセンター・レファレンス資料室編『女性実力者の系譜』2013 年。
コリン・P・A・ジョーンズ『アメリカが劣化した本当の理由』新潮社，2012 年。
ジョン・K・ガルブレイス著・村井章子訳『大暴落 1929』日経 BP 社，2008 年。
ジョン・F・ケネディ著，宮本喜一訳『勇気ある人々』英治出版，2008 年。
ヘザー・レアー・ワグナー著，宮崎朔訳『バラク・オバマの軌跡—アメリカが選んだ男』サンガ，2008 年。
ライザ・ロガック著，中島早苗訳『オバマ語録』アスペクト，2007 年。
ティム・ワイズ著，上坂昇訳『オバマを拒絶するアメリカ』明石書店，2010 年。
ヴァンサン・ミシュロ著，遠藤ゆかり訳，藤本一美監修『アメリカ大統領—その権力と歴史』創元社，2009 年。
藤本一美『現代米国政治分析—オバマ政権の課題』学文社，2013 年。
藤本一美・末次俊之『ティーパーティー運動』東信堂，2011 年。
邊牟木廣海『海外直接投資の誘致政策』東信堂，2009 年。
菅野淳『米国の利タリアニズムと"新保守主義"』志學社，2013 年。
上坂昇『アメリカの黒人保守思想—反オバマの黒人共和党勢力』明石書店，2014 年。
上坂昇『オバマの誤算—"チェンジ"は成功したか』角川書店，2010 年。
小滝俊之『アメリカの地方自治』第一法規，2004 年。
渋谷博史・前田高志『アメリカの州・地方財政』日本経済評論社，2006 年。
牧田義輝『アメリカ大都市圏の行政システム』勁草書房，2000 年。
鈴木健『大統領選を読む！』朝日出版社，2004 年。
八幡和郎『アメリカ歴代大統領の通信簿—ワシントンからオバマまで』PHP 研究所，2009 年。
吉岡孝・前島和弘『2008 年アメリカ大統領選挙—オバマの当選は何を意味するのか』東信堂，2009 年。
『朝日新聞』2008 年 12 月 13 日 14 版，p. 2
『読売新聞』2009 年 3 月 7 日 13 版，p. 10
『読売新聞』2009 年 6 月 1 日 4 版，p. 1
『読売新聞』2013 年 7 月 20 日 13 版，p. 6

(Web Pages)

Facultybio.haas.berkeley.edu/（August 1, 2015）
Granholmmulhern.com（July 14, 2015）
http://AmenricanCenterJapan.com/（July 15, 2015）
http://elibraryusa.state.gov/（June 30, 2015）
http://usinfo.state.gov/（August 3, 20015）
Jennifergranholm.com（July 25, 2015）

www.michigancorporates.com (August 3, 2015)
www.danmulhern.com/about-dan/ (July 31, 2015)
www.michigan.gov (July 1, 2015)

あとがき

　2016年11月8日に行われる米大統領選に向け民主・共和両党では，2月1日のアイオワ州党員集会を皮切りに，熾烈な候補者指名争いが始まった。まず，民主党では，08年大統領選の雪辱を期すヒラリー・クリントン元国務長官が，資金力，組織力，知名度，政治的経歴などで圧倒的に優位に立つものの，予備選の序盤には，自ら「民主社会主義者」と名乗り，格差是正を主張するバーニー・サンダース連邦上院議員の猛追を受けた。一方，共和党では，移民排斥や女性蔑視などの過激な発言で注目を集める不動産王のドナルド・トランプが，行政経験がないにもかかわらず，党主流派の候補者らを抑え，支持率トップに立った。そして，同氏への支持を早々に打ち出したのが，元共和党副大統領候補で，保守強硬派に人気のアラスカ州知事サラ・ペイリンである。移民大国の米国において，国民の多様性は大きな強みとなってきたものの，格差拡大で苦境に陥った下層・中間層は排外的な主張に支持を寄せている。

　オバマ政権下では，民主・共和両党の対立は先鋭化し，政治の停滞が目立った。米国民の間には，既成政治に対する不信や不満が高まっている。米史上初の女性大統領を目指すヒラリーは，年齢的に最後の挑戦と思われるが，本選挙までの展開は予断を許さない。

　近年，諸外国では，女性議員を増やすクウォータ制の導入や，閣僚の男女同数化の取り組みが増えている。米国はこうしたポジティブ・アクション（積極的是正措置）には否定的である。だが，女性が著しく過少代表であった米国政治においても，変化は確実に生じている。オバマ政権1期目では，女性や非白人など多様性を重視した閣僚人事が行われ，ヒラリー・クリントン国務長官やジャネット・ナポリターノ国土安全保障長官など5人の女性閣僚が誕生した。連邦議会では，女性議員の比率は第二次大戦後しばらく，下院で5%未満，上

院では 1% 程度にとどまっていた。しかし，1992 年の議会選で，女性による女性議員を増やす取り組みが功を奏したのを機に増加し，2014 年には連邦下院で 19.3%，連邦上院で 20% と，過去最高を記録した。州議会もほぼ同様の経緯を辿り，2015 年に 24.2% まで増えた。第 1 位のコロラド州議会では，女性議員が 42% を占める。女性が身近な地方レベルで議会や政党活動の実績を積むことは，州知事や連邦レベルの公選職に就く可能性を広げている。

　本書では，家族の支援を得て進学し，女性の社会進出の道を切り開いてきた事例を多く見てきた。意思決定の場に進出する女性が増えることにより，女性の視点を反映した政治課題の発見や解決，より公平な社会の実現が期待できる。しかし，仮に多くの女性が政治的決定に関わるようになっても，既存の男性優位の価値観に従う女性が男性に替わるだけとの見方も根強い。だが，政治学者の竹中千春が指摘するように，近年は「男性＝好戦的，女性＝平和的」という性別分業論にとらわれず，新しいジェンダー的な意識を持つ女性が指導力を発揮する場面もみられる。すなわち，ヒラリーが国務長官として女性の自由と参加を拡大するための外交政策に着手したことは，その好例とされる（竹中千春「国際政治のジェンダー・ダイナミクス」『国際政治』161 号，p. 23）。

　わが国では，第二次大戦後の総選挙で 39 人の女性衆院議員が誕生した。それから約 70 年が経過したものの，2014 年の総選挙で当選した女性は 45 人だった。これまでの最高は，09 年総選挙の 54 人で，参院議員を合わせても依然として先進国では最低レベルである。

　現在，安倍内閣は，成長戦略の中核に女性の活躍推進を据え，2020 年までに指導的地位に占める女性の割合を 30% にする方針を掲げる。また，「女性活躍推進法」を成立させ，従業員 301 人以上の企業や国・地方自治体に対し，女性登用に関する数値目標設定や行動計画の策定を義務づけた。安倍内閣の女性政策は全般に，男女平等の推進よりも経済成長や人口減少対策が色濃いものの，同法の社会的なインパクトは小さくない。

　男女平等は女性の権利の問題にとどまらず，社会を変える手段でもあるが，

数値目標を設定するだけでは意味がない(「女性が活躍できる社会へ」『読売新聞』2015年11月5日)。女性が活躍できる環境の整備は，性別に関係なく全員にとってよい制度の実現につながるだろう。わが国の変化の速度を上げることは急務である(村木厚子・秋山訓子編著『女性官僚という生き方』〔岩波書店，2015年〕，pp. vii-viii)。

　本書はなかなかの難産であった。それは，当初執筆を予定されていた方々が病気で倒れたり，都合により執筆が出来なくなったからである。だから，当初の計画とはいささか異なった内容になってしまった。ただ，本書では，単に全国レベルで活動している女性政治家だけでなく，地方レベルで活動している女性政治家＝女性知事を取り上げたのが特色である。将来，再びアメリカの女性政治家たちを取り上げる機会が生じたときには，さらに裾野を広げて，もっぱら地域で活動している女性たちも加えたいと考えている。

　最後に，本書の出版にあたっては，学文社の田中千津子社長と編集部の皆さんに大変お世話になった。記して謝意を表したい。

　2016年3月10日

濵賀祐子

人名索引

アウン・サン・スー・チー　102
アレサ・フランクリン　194
ウィリアム・ジェニングス・ブライアン　161
ウィリアム・ディトン・オア　159
エドワード・ブルックリン　88
エリオット・リチャードソン　111
エリザベス・エーベル　8
エリザベス・カーペンター　8
エレノア・ルーズベルト　3
オサマ・ビンラディン　68, 102
小泉純一郎　74
コイト・ブラッカー　63
コリン・パウエル　58
櫻井よしこ　103
サラ・バートン　42
ジェイ・ライジング　195
ジェフリー・キンドラー　206
ジェムズ・E・ジョンソン　176
ジェリー・ブラウン　38
ジム・ブランチャード　205
ジュリアーニ　99
ジョージ・H・W・ブッシュ　119
ジョゼフ・コルベル　55
ジョン・ダンフォース　118
ジョン・デロン　167
ジョン・マケイン　146
ジーン・ワトソン　62
スティーブ・フェインバーグ　208
ダニエル・モイニハン　99
ダン・マルハーン　188
チャールズ・ソン　166
チャールズ・ヤーブロウ　197
ディック・デボス　203

ディック・モリス　74, 105
ドナルド・ラムズフェルト　112
ドナルド・ジョーンズ　84
ドナルド・トランプ　152
ネルソン・ロックフェラー　125
バーバラ・ミクルスキー　31
バラク・オバマ　78, 148
バリー・M・ゴールドウォーター　9
ピート・リケッツ　162
ヒラリー・クリントン　128
ビル・クリントン　89
ビル・コーエン　58
フランク・ケリー　191
フランク・マカウスキー　140
ヘレン・ボーサリズ　158
ベン・ネルソン　178
ボブ・ケリー　164, 177
ボブ・デバニー　177
ポール・ペロシ　35
マーガレット・クレイトン　33
マーチン・ルーサー・キング　27
マデレン・オルブライト　56
マリオ・クオモ　94
モニカ・ルインスキー　79
ラリー・サマーズ　209
ラルフ・バップ　207
リチャード・M・ニクソン　20
リック・ラズィオ　100
リンダ・バード・ジョンソン　6
ルーシー・ベインズ・ジョンソン　6-7
レオ・マッカーシー　39
ロバート・ボーク　111
ロナルド・レーガン　138
ローラ・ブッシュ　21

事項索引

あ行

アイデンティティ　63
アップ・スティート　100
アメリカ合衆国連邦破産法　187
アメリカ労働総同盟産業別会議（AFL-CIO）　204, 205
アメリカン・アカデミー・オブ・ドラマティック・アーツ　189
アラスカ石油業界　140
イェール大学の法律大学院　88
「偉大な社会」計画　12
医療保険改革特別部会　96
ウェイン・カウンティー・コーポレーション　186
ウェーズリー女子大学　86
ウッドマン災害および生命保険会社　166
右派の陰謀　80
エール大学の法科大学院　110
オールドボーイズ・クラブ　79

か行

外国貿易障壁報告書　116
革新主義的ポピュリスト　158
カーネギー・ホール　55
教育伝道師　54
グラミー賞　97
原生自然法（Wilderness Act）　13
航空自衛隊次期支援戦闘機（FSX）騒動　123
国家安全保障会議（NSC）　59
国家安全保障問題担当大統領補佐官　59
コメリカ（Comerica）　207
コロンビア・レース・カンパニー　81
困難な選択　102

さ行

最恵国待遇　45
G8下院議長会議　48
自然美の保存と回復に関する特別教書　14
住宅都市開発省長官　127
証券取引委員会（SEC）　110
女性弁護士協会　111
ジョンソン大統領図書館・博物館　20
スタンフォード大学　109
スーザン・B・アンソニー・リスト　150
スーパー301条　118
正戦（just war）　45
西部のホワイトハウス　71
全国青年局（NYA）　5
戦争反対決議案　46
全米屋外広告機構（OAAA）　14

た行

大宇グループ　115
大店法（大規模小売店舗法）　120
対米乗用車輸出自主規制　116
男女格差（ジェンダー・ギャップ）　167
中流上層階級（アッパーミドル・クラス）　82
通商代表部（U.S. trade representative, USTR）　114
デイリー・テキサザン　5
低レベル核貯蔵施設　174
低レベル核廃棄物投棄　159
低レベル放射能廃棄物政策法　180
デトロイト・メディカル・センター（DMC）　196
トリニティ・カレッジ　32

な行

日米構造協議（Structural Impediments Initiative, SII） 117
日米包括経済協議 118
妊娠中絶 168
ネブラスカ州老齢省長官 164
ノートルダム校 30
ノートルダム大学 56

は行

反エリート政治家 132
ヒラリー・アレルギー 105
ファースト・ジェントルマン 181-182
副院内総務 47
複合企業のコナグラ 179
PAC 47
ペットプロジェクト 2
ベントン・ハーバーの暴動 197
ホイッスル・ストップ・キャンペーン 9
法律扶助機構 91
北米貿易自由協定（NAFTA） 125
ホワイト・ウォーター疑惑 96

ま行

ママ・グリズリー 138

ミシガン経済開発公社 200
ミズーリ・プラン（能力主義推薦方式） 163
メソジスト教徒 83

や行

野生植物研究所（National Wild Flower Research Center） 21
UAW（United Automobile Workers ＝ 全米自動車労働組合） 187

ら行

拉致事件 72
ラドクリフ女子大学 109
リック・ワゴナー 199
リトル・イタリー 27
レッドライニング・ケース 112
レディ・バード法案 15
連邦下院司法委員会 89
ローズ法律事務所 92
6ヵ国協議 73

わ行

ワシントン D.C. 43

編著者

藤本　一美（ふじもと　かずみ）

　　　専修大学法学部名誉教授
　　　明治大学大学院政治経済研究科博士課程修了
専攻　政治学，米国政治
主要業績
　　　『ネブラスカ州における一院制議会』（東信堂，2007年）
　　　『現代米国政治分析』（学文社，2012年）他多数。

濱賀　祐子（はまが　ゆうこ）

　　　明治学院大学法学部非常勤講師
　　　明治学院大学大学院法学研究科博士課程修了
専攻　日本政治，米国政治
主要業績
　　　『民主党政権論』（共著）（学文社，2012年）
　　　『米国政治の新方向』（共著）（志學社，2013年）他。

現代アメリカの「女性政治家」

2016年4月20日　第1版第1刷発行

編著者　藤本　一美
　　　　濱賀　祐子

発行者　田中千津子
発行所　株式会社 学文社

〒153-0064　東京都目黒区下目黒3-6-1
電話　03(3715)1501(代)
FAX　03(3715)2012
http://www.gakubunsha.com

©2016 Fujimoto Kazumi & Hamaga Yuko Printed in Japan
乱丁・落丁の場合は本社でお取替えします。
定価は売上カード，表紙に表示。　　　印刷　新灯印刷

ISBN978-4-7620-2648-5